英语民族史

伟大的民主

[英] 温斯顿·丘吉尔 著

王之光 译

浙江人民出版社

图书在版编目（CIP）数据

英语民族史. 伟大的民主 /（英）温斯顿·丘吉尔著；王之光译. — 杭州：浙江人民出版社，2023.10

书名原文：A HISTORY OF THE ENGLISH-SPEAKING PEOPLES

ISBN 978-7-213-10579-1

Ⅰ. ①英… Ⅱ. ①温… ②王… Ⅲ. ①世界史 Ⅳ. ①K1

中国版本图书馆 CIP 数据核字(2022)第 068435 号

英语民族史　伟大的民主

YINGYU MINZUSHI　WEIDA DE MINZHU

[英] 温斯顿·丘吉尔　著　王之光　译

出版发行：浙江人民出版社(杭州市体育场路 347 号　邮编　310006)

市场部电话：(0571)85061682　85176516

策划编辑：潘海林

责任编辑：潘海林

营销编辑：陈雯怡　张紫懿　陈芊如

责任校对：何培玉

责任印务：幸天骄

封面设计：张庆锋

电脑制版：杭州天一图文制作有限公司

印　　刷：杭州丰源印刷有限公司

开　　本：880 毫米×1230 毫米　1/32　　印　　张：10.75

字　　数：238 千字　　插　　页：4

版　　次：2023 年 10 月第 1 版　　印　　次：2023 年 10 月第 1 次印刷

书　　号：ISBN 978-7-213-10579-1

定　　价：78.00 元

审图号：GS(2021)2227 号

编辑说明

由讲英语人口构成的庞大帝国的存在，深刻改变了世界的文明版图，强有力地左右着人类命运和历史的走向。在19世纪，英国号称“日不落帝国”，其属地与殖民地遍布全球。第二次世界大战后，美国则以其雄厚的经济、军事力量影响着世界历史的进程。自工业革命以来，两个英语国家先后称霸全球达200余年，这绝非偶然。诺贝尔文学奖获得者、英国历史上最负盛名的人物温斯顿·丘吉尔以其如椽大笔，以深邃的洞察力和史诗般的笔触，描述了英语民族从蛮荒走到世界超强的历史轨迹，深刻地揭示了其中奥秘。这就是史学名著《英语民族史》（共四卷）。

2002年，英国广播公司（BBC）进行了一次名为“最伟大的100名英国人”的调查，结果丘吉尔获选为“有史以来最伟大的英国人”。丘吉尔是历史上掌握英语单词数量（12万多个）最多的人之一，又是20世纪重大历史事件的当事人，是书写《英语民族史》的“天选之人”。本书兼具学术性和可读性，是研究英语民族发展史的权威之作。

本书原版采用Barnes & Noble出版的版本，最具代表性。丘吉尔学识渊博，叙事妙笔生趣，用语巧妙得体，因此，译者、编者深感翻译之不易。我们力求深入理解原文，并予以清晰表达。但限于编者水平，译文仍会有错误或不妥之处，望读者不吝指正，以便再版时修改。

本书的地图系原版所有，选用是为了衬托文字的效果，以期读者对世界历史的重大局势和事件有一些具体的印象。但原书地图清晰度较低，一些图中的文字较难辨认，编者对照正文，参照权威地图册将其译出。

需要指出的是，丘吉尔本人对广大亚非拉地区存有西方式的傲慢。作者在叙述相关事件时，自然带有一定的帝国主义倾向，编者已对一些带偏见之词略作删减。我们相信读者对作者的观点自有鉴别能力。

编者

2023 年 8 月

前 言

1815 年拿破仑的倒台，让英国在全球很大一部分地区统治地位不容挑战。法国乃至整个欧洲大陆已经疲惫不堪。统一的德国还没有崛起，意大利仍然是一盘散沙，俄罗斯正在退出西欧。西班牙人和葡萄牙人则为伊比利亚半岛和海外热带地区的领地争得不可开交。在接下来的几十年中，革命和内乱打击了许多欧洲列强，新的国家纷纷应运而生。唯独英国在这些年的动荡中几乎全身而退。英语民族通过繁衍和移民实现了无与伦比的扩张。

美国革命即独立战争造成的英美决裂既不彻底，也非不可改变。跨大西洋交往继续进行，并且扩大了。当美国人全力以赴定居到半个北美大陆时，英国开始占领并开发全球许多空白的地区。英国皇家海军对海洋维持“相对公正”的统治，“庇护”大西洋两岸免于欧洲旧世界的竞争和干扰。

对于澳大利亚和新西兰的殖民统治以及荷兰衰落时收购南非，造就了新的幅员更加辽阔的大英帝国。而这个大英帝国仍然是以海权为基础的，占全球人口的 1/5。维多利亚女王维持了英国史上为时最长的统治。其间，基督教伦理产生的道德问题日益尖锐。奴隶贸易现已遭到皇家海军的压制，但英国曾毫无廉耻地从中牟利。在一场可怕的内战中，以近百万人的生命为代价，奴隶制才被美国驱逐出境。最重要的是，合众国得以保存。

19世纪是一个目的明确且进步、开明、宽容的时期。法国大革命引起的世界振动，加上蒸汽机和许多关键发明所引发的工业革命，不可阻挡地引向了民主时代。在西欧所有的国家，公民权就像在美国一样不断地延伸，直到实际普及。几百年来引领英国进步的贵族，混迹于汹涌的民众之中。在美国，没有阶级差别的政党体制和金钱力量在美洲大陆的经济发展过程中形成独特的社会结构。

与此同时，新的大英帝国或英联邦建立在经人民同意的政府之上，自治国家在英王的统治下自愿联合。维多利亚女王去世的时候，人们完全可以相信，过去几个世纪的问题已经向逐步解决的康庄大道跑出了很远。但与此同时，在欧洲，日耳曼种族（条顿族）强大的力量，长期以来被分裂困扰，或束缚在残存的中世纪体系中，但开始迸发出火山爆发般的能量。接下来，英美两国将为了共同的事业首次并肩作战。

丘吉尔

于肯特郡韦斯特勒姆镇查特韦尔宅邸

1957年2月10日

目 录

第十部　恢复与改革

第 1 章

胜利和平

20 多年的战争过后，1815 年夏天，欧洲和平了。尽管还有些内乱和局部冲突，但这轮和平能够持久，在德国扩张替代法国主宰地位之前，未曾撩起大火。在抗击法国革命和拿破仑的岁月里，英国扮演了英雄的角色。它的国民团结一致,现在终于胜利了。胜利之后，他们得以集中精力发展自身雄厚的工商业资源——这些资源已在岛内积蓄了半个世纪，还经过了 22 年战争的淬炼打磨。可紧随滑铁卢战役而来的是，繁忙的生产贸易活动，辛苦劳作的男女老少们的需求和欲望，对此，领导国内的政治家们无能为力，政局运转陷入了困境。当时，托利党人（尽管不是所有的人都认账，姑且这样称呼）牢牢掌握着政权。他们组建了战时内阁，成员主要来自党内，取得了反对拿破仑战争的胜利；他们代表着抵制法国革命的原则、抗击拿破仑帝国侵略势力的传统，全国的支持者不计其数。这些支持者腰缠万贯，但思想独立，之前不屑加入任何党派；尽管如此，他们的价值观仍与托利党的主流价值观相一致。托利党人认为自己不仅是不列颠岛的守护者，还是 1688 年“光荣革命”贵族协议成果的捍卫者。受法国大革命时代的恐怖震动，英国统治阶级故步自封，极力防止他们的思想和地位发生动摇。战事旷日持久，英国耗尽了国力，直到 1830 年才恢复战前水平。

其时，托利党政府的核心人物是利物浦勋爵和卡斯尔雷勋爵，1818 年后还有威灵顿公爵。卡斯尔雷和威灵顿在同僚中鹤立鸡群。威灵顿见多识广、果断英明，卡斯尔雷铁面无私、刚正不阿。拜两人所赐，拿破仑倒台后，欧洲实现了天下太平。英国经历了诸多波折，军事上也有几次重大失策，但托利党的三位核心仍引领着国家走向了胜利。乔治三世时期，查尔斯·詹金斯与小威廉·皮特密切合作，组织内阁中的钦点任命工作。利物浦勋爵是詹金斯的儿子，为人随和，容易相处，对部下和蔼可亲。自英法战争爆发以来，他连续出任多项公职，几乎从未间断。1812 年，他出任首相。他办事老练，耐心平和，治理国事十五载。

卡斯尔雷在担任爱尔兰布政司时积累了政治经验。在同爱尔兰就合并问题进行谈判的艰难时期，政府滥用任命权，他目睹了 18 世纪弥漫着最恶劣的假公济私之风。他出任了战时内阁陆军大臣，但与同僚坎宁发生巨大争执，弄得满城风雨。事后被迫辞职；两人在普特尼希斯因此事决斗。1812 年，卡斯尔雷回到了托利党政府，任外交大臣。他是四国同盟的缔造者，由此取得了最终胜利；他还是和平条约的主要起草人之一。国内事务，他基本不关心；外交政策，他高瞻远瞩，但没有与其相媲美的口才来阐述这些政策。他为人高傲，因此性格显得更加沉着冷静。他认为对民众公开宣布政府的计划和措施有失身份。可他还是做了下院的领袖，这个职位是很少由天赋不足者担任的。

人们公认威灵顿是德高望重的将军，对阵并战胜了拿破仑。他的政治观点很简单，就是团结各个党派，向他们灌输维护现存制度责无旁贷的理念。其他阁僚都是彻头彻尾的托利党人，如大法官埃尔登，前首相、现任内政大臣西德默斯子爵亨利·阿丁顿，还有殖民部大臣巴瑟斯特伯爵。罗斯伯里勋爵评论巴瑟斯特是“我们政治制度的一个怪胎，担任着最显要的职务却完全碌碌无为”。这些人在世界革命的威胁之下步入政界，他们从政的唯一目的，就是不屈不挠地捍卫既有的制度。他们思想守旧，把握不了英国社会的动向；他们执政是为了维护地主阶级的利益，在爱尔兰维护新教，坚决维护英国国教圣公会。卡斯尔雷是外交专家，威灵顿是军事专家。其他人只是普通的托利党政治家，他们坚持尽量少揽事，要做就尽量做好。

他们的优势是多方面的。凭着制海权、金融实力和顽强精神，英国打败了拿破仑。1815 年夏，英国和卡斯尔雷站在欧洲前列，即将签订和约，而子孙后代的和平，全依仗着这个和约。必须建立一套有序的制度来解决欧洲列强之间的重重矛盾，消除法国继续为害的能力。必须建立新的国际秩序消除民族纷争、理论对立和阶级冲突。这些条约建立了一个新欧洲，英国要担起从未有过的责任。她是裁决法国新边界的一方，和约规定，剥夺复辟的法国波旁王朝占据的萨尔地区（现用地名）和萨瓦部分地区。法国的版图缩小到 1789 年的边界，而普鲁士则成为莱茵河流域的强国。在法国东北部，有 15 万盟国占领军，其中包括 3 万名英军，皆由威灵顿公爵统率。即使在得胜之时，托利党人也不敢承担大陆的义务，卡斯尔雷下定决心，要保持英国在战争中赢得的主导地位。他不受公众情绪左右，不受民族仇恨影响，并能克制自己，不去蹂躏败敌；他预见到，总有一天，法国会像普鲁士、奥地利和俄国一样，被用来平衡欧洲力量，维护英国利益。与威灵顿一起，他在法国及其仇敌之间进行调解。若是不制止普鲁士、奥地利和俄国，它们就会瓜分德意志各地，对法国强加苛刻的和平条件，并在分割波兰的问题上相互争夺。英国调解工作所发挥出的影响力，乃是欧洲和平的基石。

18 世纪，欧洲诸强并没有常设的协商机构，也少有共同利益的观念。法国爆发革命，它们就联合起来，抵御共同的威胁；此刻它们决心保持团结，防止战乱再起。四大国早已结成联盟，它们宣誓，顺应时势，聚会商讨欧洲问题。如今，欧陆三大专制统治者，即俄奥两国的皇帝和普鲁士国王结成了"神圣同盟"（Holy Alliance），增补了四国联盟。神圣同盟的主要目的是干涉欧洲任何地区的革命，并以合法性的名义迅速加以镇压。

对此，卡斯尔雷并不感兴趣。别的主权国家，就算再弱小，国内政府再开明，他也都会反对干预。在英国，人们把他刻画成一个反动分子，可他并不支持欧陆的专制主义。他认为，四国联盟和维也纳会议只是讨论欧洲问题的外交机器，却被奥地利首相梅特涅及其同僚视之为维持现存秩序的工具。大国之间产生这种分歧，在某种程度上是因为英国的议会制政府，哪怕再不完善，也代表着一个民族国家，而卡斯尔雷的那些欧洲同行，则是君主专制政体的仆人。英国是一个世界强国，她的力量来自广阔的商业活动和制海权。她的贸易繁荣发达，在思想上独立于欧洲主流观念。更重要的是，英国统治阶级早已习惯公开的辩论，他们不像专制国家政府那样会被绝对专制的美梦所启迪、所欺骗。

维也纳会议虽有种种分歧，仍不失为经典外交术树立了丰碑。在会上，谈判情况错综复杂。1815 年上半年，除难以应对的《最后议定书》(Final Act of the Congress) 本身，维也纳会议至少达成了 27 项协议，而且同期在其他地方，还签订 20 多项条约。塔列朗曾对拿破仑皇帝阳奉阴违，但他坚定而机智，决心要恢复法国在欧洲的地位。不过，在现在人看来，卡斯尔雷才是杰出之辈，他是维也纳会议上的天才。他调和了对立的观点，仅表示希望能保持短短 7 年的和平，而实际上，和平时间达 5 倍以上。他对欧陆事务采取超脱的、四平八稳的立场，尽管各有利弊，却堪称之后 100 年里英国最佳的外交政策。维也纳会议结束之后，分裂已经不可避免。不过，在最后的分裂前，卡斯尔雷至少取得了一大胜利。和约签订不到 3 年，英军撤出法国领土，法国如数缴纳战争赔款，成了欧洲会议上受尊敬的国家。威灵顿卸去在法国的军事职务，进入内阁，担任军械署总管职务。这个职务对他而言没什么不妥的。

*　*　*

英国政府在国内面临着恢复经济这一微妙而复杂的任务。阁员们远远不能胜任这一任务，他们无法扭转战后的混乱状态，也无力解决工业发展造成的新问题。英国比邻国更早地尝到了工业革命的甘和苦。她获得了新的权力和繁荣。同时，在破烂的城镇里，越来越多的群众陷入赤贫的境地，对此，他们当然满腹牢骚。英国在技术方面取得领先地位，是因为 18 世纪英国发明家、商人的聪明和成功，也因为她的大煤矿与铁矿相距不远，离海岸也很近。海上优势，殖民帝国的资源，还有经商积累的资本，都推动了工业运动。慢慢地，蒸汽机应用到了现代工业的方方面面，精密机器日趋完善、产量猛增，纺纱实现了机械化，工厂体系发展了起来。熟练工人的个体家庭作坊逐渐被工厂所取代。机械化、人口增长和广泛的就业变化造成了严重的社会问题。因为出身和教育背景的关系，内阁成员基本上意识不到自己要解决的社会弊病的病因。他们集中精力解决一个自己能理解的问题：财产保护。在迅速走向工业化的社会里，他们当中的大多数人代表着由来已久的地主阶级。他们连温和的小步改革都办不到，因为他们对流血革命有着挥之不去的恐惧。

拿破仑封锁欧陆，不许同英国做贸易，英国也对欧陆进行封锁，结果国内工业每况愈下，北方工业区和中部地区失业现象十分严重。1812 年、1813 年发生了卢德派骚乱，人们捣毁机器，[①] 英国政府完全不具备维持社会秩序之手段的现状暴露无遗。伦敦内政部和乡下治安官员之间没有协调，最终全靠办事老练的军官们率军镇压暴乱者，才制止了混乱局面。之前的 18 世纪，低工资和失业问题常常引起大面积骚动，每逢歉收、物价上涨、食物昂贵，便有人发动骚乱。如今的歉收，是屋漏偏逢连夜雨。不过，18 世纪的暴乱一般很快就结束，绞死几个人，流放一些人去殖民地，暴乱就被扑灭了。留在了国内的可怜鬼倾向于把辛酸归咎于自然因素，而不是经济或政治制度。滑铁卢之役以后，社会情绪大变，极端激进派领袖相继抛头露面，乐此不疲地加紧鼓动民众。他们的组织在法国大革命期间被压了下去，到现在虽然只拥有很少的下院席位，但还是以政治运动的形式东山再起。

---

① 卢德运动是英国工业革命时期工人以破坏机器为手段反对工厂主压迫和剥削的自发工人运动。相传，一个名为卢德（Ludd）的工人第一个捣毁织袜机。——译者注（以下页下注未特别注明的均为译者注）

在激进派看来，人民遭遇不幸，只能怪政府，怪不得偶然因素，也怪不得天灾。面对这样的指责，托利党内阁不知所措。托利党的统治思想绝不是把一切问题都留给市场议价来解决，绝不是凭借好运气报喜不报忧。在那时，托利党人承认，统治阶级要为全民族的福祉担起责任，有时还会为自己的担当感到自豪。人们深知执政责任所在，政府就像伯克所定义的那样，要保证“公共治安、公共安全、公共秩序、公共繁荣”。其中，首要的任务是最后一点。但问题在于，面对这种前所未有之变局，政府不清楚该如何保证公共繁荣。即使能凑巧制订出一个计划，也没有经验丰富的公务员能予以执行。于是，民间疾苦的补救途径，就只有私人慈善事业或《济贫法》（the Poor Law）了。

这些年里，议会反对派处在最弱期，这是英国的不幸。辉格党自1783年以来一直没有掌握权柄，做了二三十年的在野党，斗志涣散。党内四分五裂，而且他们之中没人能比托利党人制订出更好的、更全面的战后恢复计划。其实，他们和托利党人都代表地主阶级和伦敦金融界，基本利益是一致的。他们同政府仅有的重大分歧，在于天主教解放运动，还有新兴工业城镇中产阶级的选举权问题。18世纪90年代，他们力促议会改革，这一举动曾是打败小皮特政权的有力大棒。不过，法国方面形势急转直下，令他们惊恐万状。他们的领导人经过很长时间才勉强恢复了改革的热情。同时，正如哈兹里特[①]所言，这两个政党犹如两辆赛跑的驿马车，彼此给对方溅上污泥，但同途同归。进入议会的激进分子人数太少，形成不了有力的反对派。

① 英国评论家和杂文家（1778—1830）。

他们中有一位老领袖，名叫约翰·卡特赖特（John Cartwright）。40年来，卡特赖特发表了许多小册子，主张实行议会一年制和普选制。他是一个地主，许多下院议员对他印象良好，但他从来都没有进下院议事。在未经改革的选举权制度之下，没有选区会接受他。激进派说话用词粗暴，托利党人和辉格党人都为之感到害怕，于是中上层的工业阶级和地主阶级都越发坚定地反对一切改革建议。

* * *

英国政治的传统是以议会为中心，人们仍然期待议会来纠正时弊。如果无所作为，议会就必须要进行机构改革，也因此，焦虑的情绪从抒发对社会的不满，变成了要求议会改革。大型的会议开了起来，大声的抗议喊了起来。不过，激进派的策略和法国革命党的策略实在太相像，得不到中产阶级的支持。中产阶级在议会里没什么分量，但因害怕革命而束手束脚，最终站在了地主阶级一边。内阁惶惶不安。人身保护法令暂告无效，禁止召开煽动性会议的法令得到了通过。全国又纷纷举行示威，一大群人从曼彻斯特出发，徒步到伦敦请愿，反对政府采取的措施。他们每人携带一条毯子，以备夜宿之用。“毯子大队”的游行严重扰乱了当局，当局把几个领头的逮捕了起来，大队成员很快散去。另一场暴动发生在德比郡，但很快就被镇压下去了。

这些骚动反映出了形势的严峻性。不但劳动者人群中存在着极度贫困，而且制造业与农业之间根深蒂固的阶级矛盾爆发了。国内经济失衡到了危险的地步，战争债款多得让人吃惊。国家财政状况不稳定，公债持有者对此惴惴不安。1797年，英国摆脱金本位制度，纸币大幅贬值。1812年，议会委员会建议恢复金本位制度，英格兰银行强烈反对，结果不了了之。皮特为了筹措军费而实行的所得税制度闹得民怨沸腾，尤其是对工业中产阶级而言。年收入超过 150 英镑者要缴一成税，不足此数者税率较低。1815 年共收所得税 1500 万英镑，占了国家财政预算的一大部分。战争结束时，工农业都发生了震动。先前，有许多人大量投资土地，牟取高利润。战后，农产品价格断崖式下跌，地主们大声疾呼，要求颁布限制进口廉价小麦的保护政策。这一要求得到了满足，1815 年《谷物法》(the Corn Law) 规定，除非国内每夸脱小麦价格升至 80 先令以上，否则就不许进口外国小麦。面包价格上涨，工厂主阶级不得不增加工资，免得工人挨饿。另一方面，工厂主们设法取消了所得税。这帮了他们，但国家财政预算岌岌可危。财政大臣尼古拉斯 · 范西塔特努力消除日益庞大的赤字，尽力消除货币不稳定性，但都未能如愿。百姓遭殃，经济萧条日趋严重，这些问题带来的困扰将越来越糟糕。

1819 年的一起事件，激起民众的不满，也加剧了政府的担忧。5 万多男女老少在曼彻斯特城外的圣彼得广场举行抗议集会。当地的治安官头脑发热，宣布戒严，下令义勇骑兵队上前镇压，造成 11 人死亡，400 人受伤，死者中有两名妇女。人们参照滑铁卢战役，讽刺这次事件为“彼得卢惨案”(massacre of Peterloo)。惨案引起众怒，政府为了防止再次发生混乱，采取了强硬措施，于是群众怒火中烧。政府颁布了 6 项法案：限制集会，授权地方治安官没收煽动宣传品，禁止私自进行军训，对报刊征收重税以限制激进派报纸的发行，不许随便签发逮捕令，不许随便举行审判。不久，一桩针对内阁的阴谋暴露了。在埃奇韦尔路拐弯处的卡托街，一小帮阴谋家被捕，他们在那里密谋，想要在一次晚宴上暗杀所有内阁大臣，并夺取英格兰银行。

政府攻击了英国传统的自由原则，使辉格党人良心发现。他们认为，“彼得卢惨案”不是侵犯公民权利的借口，并要求对这一事件进行调查。自由正受到威胁，他们深知斗争的意义。但他们对被多数票压倒却安之若素，因为他们和托利党人一样，也被欧洲各地的社会动乱吓破了胆。同多数欧陆国家相比，英国还算比较顺利地走出了这个动荡的年代。但是，国外一幅大动乱的景象，让国内的人们提不出什么建议。到 1819 年底，贸易和农业收成情况改善了。有一个委员会建议,恢复金本位制度。这个委员会的主席名叫罗伯特·皮尔（Robert Peel），是个年轻的托利党政治家，24 岁就当了爱尔兰布政司。皮尔提交议会通过的这份议案体现了其恢复金本位报告的精神。货币终于稳定，而且是被一位议员给稳定下来的。当时，地主阶级的利益受到了一些损害，他们无不发声抱怨，但情况似乎已经出现了好转。

* * *

此时，英国王室再次成为公众关注的焦点。战胜拿破仑曾是王权和君主制的胜利，但法国革命对多数欧洲国家的舆论打上了共和制影响的烙印。许多君主行为不检、昏庸无能，一下子就成了人们批评攻击的目标。在英国，英王乔治三世长期间接性癫痫，政治家们不得不隔三岔五就考虑一下王权旁落的问题。1788 年，英王初次发癫，给皮特引发了深重的政治危机。他曾就威尔士亲王应否行使摄政王权力的问题同福克斯和辉格党人唇枪舌剑，直到乔治三世癫痫病突然好转，争执才宣告结束。1810 年，这位老国王终于陷入了精神失常。在之后的 10 年间，他总是蓄着长长的白胡须，穿着紫色的晨袍，在温莎城堡的走廊里游荡。威尔士亲王摄政，拥有着无限的王权。他留用了托利党谋臣，全力进行战争，使他的辉格党老朋友们惊愕不已。无论后来的乔治四世有什么过失，他担任摄政王时坚决支持威灵顿和卡斯尔雷抵抗拿破仑，这就足以让他在英国史上留下光辉的一页。

此时，汉诺威王朝已在英国土地上深深扎根。乔治三世在其幸福的中年时代，人称“庄稼汉乔治”（Farmer George），深得民心。在戈登动乱时期，精神错乱的贵族人士戈登领着一群疯狂的清教徒让伦敦陷入一片恐慌，唯一保持镇静的人就是乔治。他还经受住了美国独立战争的打击。他深受民众爱戴，却没能激发起民众领袖们的尊重。他娶了德意志公主夏洛特为王后，夏洛特为他生了很多儿子，其中七个长大成人。但是,他们中竟没有一人为王室增添尊严和荣耀。

宫廷好似一个德意志小公国，死气沉沉，狭隘古板。没过多久，那个将成为乔治四世的活泼少年就开始对彬彬有礼的母亲和过分节俭的父亲做出叛逆行为。他天生善于交际，结交的人物往往靠不住，因此同家里人更加疏远。他年幼失去同伴，兄弟们都被派去德意志接受纯条顿式的成长教育。乔治是王储,必须要具备英国的出身背景。他同查尔斯·詹姆斯·福克斯、理查德·谢里丹以及博·布鲁梅尔等密友交往，很快便具备了18世纪英国绅士的特点：有一手举债的艺术，穿华服，能和人很好地对话。他的天生才智和好品味没有用到正当的地方，他的自我表达天赋常常被他浪费在痴情之中。纵情作乐影响了他对事物的判断，思想轻浮糟蹋了他的举止。当享乐主义同国王职责发生冲突时，他通常都选择了享乐。摄政王和国王，都是孤家寡人，这更加暴露了他一团和气的弱点。

1784 年，乔治王子陷入爱河。他的选择是不幸的。玛丽亚·菲茨赫伯特不仅是出身微贱的平民，而且是个两次丧夫的妇女。她一定要正式结婚才满意。欧洲新教最纯粹的国家的王储竟然执意要娶这样的天主教妇女，乔治王子的辉格党朋友们都被这一举动吓到了。根据《皇家婚姻法》的规定，这样的婚姻是非法的，乔治的行为既败坏自己的名誉,又损坏王位的声誉。这段关系一开始是暗地里进行，加之乔治性情无常，便到了这个地步。菲茨赫伯特夫人拘谨、沉默寡言,不是那种能久久抓住乔治的女人。他们的关系在无奈中公开后，又退回到隐蔽状态。后来乔治同她一刀两断，但那是在他订立合法且门当户对的第二次婚约数年以后的事情了。

1796 年，乔治依父母之命，同德意志不伦瑞克公国的卡罗琳公主结婚。这位公主非常聒噪，性格反复无常，而且相貌平平。见到新娘，乔治大为惊骇，婚后 24 小时里喝得烂醉如泥。又过数日，他给妻子写了封信，解除她在婚姻方面的义务。此后的几年里，他在杰西夫人那里寻欢作乐，对卡罗琳的憎恨则日甚一日。他和卡罗琳只过了短暂的夫妻生活,生了一个精神焕发、热心宽厚的女儿。后来，这位夏洛特公主发现她母亲跟她父亲一样相当不尽如人意。1814 年，乔治逐妻出宫，卡罗琳同他吵了一架，然后离开英国去欧洲旅行。她发誓，待到丈夫继位时，要回来找他的麻烦。

继位问题让英国政府忐忑不安。夏洛特公主嫁给了萨克森－科堡公国的利奥波德王子，也就是后来的比利时国王。可是，1817 年，她在分娩时死去,婴儿也胎死腹中。乔治的弟弟们各有各的古怪模样，完全不得人心。威灵顿说他们是“套在任何一届政府脖子上最要命的负担……他们直接侮辱了英国三分之二的绅士”。他们不仅魅力全无，且没有合法继承人。不过他们都清楚自己的地位的重要性。在皇家的婚姻市场上，他们对政府拥有价值。他们中的多数已和女人有过长期不当关系。但是，1818 年，克拉伦斯公爵和肯特公爵服从调遣，履行了他们作为王室成员的职责，获得了一笔金钱回报。肯特公爵同一个德意志人结婚，然后退居直布罗陀施展他的军事统率才能。这一联姻的后代，正是后来的维多利亚女王。

威尔士亲王长期以来一直考虑要和行迹不定的妻子离婚，但是利物浦领导的政府对此忧心忡忡。亲王过着奢侈的生活，在布赖顿和温莎耗巨资进行建筑试验，已经让政府方面感到焦虑，还有人在议会声讨。当时的大法官是最坚定的托利党人，也强烈反对亲王任何离婚的念头；主教委员会相对温和，但姿态差不多。可是乔治不肯罢休。他设法任命了一个专门委员会来调查卡罗琳公主的行为。委员会派人前往意大利，从卡罗琳品行不端的随行人那里搜集证据。1819 年 7 月，政府接到一份报告，里面细述了大量对卡罗琳不利的旁证。乔治非常高兴，利物浦和内阁大臣们则感到沮丧。1714 年以来，王族内部纠纷始终在为党派之间的政治斗争火上浇油。反对派定会为受伤的妻子申冤。

卡罗琳公主的主要法律顾问是辉格党少壮派当中最能干的亨利·布鲁厄姆。此人聪明机智且野心勃勃、不择手段。他虽然不能确信公主无辜，却看出这件案子对辉格党有深远的意义。他秘密同政府建立了联系，希望达成妥协方案，以便自己得到升迁。1820 年 1 月，癫痫病的老国王驾崩了，新君主配偶的地位问题必须确定下来。乔治四世患上了重病，但他对卡罗琳的憎恨反而让他恢复过来。他坚持要把卡罗琳的名字从教堂礼拜仪式中去掉。内阁战战兢兢地呈上一份奏折，指出恕难照办。可是乔治现在是国王了，他警告说要把他们全部撤职，还扬言要退居汉诺威。看到国王如此坚决，辉格党人和托利党人同样惊愕不已，他们也害怕议会和政界之外社会舆论哗然。不管后果如何，丑闻都会暴露，君主制将要陷入名誉扫地的危险境地。

卡罗琳此时摊牌了。1820年4月，她在伦敦报纸上发表了署名公开信进行诉苦，轻而易举地赢得了伦敦金融界激进派的同情。高级市政官伍德同她频繁书信联系，并保证给予她热烈支持。激进派认为，让历史悠久的政党丢脸的机会来了。政府做出了最后努力，派布鲁厄姆半路拦截返英的卡罗琳王后。他匆匆在圣奥梅尔同王后会晤，可也无法阻拦这个怒火中烧的女人，极端派的进言让她更为固执。6月她登陆英国，在人们的欢呼声中从多佛向伦敦前进，她的马车一路上几乎都是由兴高采烈的支持者拉着。她的到来引发了动荡的风潮。

政府勉强决定，必须要处理这个问题。上院成立了一个秘密委员会，发份报告说服了利物浦，他同意如果证明王后有淫乱之罪，就祭出《剥夺公权法案》。此刻，对英国现状不满的公众情绪已转移到关于君主制状况的全国性调查，有关王室成员的道德品质受到了无情的调查。金融城激进派以卡罗琳王后的名义发动了一场组织严密的运动，没有缓和的余地，布鲁厄姆也采取了支持王后的立场。卡罗琳的伦敦住宅外面，每天都有人聚集欢呼。她在公共场所出现时，人们欢声雷动，以致反对她的政客，一坐上马车就会遭到石块的袭击。7月，聆讯开始在威斯敏斯特宫举行。在漫长的会议期间，检察总长立场站在政府一边，从卡罗琳的流浪宫廷里找来了不可靠的意大利证人。卡罗琳的掌礼官贝加米把许多亲戚安插在卡罗琳周围，授予各种伪职。这班乌合之众在地中海沿岸国家已游历多年，好多政府都嘲笑、侮辱他们。政府方面在威斯敏斯特宫当众举出男仆、侍女身上的矛盾而龌龊的证据，奇装异服、举止粗鄙、私房话等内情让公众听了忍俊不禁。伦敦的报纸公开攻击了这些证人的可信性，因为说的英语都带着意大利腔，而且他们其貌不扬。利·亨特[①]写了一首讽刺诗：

> 你发誓啊，你发誓啊——“噢先生，先生，”[②]
> 透过那扇双开门，
> 你看到她陷入淫思？
> “没错，先生，先——先生！”

当时的史学家写道：“接连十五天，国人都淫秽下流。”布鲁厄姆带头为卡罗琳辩护，他拿出了乔治国王 1796 年解除妻子婚姻义务的那封信，效果非常好。毋庸置疑，凭之前举出的那些破绽百出的证据，是没有理由执行《剥夺公权法案》中有关离婚的条款的。他大胆地攻击幕后操纵这件案子的国王本人，并恶意影射乔治国王身材肥胖，他引用了《失乐园》的一段话来伤人：

> 另一个怪物，

---

① 英国诗人（1784—1859）。

② 此处原文用的是意大利语，以讽刺证人英语不纯。

事实上根本不成形，
因为耳、鼻、手、足、关节都模糊不清，
看起来像是物影，
又不像影子，形、影二者相仿佛……
头上戴着貌似王冠的东西。

议员们认为王后有罪，但不知离婚是否明智，因此《剥夺公权法案》仅以 9 票多数在上院获得通过。辉格党人见和解已无可能，便投票反对政府。该党领袖格雷伯爵宣布，他确信卡罗琳无罪。内阁此时发现《剥夺公权法案》要在下院获得通过已经希望渺茫，便将它撤回，问题也就不了了之。伦敦暴民狂欢暴动，全城灯火通明。大臣们宅邸的窗户被砸。之前，西德默思勋爵谨小慎微，不让家中女儿们看报纸了解案情，到头来却成了受害者。不过，民众冒起来的骚动情绪很快就消退了。政府提出给卡罗琳 5 万英镑的年金，她还没有自尊到不接受这笔巨款的程度。这场危机引发的一个政治方面的后果，就是坎宁辞职。他同卡罗琳王后的关系一直很好。皮特的这个得意门生在 1816 年重入内阁，担任监督印度政府的管理委员会主席。他在其他圈子里也势力不小，这次辞职对内阁是严重的损失。

在这段令人遗憾的故事结束之前，又出现了令人尴尬的场景。1821 年 7 月，乔治四世在威斯敏斯特大教堂隆重加冕。卡罗琳因为没有入场券，企图闯门结果被拒。一个月以后，她死去了。当局企图把她的棺材偷运出国，但计划受挫。激进派得胜，闹哄哄地在伦敦金融城举行了出殡游行。这是激进派在这场风波中取得的最后一次胜利。

人们为王后而骚动，其实是在发泄不满的情绪。这标志着激进主义运动在战后达到了最高潮。到1820年底，工商业复兴，乱民退潮。国民骨子里都是保王党，君王的个人缺陷并未对这个悠久的传统造成多大影响。英国君主制和光荣革命的安排是不可割离的。坎宁他本人低估了英国根深蒂固的保守主义。至目前为止，贝德福公爵曾有一刻惊慌失措，以至于宣布："君主制完了。"埃尔登则镇定自若，他说："这边的下层社会全都是王后的子民。中上层社会的人就很少了，除了放荡的人，还有那些拼命不法谋取权力的人。……下层社会躁动不安的倾向肯定是有的，但是监视太严了，出不了大乱子的。"

坎宁辞职了，但这场风波的政治影响没有到头。托利党政府内多是年事已高的保守派，实力大不如前。政府同社会舆论隔绝了开来，急需新成员的加入。辉格党人也一样，他们被迫承认自己缺乏群众基础。年轻的议员们看到，"辉格党和人民之间悠久的天然联盟"危在旦夕。于是，他们对议会改革的兴趣重新提了起来，议会改革当即成了时下的中心问题。

第 2 章

坎宁与威灵顿公爵

英王乔治四世执政的 10 年间，传统政党团体迅速解体。100 多年来，辉格党和托利党就许多问题，在下院你争我斗。辉格党还起内斗。现代学者们对宗亲关系和商业利益集团进行了深入的研究，想要证明 18 世纪的英国根本没有什么两党制。如果说历史学的特点是出言必须谨慎，那么只能说，在朝者遭在野人士强烈反对，中间站着大批中立的绅士，心平气和翘首以待，谁上台就支持谁。但对于议会辩论的伟大时代而言，仅仅作出这样一个结论是不够的。朝、野两派最好都能有个名字，既然支持者称他们为“辉格党”和“托利党”，何不取用这两个名字呢？好歹到 19 世纪 20 年代，托利党执政都 30 年了，几乎没间断过。

英国遇上了史上最长最危险的一场战争（拿破仑战争），而托利党政府成功领导英国走出了战争。而且，虽然名声遭到了玷污，托利党政府还是经受住了战后和平时期 5 年动乱的冲击。不过，工业革命给政府工作带来了一系列具体的行政问题，贵族派的辉格党和农业派的托利党都没有能力解决。19 世纪了，政府职责也该有一个新的说法了。新的原则和教条正在出台，会把传统的政治党派瓦解掉，到维多利亚时代，再让他们改头换面、重新出场。这些发展需要慢慢来，但是，小皮特所建的政党已经感受到了历史的搅动、进步的压力。皮特把当时日益壮大的商业利益集团争取到了托利党一边。他推行自由贸易，行政高效，赢得了实业界领袖的支持，比如罗伯特·皮尔的父亲，还有威廉·格莱斯顿的父亲。可是皮特形成的传统在战争岁月里日益被腐蚀。年轻人当中有他的信徒在努力执行他的理念，无奈他的几个接班人都没有他那样的威信和远见。缺乏管理技巧，乡绅阶级同新兴商人阶级之间的联盟是注定要瓦解的。小麦种植者和工厂主之间没什么共同点，皮特还健在的时候，他们就开始争吵了。双方的矛盾从战争一结束就越来越尖锐，到了皮尔执政时期，双方终于决裂。农产品价格下跌，关于取消《谷物法》的争吵让人不胜其烦。卡罗琳离婚事件使政府名誉扫地、力量减弱。虽然人们还没有指望各政党把雄心勃勃的行动纲领拟出来摆在全国人民面前，但是就连利物浦政府的朋友也感到，除了维持现状之外，政府似乎别无目标了。

托利党少壮派由乔治·坎宁领头，受商人阶级代言人威廉·赫斯基森力挺。少壮派主张恢复皮特的政策，开展自由贸易，推行英明的贸易法案，可他们自己都不团结。不多久，天主教徒的解放问题加剧了托利党内部分裂。在这一问题上，他们遭到了一个少壮派的人反对。罗伯特·皮尔在统治爱尔兰的6年里克服了民间严重的不满，扑灭了隐隐燃着的叛乱之火，维护了英国政府的统治地位。他认为“讲诚信的专制政府目前看来是最适合爱尔兰的”。他恩威并施，行事相对平稳而有序。其实，从方法和成效上看，他都没博得爱尔兰人的好感。他回家乡时确信，天主教徒解放运动危害的不只是爱尔兰的新教教会，还有议会的整个政治制度。19 世纪还远远没有翻到最后一页，事态就证明了他是对的。同时，皮尔成了坎宁争夺党内未来领导权的劲敌。两人各有个性，各不相让。坎宁在策划和发动伊比利亚半岛战争一事上发挥了领头作用。他主要关心外交事务，可他同卡斯尔雷发生了争执，外交领域似乎成了他的禁区。比他更老的议员们不信任他。他聪明、机智、活跃，有讽刺的天赋，因而树敌甚多。说他不可靠的传言越传越广，他的上司认为他是个阴谋家。1820 年，他因王后离婚风波而辞职时，一位托利党上院议员意味深长地说："这下咱们可把那些臭才子给甩掉了。"1822 年 8 月，坎宁被任命为印度总督。他顺从了这次体面的流放，政治生命似乎就此告终。可这时，命运女神拉了他一把。接他去东方的那条船上溯至泰晤士河的时候，卡斯尔雷因工作过劳而精神失常，在家中的化妆室里自刎身亡。坎宁这下成了政府不可缺少的人物，他受命为外交大臣，主宰英国的政治事务，直到他 5 年后逝世。

内阁进行了改组，让皮尔进入内政部，让赫斯基森进入贸易部。政府现在拥有的下院领袖人数多达 3 人。1815 年，内阁大臣中有 3/4 进了上院。接下来的几年里，托利党的统治更加开明。坎宁、皮尔和赫斯基森奉行了多项大胆的政策，在许多方面都超前于辉格党人的建议。皮尔改革了刑法，伦敦警察队伍也是他创办的；赫斯基森大力改革关税制度，并继续推动皮特的工作，取消不合理的税收，修订关税制度。国内小麦价格上涨，坎宁力主按比例降低小麦关税。这注定会在托利党上下级之间引起冲突。他意识到当时农村穷困会引起政治危机。有一次他宣布道："我们处在财富与人口激烈斗争的边缘。……只有最温和、最自由的立法才能避免这场斗争。”这番抚慰人心的工作是他自己布置的，但危机到来时，需要去面对的人，只有皮尔。

一年一度的《解放天主教徒议案》(Bill of Catholic Emancipation)又提了出来，这令支持政府的保守派感到不安。不过，在有一个问题上，坎宁态度很坚决：他执意拥护现有的选举权制度。他认为商业措施高瞻远瞩，外交政策顺应民心，议会改革的问题就可以避开。他还没认识到自己的错误，大限将至了。

*　*　*

坎宁担任外交大臣的第一项工作，就是处理西班牙的一场危机。先前带头抗击拿破仑的民众领袖们，现在起义反抗独裁的波旁政府，成立了革命政务会，并宣布了以 1815 年法国宪法为范本的宪法。坎宁曾经支持 1808 年的西班牙民族起义，自然对此表示同情。可梅特涅和神圣同盟认为，这场迅速蔓延到波旁家族所建的那不勒斯王国的起义，是对君主制原则和整个欧洲体系的威胁。1822 年秋，维罗纳召开了大会，讨论以波旁王朝的名义介入西班牙事务的问题。威灵顿作为英国代表出席会议，临行前卡斯尔雷吩咐他说，英国不参与这种行动。坎宁强烈赞成这一主张，并在英国广为宣传。的确，英国的传统外交政策一直是反对干涉别国内政。但是奥地利和俄国决意要采取行动，手头有现成的工具：前敌国法国觊觎名望。波旁王朝复辟之后害怕革命力量，主动建议派兵镇压西班牙，恢复国王费迪南德的专制政权。维罗纳会议同意了，坎宁则不愿介入其中。伦敦方面群情激愤，英国志愿兵纷纷前往西班牙为“自由党”防守力量而战。“自由党”这个名字，就是因为这次西班牙起义而进入英国政界的；“保守党”一词，则是从法国传到了我们这边。但坎宁同样反对正式介入“西班牙的自由事业”。为此，辉格党人攻击他。英国这些对良知的检讨没能改变西班牙起义的结局。法国远征军一路上没有遇到什么像样抵抗，西班牙自由党退往加的斯，就范了。

一个更大的问题此时出现在了欧洲以外。英国对西班牙政体没什么直接的兴趣，但200多年来，她始终在争夺西属南美殖民地的贸易市场，那里自由颇为重要。拿破仑战争期间，这些殖民地尝到了自治的甜头；但波旁王族在马德里复辟，西班牙国王恢复统治，就不合他们的胃口了。从南到北，安第斯山脉处处都在为争取南美解放而战斗。到坎宁担任外交大臣时，地图上的大多数共和国不是局势不稳，就是四分五裂。与此同时，英国同这些地区的贸易额自1814年以来增加了两倍。要是法国或神圣同盟干预新大陆，要是欧洲派军横跨大西洋镇压叛乱者，这一切都将化为乌有，而且还会产生更大损失。这些危机让坎宁焦头烂额。他非常需要英国商人的支持。实际上，这些商人对眼前的危机很敏感。他果断采取了行动，呼吁美国联合英国，反对欧洲国家越洋干预南美诸国。就在美国人斟酌这个提议之时，坎宁还往法国人身上使了一招。法国无意同英国挑起海外冲突，表示放弃在南美洲使用武力，并发誓对那边殖民地绝无野心。就这样，神圣同盟无法行动了。坎宁后来以胜利者的口吻说，自己“开辟了新大陆来调整旧大陆的均势”。

新大陆方面也有自己的话要说。美国不希望欧洲方面的冲突漂洋过海。他们已经承认拉丁美洲几个主要的共和国独立，不希望野心勃勃的欧洲王子们坐船前来民主的美洲建立君主制，更不希望欧洲人再来美洲掠夺土地、开展殖民。坎宁提议发表英美联合声明，这一举动引起了关注。杰斐逊和麦迪逊两位尊敬的前总统同意门罗总统的看法，认为这值得欢迎，是意义深远的一点。他们都意识到了欧洲方面的威胁，更想到了俄国的太平洋计划，因为俄国人占领了阿拉斯加，沙皇提出的领土要求从美国西海岸一路延伸到加利福尼亚地区，那边沙皇的特务活动很频繁。不过，门罗手下有约翰·昆西·亚当斯做着国务卿，此人生来小心固执，而且对英国心生疑虑。亚当斯不信任坎宁，他真心觉得对方“心计略多，不宜为大臣”。他认为美国应当按照自己的主张来行事。假如有朝一日，古巴甚至加拿大都渴望加入伟大的美利坚合众国，那现在跟英国联合发表声明说美洲大陆神圣不可侵犯，难道不会减少他们归顺的可能性吗？看来，美国保持超脱的态度实为上策。亚当斯在日记中写道：“我们与其像小艇一样尾随英国的风帆战舰，倒不如名正言顺地向法国和俄国公开阐明我们的原则，这样更有尊严，也更为坦率。”于是，1823年12月2日，门罗总统在致国会的年度咨文中提出了纯粹的美国政策，即“门罗主义”（Monroe Doctrine）。从此，人们在谈到跨大西洋事务时，常常会提及该原则。门罗说：“美洲大陆，一直都采取着、保持着自由与独立。因此，欧洲列强以后再也不能把美洲大陆当作进行殖民活动的场所。……我们应当认为，他们把自己的政治制度扩张到这个半球的任何一个地方，都会危害我们的和平与安全。”这声明余音袅袅。其他国家都接受了，因为有“英国的风帆战舰”的善意警戒。只是，这一事实很少得到公开承认。100年来，绝大多数时间里，英国皇家海军始终是美洲自由最坚强的保卫者。有了英国“舰墙”的保护，美洲大陆便可以毫无阻碍地决定自己的命运。

门罗的著名咨文不仅是对独裁国家的警告，也是对英国的警告。

坎宁明白，现在是美洲人宣称支配美洲大陆了。在那边跟美国人争锋会有风险。他下决心要避免可能使英国陷入尴尬局面、使其正当利益受损的一切冲突。不过，就尚未出现的危险进行争论，是没有意义的。坎宁发表了既简洁又中肯的个人意见，他写道："美国公开要求，要成为全美洲联盟的首领，还要用这个联盟抗击欧洲（包括英国）。这个要求同我们的利益不一致，也不是我们能够同意或容忍的。可是，对这个要求空谈异议没有用，但我们肯定不能作出像是同意其中精神的任何表示。"

不久以后，英国正式承认了南美国家的独立。对共和制国家不怀好意的乔治四世，还有坎宁政府里的许多同僚，都曾极力反对这一行动。国王甚至拒绝宣读那篇写到了承认南美国家独立的演说。这篇演说是一位大法官勉为其难为国王代读的。于是坎宁的主张占了上风。他在南美下的这一步棋，大概算是他在外交方面最大的胜利了。然而，需要他采取果断行动的地方，还不止这一处。

* * *

在拿破仑战争最艰苦的岁月里，英国投入最多的兵力，是为了保护葡萄牙。现在，我们的老盟友又需要援助了。南美洲再一次卷入冲突。葡属巴西殖民地宣布独立，出乎意料的是，他们拥戴了一位住在那里的葡萄牙亲王为统治者。坎宁承认了新生的巴西帝国，并力劝葡萄牙也予以承认。不过这时形势发生了新的变化。葡萄牙国王驾崩，王位成了争夺的对象。合法继承人是巴西皇帝的女儿，年仅 8 岁，自由派和立宪派都站在她的一边。可是，她还有一个舅舅也想要来继承王位。这个舅舅是一个极权主义者，他得到了神圣同盟的青睐和西班牙的积极援助。英国政策向来不容许里斯本落入不友好国家手中，而此时整个葡萄牙似乎都陷入独裁国家的干涉之中。1826年12月，英国遵从古老盟约，派兵到塔霍河沿岸。坎宁在下院阐明了自己的观点，他说，这次部队调动，“并不是为了把某种政体强加于人，而是为了维护一个盟国的独立”。英国驻里斯本大使把皇家海军军舰出现在塔霍河上的狂热场面叙写了下来：“现在谁也不怕成为立宪主义者了。……英国发话了，已经派部队到来。雄狮一醒，气冲霄汉。”然而，葡萄牙问题只是暂时得到解决，以后的岁月里，它还会继续困扰坎宁的接班人。

同时，地中海东部爆发了另一场危机。臣服土耳其人400多年的希腊人心中激荡起了独立精神。他们举行暴动，1822年宣布独立。在英国，人们普遍对此表示支持。这番事业鼓舞了那些在塞莫皮莱[①]和萨拉米斯[②]光辉事迹的影响之下成长起来的有文化阶级，伦敦的开明人士积极介入其中。人们纷纷捐款，拜伦等英国志愿者前去援助希腊人。拜伦在梅索朗吉昂死去之前，就破灭一切幻想。一桩崇高的事业被内讧葬送，这在希腊史上并不是第一次，也不是最后一次。倘若没有欧洲列强的压力，希腊人本来不会屈服的。土耳其苏丹军得到了强大的埃及帕夏[③]穆罕默德·阿里供养的一支军队的援助，几乎无往不胜。希腊人很不幸，欧洲列强本身就非铁板一块。希腊人的暴动分裂了神圣同盟，奥地利和俄国对立了起来。坎宁同前辈卡

---

① 希腊的一个山口，希腊人于公元前480年在此英勇阻击了波斯人。

② 雅典附近的一个小岛，希腊军舰于公元前480年在该岛附近的海战中打败了波斯人。

③ 奥斯曼帝国行政系统中的高级官员，通常是总督、将军和高官，相当于英国的勋爵。

斯尔雷一样，力主斡旋。另外，他担心俄国会出面干预，在希腊建一个附庸国,向土耳其人讨价还价。要是俄国在土耳其扩大势力范围，英国在中东和印度的利益就会受到威胁。所谓的“东方问题”（Eastern Question）起源于此。这个问题让欧洲列强寝食难安，一筹莫展，直到第一次世界大战为止。经过复杂的谈判，1827 年，英、法、俄三国商定了向土耳其人索要的条件。英国和法国派出舰队到希腊海域力挺希腊人。这是坎宁外交的最后一大成就。这场希腊剧的下一幕，是在他离世后才上演的。

坎宁的同僚们对这位外交大臣的行动越来越挑剔。威灵顿认为坎宁采取了鲁莽的政策，为此他如坐针毡。多亏利物浦首相的调和，政府中的两派才团结在一起，可是，1827 年 2 月首相突然中风，严重的政治危机发生了。主外的坎宁和主内的赫斯基森和托利党老党员们都不合，现在谁能领导政府？托利党的整个未来生死攸关。他们是要走威灵顿那条路，还是走坎宁那条路呢？首相人选仍须国王确定，乔治四世犹豫了一个月才拍板。辉格党人无力组阁，他们内部四分五裂，也没有希望获得现有选区的多数支持。所以，必须由托利党两派中的一派来组阁。利物浦内阁中的许多大臣，包括威灵顿和埃尔登在内，都不同意在坎宁手下任职。另一方面，坎宁渴望得到一些辉格党领袖的支持。该不该建立一个辉格党加托利党的联合政府呢？那样的话，英国历届政府长期坚持立足的党派忠诚就要粉碎了。那该不该尝试由清一色的托利党来统治呢？那样的话，下院又要反对,国内其他地区也不能接受。那能不能找到某个中立人物，在党派争雄的形势下实行温和的弱势统治呢？接下来的几个星期里，温莎城堡里的人异常激动，每次就餐必定进行一番长谈。很快，答案就揭晓了：没有坎宁和他的朋友们，就无法组织政府；坎宁要么一切说了算，要么就不出面组阁。他最后一句话说服了国王。他说：“陛下，您父王打破了辉格党的支配地位。我希望您不要容忍托利党方面搞支配。”乔治四世回答说：“不会的。我要是容忍了，就不得好死。”1827 年 4 月，坎宁出任首相，在短短 100 天里，手握最高政治权力。

坎宁组阁预示着 18 世纪的政治制度即将瓦解。他能够上台执政，是因为辉格党中的一派友情赞助。他在下院失去的唯一一个能干的托利党领袖是罗伯特·皮尔。皮尔辞职，部分是出于个人原因，同时也因为他知道坎宁支持天主教解放运动。托利党的反对派和辉格党的顽固派对新政府进行骚扰。要是坎宁的命再长一点，他领导的集团大概能建起新的政治忠诚。然而，坎宁生了一场病，在 8 月 8 日离世了。他跟卡斯尔雷的情况一样，也是过劳死。

坎宁是新世纪的关键塑造者。无论战争岁月还是和平时期，他都证明了自己是个坚定主动、有大局观的人。他头脑敏锐但性情急躁，使党内的朋友都感到难以共事。就像他的朋友沃尔特·司各特爵士评价的那样，他缺少谨慎的作风。不过，因为有了坎宁，皮特传统的正确一面得以流传给后世。坎宁在许多方面都同情英国社会生活酝酿的新运动。他还同报界保持密切的联系，懂得如何在执政中利用宣传工具。同查塔姆一样，他政治权力的主要基础也是公众舆论和深得民心的外交政策。他主张解放天主教徒，可见他的观念比大多数托利党同僚都要先进。他反对议会改革，是一种对所有同法国革命有联系的英国政治家所施加的诅咒。在这一点上，他本来可以改弦易辙的。反正分崩离析的托利党人在他死后改邪归正了。迪斯雷利是这位杰出人物的见证人："我只见过坎宁一次。我还记得，就跟昨天发生的事一样，一副灵动的眉毛一扬一扬的。那美妙的声音还在我耳旁回荡呢。"

*　　*　　*

坎宁在关键时刻逝世，让国内外政局错乱了。他的追随者、辉格党内的盟友和一些托利党人拼凑了临时政府，笨拙地应付着局面。临时政府的首脑，是爱哭的前财政大臣戈德里克勋爵。皮尔和威灵顿领导的托利党人有超过半数持反对态度。辉格党大臣和托利党大臣发生分歧，破坏了政府内部的团结。坎宁的不干涉希腊政策在执行过程中出了点问题。这个政策确实有其意义，尽管塔列朗恶毒地定义说"形而上学的政治字眼，几乎同'干涉'是一个意思"。舰长科德林顿曾跟随纳尔逊打了特拉法尔加战役，他现在是海军上将，统率着希腊海域的英法联合舰队。他先斩后奏，在纳瓦里诺湾摧毁了整个土耳其舰队。英国人惊恐万状，担心俄国人乘机浑水摸鱼。这场海战对希腊人意义非凡，但国王在国情与施政演说中贬损它是一次"异常事件"，得胜将军科德林顿差点就被送往军事法庭。辉格党人搞阴谋，临时政府分崩离析，忽然之间就销声匿迹了。辉格党不可能组成一党政府，他们党的力量薄弱，领导平庸。威灵顿和皮尔奉命组阁，他们接受了使命。威灵顿出任首相，皮尔出任内政大臣和下院议长。这些老派的托利党人还得打上一架，他们就是一个顽固的保守派。

新政府的政治观点很简单：保卫现存的制度，认为只有这些制度才能维持秩序，坚定信念决不后退，除非碰到压倒性力量的逼迫。皮尔位列英国有史以来最能干的大臣，不过他只擅长管理日常事务。

只有当民众的意见引起了全国的关注，成为无法回避的政治现实时，他才会重视。政府做出的第一个让步，是通过了反对派要求废除《宣誓条例》的提案。这个条例剥夺了不信奉国教者担任公职的权利。经过长期的斗争，他们终于获得了政治权利和平等地位。天主教徒则没有得到这么多，他们的解放不仅是原则问题，是通往宗教完全平等的一步，而且攸关大英帝国利益。英国政府最大的败笔，是爱尔兰。在拿破仑战争期间，爱尔兰人的不满情绪严重削弱了英国的战略地位。从克伦威尔时代以来，新教徒少数派一直控制着爱尔兰的政治事务和社会生活，爱尔兰不会永远容忍下去。英国政府始终面临着爱尔兰发生革命的威胁。1815 年以后，天主教徒的解放问题成了政治领域的主要分界线，让坎宁一派和辉格党人同威灵顿和皮尔分裂了开来。英国的政治家们凭着“君子协定”年复一年地拖延这个问题，但爱尔兰人的耐心已到极限了。他们在丹尼尔·奥康奈尔的领导下组织起来，掀起猛烈的反英运动。奥康奈尔是个地主，也是一名律师;他所主张的做法，后来称作英王统治下的爱尔兰自治。尽管他本人不是革命者，但演讲起来激情澎湃、强而有力，滋养了暴力倾向。

一件政治小事引起了连锁反应。坎宁派的领袖赫斯基森连同其追随者被赶出了政府；信奉新教的爱尔兰地主维齐·菲茨杰拉德获得提升，补上一个大臣职位的空缺。当时任命大臣需要选民进行补缺选举，因此在克莱尔郡举行了投票。奥康奈尔参加了竞选，他背后有他整个组织——天主教协会做靠山。根据现有法律，他当然没有资格当选议员。可尽管当地新教绅士极力反对，他仍然胜利当选。这是一个判例案件。如果英国政府拒绝给予天主教徒选举权，爱尔兰就会爆发革命，国内也将发生政治灾难。

皮尔政治生涯从爱尔兰起家，他一直是反对向天主教徒作出任何让步的标志人物，他的政治威望正建立在此主张之上。他是最坚决捍卫国教的牛津大学选区选出的议员。在这场日益严重的危机中，他的表态微妙，这是在所难免的。威灵顿的处境稍好一些，他在这些问题上介入不深，能比较心安理得地采取权宜之计。爱尔兰方面，形势一目了然：爱尔兰人的一个独立协会蓄意破坏了官方统治。政府面临的选择是，要么解放天主教徒，要么再度全面征服爱尔兰。1828 年 8 月，威灵顿向国王汇报了这个问题："该国的统治权已经不在政府官员手中，而是被罗马天主教协会的煽动家们篡夺了。他们通过天主神父施加影响，自以为是地引导着国家。……我们在爱尔兰面临着一场暴乱……我们在英格兰则有不可解散的议会，大多数议员认为……补救的办法是解放天主教徒。这些议员还未做出努力安抚国家，就要不情愿地加入这场斗争。"

爱尔兰的新教徒们惶惶不可终日。如果爱尔兰发生暴乱，他们绝无好处。天主教徒的政治平等地位是一剂他们难以吞服的苦药，但是，如果不允许天主教徒解放，新教徒的整个定居区都岌岌可危。不是天主教徒获得选举权，就是新教徒丧失他们的地产。12 月，爱尔兰事务大臣让皮尔清清楚楚地明白了危险所在："我可以肯定，目前南方的农民准备在奥康奈尔被赶出国会时乘机举事。在此期间，任何对天主教徒显得不利的事件都可能提前触发行动。"英格兰反对派的一个成员在一封信里描述了爱尔兰新教徒的看法："我从最权威人士那里得知，爱尔兰的许多奥兰治派新教徒对自己的处境担忧之极，所以直言不讳地表达自己不惜任何代价解决争端的迫切愿望。"

威灵顿是当将军的人，他明白全国性的暴动是别指望能镇压得住。他近距离目睹过西班牙内战的过程。他自己就是出生于一个爱尔兰家庭，非常熟悉这个动荡不安的海岛。他用简单平实的语言对上院说："我这种人，戎马生涯大概比大多数人都要长，还主要都经历内战；我必须要说明，假如我可以做出任何牺牲，让我所热爱的祖国免于哪怕一个月的内战，我把命搭上都在所不惜。"

反对天主教徒解放的人，只有英国主教、老派托利党人和国王。主教和托利党人可以被投票否决掉，可国王却是个不好克服的障碍。威灵顿和皮尔在温莎同国王商议过一次，结果糟糕透顶，而且他们尚未同内阁全体成员商议。皮尔越发感到不舒服，而国王的态度就是他自己的态度。皮尔觉得，政府要采取他在政治生涯中一直反对的措施时，他没有理由留在政府内，除非他留下来对措施的成功至关重要。反对派可以迫使议会通过解放天主教徒的法案，这对皮尔无关紧要。他们说服不了国王，而国王的支持仍然是不可或缺的；威灵顿没有皮尔帮忙就无法通过法案，辉格党人没有国王支持也达不到目的。这就让皮尔铁了心。他辞去代表牛津大学的托利党议员职务，购得韦斯特伯里的议员席位。后来他同意站在威灵顿一边，才说服了害怕辉格党人执政的乔治四世。他亲自把解放天主教徒的议案提交下院，议案在 1829 年以多数票轻松地获得议会通过。爱尔兰免于一场革命，可英国托利党的团结又遭到了一次打击。托利党"元老派"力量很强，在选举权未曾改动的情况下，他们始终没有原谅皮尔和威灵顿对新教徒垄断英国权力这一原则的背叛行为。对托利党的追随者来说，该党的纲领有许多不同甚至互相矛盾的解释。但长期以来，保持新教统治地位一直是他们有约束力的政治信念之一。

因为用军事眼光看待政治事务，威灵顿以特有的方式提出决斗，来威慑批评者。温奇尔西勋爵在上院批评首相时有失礼之处，指责他不诚实，结果遭到正式决斗的挑战。决斗在巴特西公园举行。年已花甲的威灵顿陆军元帅在决斗中从容不迫，淡定自若。这是他喜欢采取的方针，比抚慰感情脆弱的政客们要强多了。他在一次发牢骚时，把抚慰政客说成是“让先生们把自称的小性子疏解一下”。他对自己的决斗助手陆军大臣说：“哈丁，快点离开场地，我可没时间浪费。该死！别把他逼得离沟那么近，我要是刺中他，他要跌下去的。”双方均未受伤，温奇尔西签署了一份文件表示收回他的影射攻击。当天威灵顿前去拜见国王，并对国王说：“还有一件私事要禀报陛下，我在今天上午进行了决斗。”乔治和蔼地答道，他很高兴听到这个消息；他历来主张绅士应努力维护自己的尊严。可政治啊，并不总是这么简单就能处理好的。

威灵顿政府没有表示出任何继续奉行开明政策的迹象。坎宁派辞职后，内阁里空缺的两个职位由威灵顿以前的两个参谋担任，这个副官式的军政府越来越脱离政界舆论，反对派的力量日益强大。然而表面上，一切都风平浪静。1830 年 6 月，乔治四世离世，脖子上挂着菲茨赫伯特夫人的小画像。人民没有为这位“欧洲第一绅士”哀悼太久。在他生命垂危之际，情妇科宁厄姆夫人忙着收她的特别津贴。这位昔日风流倜傥的美男子已经变得臃肿不堪，都羞于在公开场合露面了。他奢侈成癖，多年纵欲过度，让他天生的能力黯然失色了。他不是天生的暴君，但喜欢以独裁者自居。看到欧陆各国君主地位不稳，他意识到，面对独裁的问题还是少说为好。他的故事在维多利亚时代受到人们的诋毁。其实就他的行为而言，他与当时上流社会的大多数人不相上下。

*　　*　　*

克拉伦斯公爵继承了其兄乔治四世的王位，成了威廉四世。乔治三世的儿子中，他的行为最古怪，而招怨也最少。他是在海军里成长起来的，继位前过着默默无闻的生活。1827 年，坎宁提拔他做海军事务大臣，大臣生涯为时短暂，同时也荒谬可笑。他和一名女演员在布希公园同居多年，但最后也被迫履行自己的职责，同德意志萨克森－迈宁根公国的阿德莱德公主结婚。事实证明，阿德莱德为人宽厚，是个过得去的王后；同样，威廉四世性情温和、无甚杂念。他令大臣们最为难堪之处，在于他在公共场合很难克制住自己的言不得体。在一次为内阁大臣和外国使节所举行的正式宴会上，他站起身来，像个水手一样粗鲁地祝酒，还说："居心不良者可耻。"[①] 在场的人尴尬万分。他总算说完，坐下时，一位客人向法国大使塔列朗问道："尊意如何？""妙哉。"塔列朗答道，脸上的肉一动也不动。

尽管枢密院文书查尔斯·格雷维尔观察得细致入微，日记中不敢肯定国王的才智能维持到议会召开，但国王伉俪获得了人心。王后并不漂亮，但继乔治四世的居家生活后，她那朴实无华的恬静风格，是个不错的改变。国王直来直去，对下层社会颇有吸引力，然而，有一次，威廉四世从御辇的窗子向外吐了一口痰，人群里有人以责备的口吻说："乔治四世从来不做这种事情的！"毕竟伦敦上流社会的生活和礼仪并不以宫廷为准绳。

本有人以为，新国王可能会更倾向于组建辉格党政府。他在继

① 此段对话都是法语，当时属"高雅"语言。英国国王说法语，反而弄巧成拙。

位之前，曾被威灵顿公爵撤去海军大臣的职务。可是他成为威廉四世以后，却对威灵顿公爵表示欢迎，加以留用。他处事公正的名声具有政治价值。威灵顿证实了这一点："国王从（登基）那天起，直到去世，对我的恩宠实在是无以复加；而我在国王继位之前将他赶下海军大臣职位，这么无情的手段也可谓举世无双。但他对此并无怨言。""水手威廉"(Sailor William)的公正可是每分每毫都得要有的，因为前方的海面上波涛汹涌。法国再次爆发革命,波旁王朝气数已尽；这些消息穿过英吉利海峡时，英国已有山雨欲来风满楼之势。

第 3 章

改革与自由贸易

1830 年，欧洲再次掀起自由主义浪潮。法国七月革命建立了奥尔良家族统治下的君主立宪制。新国王路易·菲利普是奥尔良公爵路易·菲利普·约瑟夫（因热心支持法国大革命而被称为“平等的菲利普”）之子，老路易曾投票赞成处死他的表兄路易十六，且自己之后也被送上断头台。相比父亲，小路易更加智慧和正直，因而得以在动荡不安中维持王位 18 年且没有丢掉脑袋。

比利时曾因 1815 年的维也纳和约被强行并入荷兰，受巴黎事态的鼓舞，比利时人起而反抗荷兰王国。英国在促成此项安排中功不可没，其一贯政策就是支持低地国家独立，防止其中任何一省落入某个对其有威胁的强国控制之下。无须提示，在 20 世纪，这种均势政策正是多次大战爆发的主因。

1815 年，促成一个强大而统一的荷兰王国似乎是水到渠成了，毕竟这也实现了伊丽莎白时代奥兰治亲王威廉一世的梦想。但荷兰和比利时语言不通，宗教有别，贸易利益亦不相同，这些都是两国合并难以逾越的障碍。比利时人随即要求自治，进而要求独立。经过大量外交斡旋，双方最终找到了和平解决的办法。与此同时，反抗的浪潮也席卷德国，蔓延到了波兰。梅特涅和神圣同盟控制下的欧洲虽然尚未天翻地覆，但也风雨飘摇。

欧洲大陆上的骚动大部分的目的是民主，且有序地开展，广受英国好评，其进展也受到人们的热切关注。似乎只有托利党政府和威灵顿公爵对此抱有怀疑和敌意。出于某些原因，托利党政府担心法国会吞并比利时，或把法国亲王送上比利时的王位。

有人甚至怀疑威灵顿公爵打算以武力复辟荷兰王国。此事不属实，因为维护和平是他的首要目标。但是，反对派也乐于将这类捕风捉影的图谋强加在他身上，而谣言足以在那个时代引发骚动。英格兰东南部，村庄和农场的贫困引发了人们的暴动。城镇化发展带来的劳资矛盾，逼得老板及其工人采取政治行动。在英国，混乱、骚动，甚至革命似乎一触即发，而实际上，迎来的却是一次大选。

辉格党在议会选举中有收获，但得票数并没有决定胜负。当时辉格党领袖是格雷伯爵，是福克斯的朋友和门徒。格雷历时 40 年争取进行大幅度选举改革，于晚年终获成功，这样的例子寥寥无几。他曾在 1806 年福克斯的内阁短暂任职。自从小皮特上台起，格雷长时间在野，无望且无心赢回组阁权。如今又到了他大显身手的时候。

格雷是个地主，他将从政视为社会责任而已。比起威斯敏斯特大厅，他更热爱乡村庄园。但是，他曾仔细研究过欧洲大陆的起义，发现其并不像威灵顿公爵想象的那样凶险。他对英国国内问题的判断也有理有据。他和他的同事们觉得，滑铁卢战役后，英国的动荡不安来自两个完全不同的方面：一方面是在议会没有代表的中产阶级，他们家产殷实，生活体面，受法国大革命民主思想的影响，渴望政治权力，但坚决奉公守法；另一方面是劳动群众中满怀怨恨且更为激进的部分人，他们深受战后带来的经济混乱之苦，侈谈武力，甚至计划付诸实践。辉格党只要能与中产阶级结盟，并适度扩大选举权就足够了，为此，格雷制订了相应的计划。贝德福公爵的儿子约翰·罗素勋爵对格雷表示支持，此人容易冲动，对抽象的自由事业忠贞不渝，而罔顾实际的后果。他们的支持者还包括候补官员亨利·布鲁厄姆勋爵，他是一位超前的政治家，由于赢下卡罗琳王后离婚辩护案而成名。布鲁厄姆新观点层出不穷，同一些激进派领袖和报纸的编辑也交情甚好。

议会在11月召开。有些人希望托利党会像在天主教解放运动问题上一样如法炮制，并且且战且退，主动改革选举权制度。部分托利党人确信，新增的选民都是铁杆的新教徒。其他人则与为改革鼓与呼的民间协会保持联系。威灵顿则反对改革，他对上院说："关于改善议员的代表性，我从未读到或听到过任何能使我满意的措施。……我确信，我国目前的立法机构足以满足一切正当立法活动的需要，它的作用已经超过任何国家的立法机构。……目前它所代表的人包括我国庞大的有产阶级，其中地主方面的利益占优势，因此，我不准备提出人们暗示的改革措施。"威灵顿坐下后向外交大臣阿伯丁伯爵问道："我没有说太多吧？"外交大臣没有直接回答，但大臣后来转述此事时简单地提及了威灵顿的讲话，"威灵顿说我们要下台了"。

威灵顿原本指望辉格党内部因陷入混乱而无力组阁，可他自己的托利党内部更不团结。坎宁的追随者不愿与托利党的"元老派"再有瓜葛，转而同辉格党人携手合作。两周后，托利党竞选失败，国王威廉四世责令格雷组阁，成立新政府。除了短暂的间隔，辉格党已在野近50年。如今他们一跃升至权势的顶峰。辉格党临危受命。当时法国扬言要介入比利时，英国政府增加军事预算虽不得民心，也是形势所迫，但财政大臣未能提出切实可行的预算方案。东南各郡治安日趋恶化，新任内政大臣墨尔本勋爵威廉·拉姆果断采取行动，判处400多名农民流放之刑，自由党激进派对此感到愤怒和失望。此时只有议会改革才能挽救新政府，于是他们开始全力以赴。

内阁成立了秘密委员会来起草改革方案，约翰·罗素勋爵于1831年3月在下院提出首个《改革议案》。他在喧叫和嘲笑声中向“鹊巢鸠主们”宣读了一份名单，取消100多个“衰败”选区[①]或“口袋”选区[②]，同时在首都、北部新兴工业化城市地区和中部地区新设选区以代之。这违背了托利党人的基本原则，冒犯了他们最坚定的政治信仰，这是在明目张胆地挑战财产权。议会席位如同房地产，是可以进行买卖的东西，而一刀切的选举权是以算术构思政治，类似于法国民主，十分危险。许多辉格党人原以为改革措施比较温和，一听到罗素大刀阔斧的方案也大惊失色。但当他们看到全国上下斗志昂扬，也随即团结在政府周围，因为他们相信改革至少可以避免革命。而托利党人则担心这会成为大变革的前奏。对托利党人和许多辉格党人来说，英国政府的统治意味着地主阶级为社会利益实行统治，那是统治责任。扩大选举权意味着依靠势力和王室加持实行统治的旧制度开始终结。英王政府能在这两大权力支柱缺失的情况下继续

---

① 因居民不足2000人。

② 由贵族实际操纵。

维持吗？1832年后，英国政局动荡，内阁多次更迭，直到有中央机构组织的纪律严明的政党兴起，加上忙忙碌碌的党鞭，情况才有所改变。

激进派领袖对温和的《改革议案》颇为失望，但他们还是以各自不同的方式表示支持。杰里米·边沁和詹姆斯·密尔是民主改革和中产阶级教育的哲学倡导者，威廉·科贝特精力旺盛，是有主见的记者，查令十字街的裁缝弗兰西斯·普莱斯和伯明翰的银行家托马斯·阿特伍德是活跃的政治活动家。这些人虽然身份各异，却都下定决心不让修正案或折中方案削减这一议案。全国上下掀起热议浪潮。人们普遍认为，扩大选举权以及顺应工业革命发展重新划定选区将根除国家的一切弊病，而当时又没有经济危机可以分散公众的注意力或动摇他们的这一信念。为此，各类报刊如雨后春笋般涌现。为了逃避1819年法律规定的严苛印花税，当时每周一期的时事通讯以邮寄方式发行。

托利党人在下院中锱铢必较，政府对获得多数支持也毫无把握。虽然天主教解放运动的领袖丹尼尔·奥康奈尔以其控制的一小部分爱尔兰人赞成票支持格雷，但议案最终还是被否决了。愤恨和失望的怒吼席卷全国。格雷请求国王解散议会并重新进行大选。威廉四世有见识，知道拒绝这一要求可能导致国内革命的爆发。上院闻讯哗然，议员提出议案请国王收回成命。但议员们还在挥舞着拳头据理力争时，一声炮响传来，国王走出圣詹姆士宫，亲自来宣布解散令了。托利党人勃然大怒，其中一人暴跳如雷，对喜气洋洋的辉格党人喊道："下一次炮响，不会是空炮，定将带走你们的脑袋。"格雷维尔在回忆录中写道："当时在场的人告诉我，那时的情形如同书中描写的网球厅宣誓[1]场面，整个事件也像是一场革命前奏。”

单就改革问题开展群情激奋的选举，这是首次要求英国人民投票给予这种授权，而他们的答复毫不含糊。托利党在各郡选区中纷纷落选，而辉格党及其盟党在下院获得136个席位的多数。议会再次召开时，斗争转移到上院。威灵顿一再发言反对改革，他强调:“世界上不管哪个地方，民主制度一旦建立，就会向个人财产宣战，终止公债偿还，反对一切保护原则；而这些原则恰恰受到英国宪法的维护，且事实上更是现存宪法的主要目的。否则，私有财产及其所有者将成为社会公敌。”威灵顿的政治经验主要是在西班牙积累起来的，西班牙革命军政府的情况不堪回首，他认为改革会削弱“陛下保护海外属地、维持其治安并使当地居民臣服的力量。我们很可能因此失去这些殖民地和海外领地，而我们在海外的权威和影响也将随之消失”。1831年10月7日晚，关键的崩裂开始了。上院议员分裂成两派，双方针锋相对，其中21名主教议员的意见至关重要，他们反对改革。改革议案遭否决，托利党人获胜。于是，一个新的宪法议题产生了——上院议员们与人民对立。

第二天一早，报纸黑框镶边，宣告了这一消息。英格兰中部地区随即爆发骚乱，大量房屋物业被烧毁，布里斯托尔更是陷入疯狂的动乱。国内改革派“政治联盟”极力安抚群众对《改革议案》的热情,力图稳住社会情绪。政府坚守阵地。12月,罗素第三次提交《改革议案》，并在下院以二比一的优势顺利通过。翌年5月，议案再次提交上院，却仍以44票的差额被否决。再次解散议会在所难免，而

① 法国大革命爆发前的活动。

格雷意识到极端的补救措施势在必行。于是，他驱车前往温莎，要求国王加封足够的新贵族以保证该议案通过。国王拒绝，内阁全体辞职。威廉四世邀请威灵顿和皮尔组阁，让他们效仿天主教解放运动进行改革，以避免大水漫灌上院。但皮尔不肯从命，他不愿为政府采取的与其意见相左的措施承担内阁责任。国内紧张气氛一触即发，罢工和全面抗税计划提上日程，游行队伍举着旗帜和标语牌走上伦敦街头，标牌上写着“阻止公爵染指黄金”，英格兰银行甚至出现了挤兑。激进派领袖扬言要打残任何上台的托利党政府，一周后，威灵顿公爵认输。5 月 18 日下午，格雷和布鲁厄姆受诏到圣詹姆士宫谒见国王。国王授权他们列出可以封为上院议员且一定会投票支持辉格党的人选名单，另一方面，国王又派私人秘书将其决定告诉托利党领袖，并建议托利党贵族们弃权避开这种非常难堪的局面。议案被再次提交上院，表决时，反对派贵族纷纷退席。1832 年 6 月 7 日，法案终于以绝对多数支持票获得通过成为法律。

*　*　*

新获选举权的人和激进派并不满足改革止步于此。此后的 5 年里，年轻的政治家们在公共行政方面强制推行同样程度的改革。辉格党人日益不满，而格雷认为他已经尽责，于 1834 年引退。墨尔本勋爵和约翰·罗素勋爵成为新任领袖。罗素是老派辉格党人，对侵犯政治自由和权利的现象十分敏感。他认为有必要开展进一步的政府改革，但对越发宽广的民主道路并无兴趣。墨尔本初出茅庐时有过一些高明见解，但他缺乏指导目标和持久的动力，信念不足又生性多疑，使得他和他的人没有主旨或者灵感。对他来说，个人友情和促膝谈心比政治问题更为重要。他勉强接受了首相职务，内心却怀疑首相的这份荣耀是否值得。一上台，他靠平易近人的风格立刻凝聚了分裂的团队。在 19 世纪的艰难时局中，他的政府却大有 18 世纪的遗风。

帕默斯顿勋爵是墨尔本最能干的阁僚之一，担任外交大臣近 11 年。在格雷勋爵的英明指导下，帕默斯顿搞定了比利时问题的协议，至今仍然有效。荷兰和法国都同意撤走，比利时对荷兰提出的领土声索被消弭，萨克森–科堡公国的利奥波德亲王成为比利时独立的君主，驻地布鲁塞尔。比利时的中立得到国际条约的保证。但这一誓约在 1914 年让各国付出巨大代价。在墨尔本的领导下，帕默斯顿可以在外交方面自行其是，其主要理念有二：第一，在任何地方都要坚定维护英国利益，如有必要，不惜诉诸武力；第二，英国只要力所能及，都应尽力鼓动欧洲各国的自由运动，予以同情甚至援助。帕默斯顿对自己的一切行动都扬扬得意，却常常激怒古板的欧洲大臣们，且使神经质的同僚们惊慌不已。但他遇事总能泰然自若，逐渐赢得了国人的敬佩。他这些年树立了威望，成为后来维多利亚时代中期人们的信念支柱。

普通的辉格党人都困惑不已，首鼠两端。虽然他们主张政治改革，但在更棘手且决定命运的社会改组问题上犹豫不决，摇摆不定。过去，他们在王权的界限、国教的地位和宗教宽容等有关宪法的问题上同托利党人争论不休，如今这些问题早已尘埃落定，在过时的党同伐异面前，工业革命的问题和弊病来势汹汹。《改革法案》的通过使辉格党得以功成名就。该党领导人既不喜欢也不了解中产阶级。他们将激进主义视为时髦的信条，在本身力量尚未壮大之时加以利用，而在羽翼丰满之日便弃若敝屣。他们惴惴不安，朦胧地觉得自己正被骚乱和群众组织推着走上一条陌生而危险的道路。

而且，对于整个国家的掌控，辉格党并不是大权在握的。虽然《改革法案》通过后，选民大约增加了 25 万人，总数接近 70 万人，也就是说，约 1/6 的成年男子享有投票权，但这些人并不是铁板一块地支持辉格党。英国选民有一个古怪的习惯，对于授予他们选举权的政府总是投反对票，这一次也不例外。辉格党政府多亏了丹尼尔·奥康奈尔控制的爱尔兰人的多数支持票才得以在大选中胜出。辉格党人唯一的希望是同激进派联合起来，虽然后者在议会中所占的席位不多，但拥有中产阶级和新闻界的支持，因此席位的多寡并不能反映真正的实力。但辉格党人首鼠两端。少数支持这种联合的人中包括格雷的女婿，德拉姆伯爵约翰·拉姆顿，人称“激进杰克”。此人性情急躁，难以共事。他不久便离开了政府，转而投身于殖民地统治问题，对加拿大及整个大英帝国内部的维系厥功至伟。但辉格党同激进派联合的希望随着他的早逝也化为泡影。

然而，这些年颁布的法案和成立的委员会并非徒劳。1833 年，西印度群岛上的奴隶最终获得解放。在英国史上政府首次向宗教社团提供教育补助。《济贫法》得到修正，虽然这些修正在其计划受益者中并未大受欢迎，但在政界和学界都被认为是一大进步。第一个有效的《工厂法》规定的漫长工时足以使 20 世纪的人望而却步，且当时也遭到了人道主义者的反对，但这一法案最终还是获得通过。地方政府体系得到重建，原有的地方寡头集团被瓦解。同时，保证国教地位和维持爱尔兰秩序成为决定政局的中心问题。辉格党人未能妥善解决这两个问题，也没能保持其财政收支平衡，因此后来垮了台。而且，下院之外有强大的势力在活动。全国上下也有大量人口没有选举权。议会的立法并未触及劳资关系，而早期工会活动迫使政府采取强制性措施，最著名的案例当属1834年托尔普德尔蒙难者事件（Tolpuddle Martyrs），当时多塞特郡村的6名工人因发动他人“举行非法宣誓”加入工会被捕并被判流放。这一事件激起全国抗议，虽然社会舆论让6人最终得到赦免，但这已经是6人在澳洲新南威尔士服刑两年之后的事了。由于种种原因，国内动荡蔓延，君主政体自身出现衰微迹象。辉格党人也无力弥合统治集团和全国人民之间的鸿沟。

相反，罗伯特·皮尔爵士即刻着手托利党内机构改革以使其适应新形势。1833年，他发表声明称：“我认为保守党，作为改革后的托利党，其主要目标是反对极端主义，防止民主势力进一步扩张，因为民主势力在取得阶段性胜利的基础上必然会企图蚕食进来。”他明确表示，托利党人支持一切能够提高效率的行政改革，但反对任何削弱传统国家机构权力的行为。在他的领导下，一个纪律严明、目标明确且团结一致的反对派逐渐形成了。翌年，皮尔对其选民发表了振奋人心的竞选演说，这让反对派备受鼓舞。反对派主张开明的保守主义，对国内现存制度要取其精华，而皮尔则十分聪明地表示希望全面改变国教地位。因为宗教在政治斗争中的作用仍举足轻重，不信奉国教的选民在此后几年一直没忘记皮尔提到的这一点。重要的改革法案相继获得通过，触怒了更多的利益集团，国内的保守势力逐渐向皮尔靠拢。托利党在1834年的大选中赢得了100个席位，因此皮尔主持的少数派政府统治了几个月。随后，辉格党人卷土重来，但党内仍像往常一样四分五裂，他们似乎在尝试燃起改革的希望之火，却没有一届政府实现得了。改革处于断断续续且不协调的危险状态，中产阶级领导不力，迟早吃不了兜着走。辉格党这驾马车正驶上一条曲折未知的道路，支持者纷纷在中途下车。

*　*　*

1837 年，国王威廉四世离世。他生前幽默但不圆通，举止和蔼但不受尊重，君主政体的威望日渐低落，他也难辞其咎。事实上，乔治三世的儿子们道德败坏，行为怪癖，他们此时差不多毁掉了君主政体在人们心中的地位。对这个在英国史上至关重要的制度的攻击，似乎迫在眉睫，捍卫者却寥寥无几。新任国王是年方十八的少女，由其母亲尽心尽责培养成人。母亲觉得几位皇叔的言谈举止俗不可耐，便把她送去了肯辛顿宫，让宫廷与臣民隔离。她的教育由一位德意志女教师负责，教会要员会不时对她进行考试，舅舅比利时国王利奥波德也对她进行关于未来职责的函授教育。英国人对她的性格优点一无所知。帕默斯顿写道："几乎无人有机会对公主作出正确的评价，但我倾向于认为她将是一位非凡的人物，具有天生的铮铮骨气。"帕默斯顿说的没错。新女王在继位前夜的日记中写道："既然上帝把我置于王位上，我将尽力履行自己对国家的职责。我尚年轻，可能在许多方面缺乏经验，但我肯定，几乎无人像我这样怀着为国为民的良好意愿和真切希望。"她将大力兑现这一诺言。

维多利亚女王继位时，辉格党人已经黔驴技穷。王室和统治集团孤立无援，不得人心。中产阶级害怕动荡，因而开始投票支持托利党。同时，墨尔本勋爵不相信立法作用，虽然为人宽厚和蔼，但也无所作为。更有甚者，年底出现了经济大萧条的早期征兆。北方工业区的状况不久便和滑铁卢战役后的情况一样糟糕。1838 年 5 月，一些工人阶级领袖发表了《人民宪章》（People's Charter）。人民宪章运动，正如其名，是广大贫困劳动人民对“机器时代”最后的绝望呐喊，也被一些史学家认为是社会主义运动的萌芽。宪章派像1832年以前改革的鼓动者一样，认为扩大选举权可以解除他们的一切痛苦，同时要求议会一年一选、确定男子普选权、设立平等的选举区、废除议员候选人的财产资格、匿名投票表决以及规定议员薪俸。他们唯一的希望是像激进派之前那样得到议会中某一党派和进步的中产阶级的支持。但他们这次故意不去争取中产阶级的支持，其领导人内部争论不休，并以威胁和不负责任的演讲冒犯了许多体面人。他们没有资金，也没有成立相关的组织，如爱尔兰教区成立的天主教协会以及工会中的工党。请愿书和小册子一度如洪水般涌入英国，但各地的骚动情绪反应程度不同。每当社会条件有所改善，民众的情绪就随之缓和，因此全国性的运动从来就不持久。当时仅存的几个工会不久便改弦更张，有些生活小康的工匠也对改革变得冷淡。之后的几年，骚动时有发生，最终于1848年达到顶峰，爆发革命。但这事出发点很好，结果却一无所获，糊里糊涂地结束了。

皮尔得出了正确的结论。他比辉格党人更清楚地看出动乱的根源，他虽然坚决反对极端主义，却认为提高统治效率和实行开明的商业政策才是补救办法。年轻的托利党人都赞成他的看法，也苦于社会贫富两极分化像两个“国家”，正如有着犹太血统的年轻议员本杰明·迪斯累里在小说中描绘的那样，一小帮保守派正设法联合劳动者反对中产阶级。

1839年，墨尔本提出辞职，但维多利亚女王留了他两年。他的魅力博得了女王的好感。他把待人接物的经验传给女王，同时女王不用费神猜疑他，因此女王拒绝同心爱的首相分开。次年2月，一个陌生的人物登上英国历史的舞台。女王同她的表弟，即舅舅的儿子阿尔伯特王子结婚。王子是德国萨克森－科堡－哥达公爵的小儿子，他秉性正直，兴趣广泛，富有崇高的理想。他和女王一起度过了21年幸福的家庭生活。这也正符合英国臣民所愿，但可惜他英年早逝。受乔治四世及其兄弟的暴行影响，君主制度的尊严和威望急需恢复，而维多利亚和阿尔伯特伉俪完成了这一使命。起初，这位王子发现英国政界要人对他非常反感，他们不愿让他获得上院的席位，削减了他的年金，甚至连亲王头衔都是直到1857年才给的。然而，他依然热心支持科学、实业、艺术和许多有益事业，并逐渐赢得公众的广泛尊重。他是女王的终身顾问，就各种问题陈言进谏，一丝不苟且不偏不倚。他的叔父利奥波德国王和以前的导师斯托克马尔男爵对他谆谆教导，教会他在君主立宪制度下应扮演的角色和承担的责任。最终，英国的政党领袖们学会珍视阿尔伯特的忠告，尤其是有关外交事务的建议，尽管不是事事注意听。女王是位刚毅之人，继位时坚定地站在辉格党的立场上。在阿尔伯特的影响下，她意识到自己应保持不偏不倚的态度，至少在公众面前应是如此，同时必须任用能够在下院控制多数席位的人为首相。而这一原则并不妨碍她对股肱大臣的爱憎分明，她在私人信件中充分流露了这种情感。维多利亚女王和阿尔伯特亲王树立了君主制践行的新规范，以便此后君主老老实实地遵循。

不同于墨尔本，皮尔给女王留下了举止笨拙且态度冷漠的印象，但他最后仍在1841年的大选中获胜上台，不久便赢得了女王的信任，也得以尽施才能。皮尔对内阁有绝对控制，会亲自提出重要的政府预算，监督各部工作，包括威廉·格莱斯顿所在的商务部。关税制度再次改革，大幅降低税率，重新征收所得税。这些措施很快就见效并开花结果。1843 年，贸易开始复苏，繁荣景象再现，国内要求政治改革的呼声渐渐平息。英格兰似乎晴空万里，而爱尔兰此时却山雨欲来风满楼。

* * *

控制面包价格成为当下最紧迫的问题。为了促进对外贸易，皮尔降低了除小麦外各种货物的进口税。然而昂贵的面包价格意味着要提高工人工资，否则群众就得受苦。皮尔逐渐意识到，只要能廉价进口粮食，国家当下的繁荣就得以维持。开放小麦自由贸易似乎势在必行，但政治上的阻力非同小可。托利党高度依赖地主的选票，这些地主在拿破仑战争时期大量投资房地产。战后，随着廉价小麦的进口，国内市场贸易保护的呼声日益高涨，政府最终于 1815 年规定禁止进口粮食，除非国内市场谷物价格过高。如今，废除或修订这一规定以及后来通过的《谷物法》，成为重中之重。地主们凭借其在议会的影响力以牺牲他人利益为代价谋取私利，难辞其咎。由于《谷物法》不仅使工人阶级穷困潦倒，也激怒了广大工厂主和实业家，他们的敌意使矛盾更加尖锐。他们认为，贸易保护措施使其无法开拓新的海外市场，也无法在传统市场中公平竞争。

1838—1842 年经济大萧条时期，《谷物法》遭到日益强烈的反对。随后，旨在废除《谷物法》的“反谷物法联盟”在曼彻斯特成立，迅速对公众舆论产生了有力影响，并锻炼出两位杰出的组织领导者，花布印染厂长理查德 · 科布登和教友派磨坊主约翰 · 布莱特。他们两位也是 19 世纪英国自由贸易的倡导者。随后，反谷物法运动得到了强有力支持，其基金募得大量捐款。罗兰·希尔爵士于1840年提出一便士均一邮资法，使得传单和宣传小册子得以经济高效地传遍全国各地。各地纷纷召开会议，其宣传手段新颖而有效：精心挑选演说家，通过讲座向受众灌输一些简单的理念。广泛煽动，精心策划，前所未有。请愿书如洪水般涌入议会。科布登又说服富裕市民在郡选区购买40先令的终身保有土地以换取两次否决权，使得支持反谷物法的选票激增一倍，由此，除了从外部向议会请愿，联盟开始在议会内部进行渗透。

科布登和布莱特发表演说，掷地有声，矛头直指地主阶级，引起各界强烈反响。“就让他们一意孤行吧，就他们的内在品质、聪明才智及道德力量而言，相比于社会其他阶层，地主阶级都相形见绌，很快他们就会发现自己像法国大革命前的贵族一样，孤立无援，无计可施。他们不仅死抱着封建恶习，怙恶不悛，还想着限制人民的粮食供应。他们逆时代潮流而动，以为封建制度是社会存在的必要条件。何苦呢，这个制度在法国和德国已经消亡，甚至从未出现在美国。”

同科布登和布莱特一样，皮尔出生于中产阶级家庭，此番言论，深得他心。皮尔明白，为了英国贸易发展和国家繁荣，必须废除《谷物法》，但他的支持者至少有一半是地主，走这一步，会葬送保守党。但1843年，皮尔决定下手了。他处境堪忧，因为一些追随者认为他在天主教解放运动中已经出卖过他们一次了。他自己却成竹在胸。他大概以为，自己的个人威望足以一呼百应，只是需要时间争取党内支持，但他的时间已所剩无几。

1845年8月，爱尔兰的马铃薯歉收，饥荒一触即发，皮尔深知事不宜迟。但当他向内阁提议时，遭到几名同僚反对，并于12月被迫辞职。辉格党领袖罗素拒绝组阁，皮尔因此重新上台，迎接并战胜了托利党贸易保护派的进攻。先前鲜为人知的托利党发言人本杰明·迪斯累里公然谴责皮尔，与其说是因为皮尔力图废除《谷物法》，倒不如说是因为他违背大党领袖的立场。迪斯累里说道，如果皮尔在废除《谷物法》一事上一意孤行，他就该辞职，因为党内大部分人向来对此持坚决反对态度。领导人有意摧毁自己的政党是一大政治罪行，因为英国政治机器的正常运转取决于各党派力量的平衡，如果一个领导人无法说服自己的同僚，他就该引退。迪斯累里就是这么说的。但皮尔力辩，他对全民族的责任高于对本党的责任，他认为，废除《谷物法》是他的使命。他的私人信件流露了他对托利党贸易保护派的怨恨。"真是地地道道的保护派！他们对各种贸易尝试的结果熟视无睹，认为一切预测结果都是弄虚作假，对社会舆论无动于衷，把《谷物法》称为劳工方面的问题，可是听听多塞特郡劳工多年来的悲惨境遇吧；……他们宁愿冒两次歉收的巨大风险，看到人民再次陷入1841—1842年冬天佩斯利和斯托克波特两地出现的困境，也不愿看到《谷物法》……在饥民的要求下，灰溜溜地被废除，这就是保护主义者的真面目！谢天谢地，我总算能永远摆脱这个政党的羁绊了。"

1846年6月25日，在辉格党和爱尔兰议员的支持下，《谷物法》得到废止。迪斯累里不久便得报一箭之仇。爱尔兰的骚动摧毁了皮尔政府，当晚，经过表决，19世纪最坚不可摧的政府之一，终于走向终结。自《改革法案》通过以来，皮尔一直是英国政界举足轻重的力量和人物。无论在野或在位，他总能独占鳌头。他并非思路开阔之人，但他比当时任何人都更了解国家的需要，同时胆识过人，随机而变。诚然，他分裂了本党，但这并非十恶不赦。他执政的时期正是工业突飞猛进的时代，即铁路时代。截至 1848 年，英国已经修建了 5000 多英里长的铁路，加速运输和提高产量成为风靡全国的口号。煤和铁的产量翻了一番，机器制造业虽未扶摇直上，但也日新月异。一切事业由国内企业家推动，而非政府，旨在使英国成为 19 世纪世界头号工业强国。面对这轰轰烈烈的进步，皮尔仍保持务实清醒的头脑。他深知，对于一个变化中的社会，自由贸易并非包治百病的灵丹妙药。不过，地主阶级的统治地位已经来日无多。自由贸易似乎成为制造业发展的必要条件，而英国在制造业方面即将达到首屈一指的地位。皮尔对一切洞若观火，其领导的政府在首创精神上为之后的保守党和自由党树立了榜样。谈到他的政府治理之道，皮尔说，“事实是，人民喜欢有些固执武断的首相，他们一方面会攻击首相专横傲慢，但另一方面又甘愿受其统治”。虽然是气话，但就当时情况而言，这却十分贴切。

1850 年初，皮尔泰然自若地观看了辉格党继任者在风雨飘摇中的统治之后，在绿园（the Green Park）骑马时不慎跌落，受了致命伤。于是，维多利亚时代英国政坛的伟大开拓者就这样与世长辞了。

第 4 章

克里米亚战争

临近 19 世纪中叶，除了伟大的《改革议案》带来些许变化，英国的政治生活一如既往。以约翰・罗素勋爵为首的辉格党上台执政。罗素家族自亨利七世以来就为国效力，经历了 350 年的顺风顺水，罗素家族及其亲朋好友都确信，他们最懂得如何从国家实质利益出发对其进行统治。由于工业城镇里的工人们只有极少数人有选举权，因此无论他们中蔓延何种新的骚动，辉格党领袖们都自始至终贯彻其合理、温和但并不民主的政治路线。虽然执政期间一波三折，但约翰勋爵领导的政府还是坚持了 6 年之久。尽管其间鲜有丰功伟绩，但在欧洲其他国家王位倾覆、革命迭起之时，辉格党仍引领英国安然度过多事之秋。

托利党内部分裂难以弥合。皮尔和自由贸易的忠实支持者，包括后来的首相阿伯丁伯爵乔治・汉密尔顿－戈登和威廉・格莱斯顿都乐于让辉格党应付这艰难时局。人们尚未料到自由党即将从辉格党、皮尔派及激进派的联盟中脱颖而出。斯坦利勋爵，也就是后来的德比伯爵是老托利党的领袖，与皮尔派针锋相对，他的祖先在英国叱咤风云的时间要比罗素家族更久。德比伯爵在其助手迪斯累里的帮助下，在下院风生水起。迪斯累里才华横溢的美名不胫而走，而他博得信任的能力并不突出。那些年里，迪斯累里的一大任务就是说服托利党人放弃他们忠实的《谷物法》中的关税政策，重新制定基础更为广泛的保守党政策。

正当英国政局平缓波动之际，欧洲深陷痉挛之苦。1848 年 2 月，法国王朝倾覆。路易 · 菲利普国王的统治曾为法国带来一时的繁荣，或者说，他在位时至少使中产阶级富裕起来，但是，支持古老的波旁家族的人们对菲利普的统治并不买账，不论是坚定的共和派，还是主张政治独裁的波拿巴主义者都对菲利普的统治兴趣索然，后者仍然沉迷于拿破仑帝国时的辉煌，念念不忘。几天的暴乱之后，菲利普国王便跌下了王位，一个兼具浪漫主义世界观和社会主义情怀的政府继而开始了短暂执政。该政府不久也垮台了。当年年底，波拿巴以绝对优势当选为法兰西总统。至此,拿破仑大帝的侄子路易·拿破仑王子在经历前半生的阴谋、流亡和寂寂无闻后，终得以上台。之所以能够上台，得益于他的拿破仑姓氏、对手的无能，以及法兰西人乐于宪政方面的尝试。这位和蔼可亲而爱空想的人物,20 多年间，在欧洲事务中将发挥显著且颇有成效的作用。

意大利人民也开始奋起反抗，他们不仅反抗本国统治者，更反抗当时控制伦巴第和威尼斯的奥地利帝国占领者。人们热切期盼这场暴乱能够带来一个统一的意大利王国。教宗庇护九世当时是意大利中部教皇国的统治者，是一位具有爱国主义情怀的开明人士。许多意大利同胞都期盼着他的指引和启示。但是，他的圣职禁止他领导一场纯粹的民族征战运动，以反抗信奉天主教的奥地利。历史上有教皇曾为地区性问题而战，但庇护九世显然更加明智，因为他的职责是领导一个普世的教会，而非统一某个国家。因此，意大利政治上的领导责任必须由他人承担。意大利各省中狂热的密谋叛乱者很快意识到，他们无法独自抵御奥地利及其盟国正规军的进攻，而意大利境内唯一独立的撒丁王国的军队也远不是奥地利大军的对手。意大利人的反抗以失败告终，但结果在英国博得了广泛的同情。因此，意大利在之后争取统一时获得了英国的呼应。

阿尔卑斯山以北，德意志、奥地利和波兰也掀起了革命民族主义运动。奥地利总理梅特涅统治中欧长达40年，却因维也纳爆发革命而被迫辞职,这位年迈的政治家堪称欧洲专制主义的擎天柱。随后，他流亡至辉格党领导的英国，住在一家不起眼的旅馆中。奥地利皇帝被迫退位，而哈布斯堡王朝的皇位随即落到了年轻的弗朗茨·约瑟夫大公身上，这位新继位者注定历经磨难，见证第一次世界大战的爆发。捷克人、波兰人和匈牙利人先后拿起手中的武器，暴动的热情愈发高涨，最终在俄国沙皇的热心干预下才得以平息。德意志本土的诸侯在人民的暴动和示威中乱作一团，有的甚至流亡国外。议会在法兰克福召开，经过长时间的讨论，决定将统一的德意志帝国交由普鲁士国王领导。新皇帝及其军事顾问情愿镇压革命者，也不接受他们的讨好，遂拒绝了这份厚礼。1848—1849年的德意志造反事件都无疾而终，但有力地促进了德意志统一思想的传播。人们越来越相信，只有依靠普鲁士的武力才能实现德意志的统一。

英国人对欧洲的动乱深感同情，却并未掀起任何规模相当的骚乱。宪章运动消停了一段时间后，受到了法国共和制模式的鼓舞，同时，国内新一轮的经济危机也使得他们蠢蠢欲动。人们半信半疑地讨论革命，最后却决定向议会提交新的请愿书，重申宪章派的全部要求。1848 年 4 月，全国宪章代表大会在威斯敏斯特桥南侧一英里的肯宁顿公地召开。会上，宪章派领导人提出向议会两院发起声势浩大的行军。政府采取了预防措施，调集军队，招募巡特警，但事实上宪章派并未给他们执勤带来多大的压力。威灵顿当时已经 78 岁，仍然是沉着冷静的总司令。正如他所说，英国人是“非常文静的人民”，下雨的时候尤其如此。春雨潇潇的日子，大量围观群众聚集至肯宁顿公地，人数早已超过宪章派人士。但当警察出面阻止游行时，示威者便安静地散去，而请愿书则由 3 辆出租马车送达下院。1848 年伦敦的革命情绪仅此而已。

*　　*　　*

同年，托马斯·巴宾顿·麦考利所著《英国史》（*History of England*）的前几卷正式出版。麦考利曾任英国内阁阁员，在英国印度政府中担任要职。虽然存在一些偏见和史实错误，但这皇皇巨著，为驱动维多利亚时代的社会进步观提供了历史背景。麦考利着重说明自 1688 年辉格党“光荣革命”以来英国历史是不断前进的，目标没有终点。书的开篇第一章写道：“过去 160 年来，我国在物质、道德和思想上都有显著进步。”麦考利的这一评价鼓舞人心，受到了当时读者的广泛好评，强烈的乐观主义情绪在英国各地盛行。麦考利认为，英国将有越发光明的前途。事实也正如麦考利所言。他的这一观点受到普遍认同，不久，英国借世界博览会的平台展示自己的成就，而国民有充分理由感到心满意足。

阿尔伯特亲王非常支持举办博览会，他对已经举办过的小型工业展览会都十分感兴趣。1849 年，利物浦新建的阿尔伯特码头开放后，亲王看到蓬勃发展的英国工业和配套齐全的海洋业，惊叹不已，于是，他满腔热情地批准计划，举办一场规模空前的博览会。博览会将向国内外展示英国在各行各业取得的进步。博览会将超越国界，宣扬国与国之间自由贸易的好处，同时，表达世界和平的期盼。当时的人们认为，货物交流畅通必然会带来世界和平。然而，少有人预见到英国很快会同俄国爆发战争。

整整两年，阿尔伯特亲王冲破重重阻碍，带领委员会推进博览会项目。博览会于 1851 年在海德公园开幕。主展厅“水晶宫”占地面积 19 英亩，由专业玻璃暖房园艺师约瑟夫·帕克斯顿设计。水晶宫内陈列着博览会上的大部分展品，同时将树木也包在玻璃和铁架结构中，可谓是 19 世纪 50 年代的建筑奇迹。博览会在举办之前普遍不被看好，但最终还是大受欢迎。半年的展览期内，每月参观人数超过百万人。博览会期间,总共展出了近 1.4 万项工业技术和工艺，其中有半数是由英国创造。阿尔伯特亲王的英明得到证明，而举办者所得的大笔收入用于文教事业。维多利亚女王认为博览会开幕日是“我们全体英国人一生中最伟大，也是最光荣的一天”。随着博览会的成功举办，一些指责阿尔伯特亲王干涉国家事务的吹毛求疵之辈也不知所措，女王为此甚为高兴。而高兴之余，女王还多次驾临水晶宫，和成千上万的臣民汇合在一起，激起了民众深厚的忠诚和民族自豪感。英国君主从未这样坚实地受到民众的爱戴和拥护。尽管各地的恩宠不均，但一派繁荣景象带给英国人极大的自信，这似乎超过社会立法活动和深入改革的价值。作坊、矿山和工厂源源不断创造出的财富，使国人的生活逐渐宽裕。这是举国公认的事实。

19世纪中叶，英国在工业方面的领先地位登峰造极。20年后，工业发展起步较晚的一些国家开始迎头赶上。截至1870年，英国的煤炭产量占世界煤炭总产量半数以上，同年，英国生铁产量仍超过世界其他国家总产量。英国外贸额接近7亿英镑，而美国只有3亿英镑，法国为3.4亿英镑，德意志为3亿英镑，但是，各国间的比例正在发生巨变。在德国和美国，煤矿与铁矿资源相距甚远，铁路大大加快了两国的工业增长。而此时，美洲大平原上种植的小麦可以通过铁路运到美国各港口，再跨洋运至欧洲市场，这使得英国农业面临挑战。尽管如此，英国工业的发展步伐并未放缓。纺织品作为英国出口的主力产品，在亚洲市场供不应求，规模庞大的钢铁和机器制造业在未来仍大有作为，迅速发展的英格兰中部和北部地区处处是黑压压的矿井和锻造厂的烟尘。

如今，英国大生产时代成形，而对此从来不缺批评者。作家查尔斯·狄更斯在小说中揭露了穷人的艰难困苦，怜悯许多穷人所处的贫困境况，嘲弄了粗暴压迫他们的国家制度。约翰·罗斯金也算一位。罗斯金漫长的人生中，从研究绘画和建筑中途转向研究现代社会问题。他醉心于中世纪，在他想象中，中世纪的人都在工匠的同业公会里和谐地创作出一件件艺术品。这位预言家希望能够在维多利亚时代看到这样的才艺，但最终未能如愿。制造业中的低品位和劳资双方的紧张关系，惹起罗斯金的怒火，不得已而口诛笔伐。他大声疾呼，要人们在艺术领域掀起新运动，同时在政治上要求实现社会主义。

*　*　*

如今，外交事务和战争威胁开始让局势布满阴霾。多年以来，欧洲政治家对土耳其的局势一直惴惴不安。君士坦丁堡的宫廷斗争、后宫阴谋分散了土耳其苏丹（国王）及其谋臣的精力，使其无暇顾及治国职责，甚至荒疏了防御要务，这个军事帝国曾统治从波斯湾至布达佩斯、从里海到阿尔及尔的东方世界长达300年，如今似乎也濒于分崩离析。其辽阔领土将会有怎样的命运呢？欧亚大陆上曾经宽阔而富饶的奥斯曼帝国各行省在衰落之后又将归谁管辖？这些问题已经迫在眉睫。随着俄国控制多瑙河流域、君士坦丁堡和黑海的意图愈发明显，这些问题变得更加紧迫了。已经成为亚洲强国的俄罗斯帝国，其阴影似乎正悄悄向印度扩张，英国绝不能忽视这一威胁。此时，英国统治集团的忧惧程度同他们对专制制度的强烈反感一样与日俱增，而尼古拉一世正是专制制度在欧洲发展的支柱型人物，英国诗人丁尼生称他为“冷酷的莫斯科人”和“东方的扩张野蛮人”。与英国帕默斯顿同时代的人，将沙皇统治下的警察国家视为“世界专制主义的基石”，波兰人的压迫者，奥地利反动派的盟友，民族解放、实现1848年民主自由革命运动中产生的伟大希望的致命障碍。

大多数英国评论家已经清楚抗俄的必要性，只有英国激进派科布登强烈反对。如何才能最好地达到目的？对此，英国的外交政策尚不明确。由于法国野心勃勃，企图在黎凡特扩大其影响力，因此英国有必要对此加以防范。坎宁曾计划通过非正面冲突的方式阻止俄国在东南欧的扩张，即在土耳其帝国的废墟上建立一个独立小国的集团，布置在前沿，在必要时为了各自的生存而战斗。坎宁希望通过这种解放的方针来联合法国，也希望以此同俄国修好。希腊王国的诞生便是坎宁努力的第一个也是唯一的成果。但是，20年过去了，英国的执政者们忘记了为希腊民族自由而献身的诗人拜伦作出的榜样。他们改变了坎宁制定的政策方针，反其道而行，试图通过在东南欧扶持腐朽的土耳其统治以遏止俄国扩张。新计划执行过程中，英国政府得到了斯特拉特福·坎宁的大力支持。此人在19世纪40年代曾任英国驻君士坦丁堡大使，后来受封为斯特拉特福子爵。子爵是英国外交大臣和首相乔治·坎宁的堂兄弟，于1808年首次出访土耳其，对土耳其的了解远胜于当时的其他英国人。斯特拉特福举止傲慢，性格急躁，难以相处，但他在土耳其人那里享有巨大的权威。斯特拉特福对奥斯曼帝国"行将就木"的本质有着清醒的认识，但他还是希望能说服苏丹做出一些改革，以便"推迟"帝国解体的"倒霉时辰"，进而延缓瓜分奥斯曼领土的全面战争。斯特拉特福同土耳其政府的慵懒、腐败与无能斗争多年。他的做法是否明智还应另当别论，因为如果中央权力加强，君士坦丁堡和各省的关系也会随之变得更加紧张，毕竟奥斯曼帝国各族人民能够容忍中央政府，正是由于其统治松散。然而，斯特拉特福当时偏不信邪。1852年，他离开君士坦丁堡时，感觉到"时辰"已经为时不远。

如今爆发的土耳其和俄国之间的冲突，直接根源在于耶路撒冷问题，希腊东正教会和罗马天主教会对一些神庙的监管权归属问题存有争议。如果俄国沙皇不支持希腊方的觊觎，而路易·拿破仑，即法兰西第二帝国皇帝拿破仑三世，不急于支持拉丁民族以取悦法国天主教徒，那么希腊东正教会和罗马天主教会双方的争议也就无足轻重。经过长时间斡旋，沙皇派出特使缅希科夫前往君士坦丁堡，重申俄国对土耳其帝国境内基督徒的普遍保护权。如果土耳其答应俄国的提议，俄国将有权管辖奥斯曼帝国境内千百万罗马尼亚人、塞尔维亚人、保加利亚人、希腊人和亚美尼亚人，这样一来，英国政府在近东一直寻求的均势政策，就会遭到同其他地区一样的失败下场。

由于缅希科夫缺乏谈判策略，其要求随即惹怒了土耳其人。当时新发明的电报最远只传至贝尔格莱德。许多事务有赖于重新出任英国大使的斯特拉特福。他作为当场之人，享有相当的权力，可以不请示内阁；他对俄国的威胁态度强硬，坚决主张支持土耳其。在英国国内，德比勋爵上台不久便由阿伯丁勋爵接替。阿伯丁主持的联合政府由辉格党和托利党皮尔派组成，双方观点相左。首相及其外相克拉伦登勋爵犹豫不决，赞同绥靖政策。然而，斯特拉特福可以仰仗内阁中最负民望的帕默斯顿的支持，还可利用国人对俄国人的普遍敌对情绪。斯特拉特福的急件报告并不支持别人对他擅权的指控：他建议土耳其人继续谈判，态度不要太僵硬。但是，土耳其人了解此人，也知道他对土耳其的同情，而且清楚，到万不得已之时，英国海军一定会保护君士坦丁堡，以制止俄国人占领达达尼尔海峡。于是，土耳其一一拒绝了俄国的要求。1853 年 6 月 2 日，俄国态度变得咄咄逼人，英国内阁下令海军前往达达尼尔海峡外的贝西卡湾。拿破仑三世迫切希望得到英国的赞赏和支持，也同意派出一支法国舰队。

6 月 13 日，英法联合舰队驶入贝西卡湾。7 月初，俄军越过普鲁特河，占领了土耳其摩尔达维亚。英国内阁仍然意见不一，既不警告俄国，也不直接答应帮助土耳其。随后，土耳其了结了此事，拒绝各国大使联名的斡旋建议。斯特拉特福反对这一提议——史称维也纳照会（Vienna Note），但是没有证据证明他未执行建议土耳其人让步的指令。土耳其不可能让步，毕竟君士坦丁堡群情激愤，苏丹别无选择，只能拒绝。

然而，战争并非不可避免。沙皇对土耳其的抵抗惊慌不已，企图让奥地利出面调停，但到了9月，阿伯丁及其内阁仍疑虑重重，因而回绝了和谈的建议。10月4日，苏丹对俄宣战，土耳其军队随即渡过多瑙河攻击俄军。俄国在黑海的锡诺普附近海域对土耳其舰队展开突袭，彻底打消了阿伯丁和斯特拉特福为和平而努力的念头。英国国内义愤填膺，谴责锡诺普海战为大屠杀。帕默斯顿于12月因国内问题而提交辞呈，但外界将此举解读为对政府东方政策的抗议，而阿伯丁也因此背上懦弱的骂名。于是，英国一步步走向参战。1854年2月，尼古拉召回派驻伦敦和巴黎的大使。克里米亚战争于3月底正式爆发，英法两国成了土耳其的盟国。阿伯丁直至最后一刻仍摇摆不定。2月，他在给克拉伦登的信中，徒劳地写道："我仍然认为战争不是不可避免，除非我们决心一战。据我所知，事实就是这样的。"

作战上，俄土双方都存在计划不周、指挥不力的问题。除波罗的海和白海地区两次小规模远征海战外，战争仅限于俄国南部进行，而联军在里海选择了主要攻击目标，就是俄国的黑海海军基地塞瓦斯托波尔要塞。此番进击的必要性值得存疑，毕竟当时土耳其军已经将俄军驱赶出了多瑙河谷，进攻君士坦丁堡的威胁已经解除。如果以为攻克塞瓦斯托波尔要塞会撼动俄国的庞大资源优势，那联军就太愚蠢了。不过，英国远征军驻扎在土耳其境内，必须加以利用。伦敦当局不顾英军司令拉格伦勋爵的意愿，派军前往克里米亚作战。联军舰队开至塞瓦斯托波尔港附近时，交战双方礼节性地相互致意。

联军最初在西北方向的小镇耶夫帕托利亚登陆。俄国总督宣布，军队可以登陆，但根据规定，必须立刻接受隔离检疫。但没人会理会这条防疫措施。

联军本可以从北边进攻，直捣塞瓦斯托波尔，无奈1854年9月阿尔马河战役初战告捷后，这位病恹恹的法军司令圣阿诺德元帅，靠混迹官场得来政治任命的人物，执意要绕到南边组织正式围攻。拉格伦勋爵也只好勉强同意这一计划，因为这违背了他的判断。由此，俄军乘机调集援兵，并在著名工程师托特勒本的指导下加固防御工事。联军无力全面包围塞瓦斯托波尔城，同时还得击退俄军从内地派来的野战军。英军把守暴露的东翼防线，两次战斗中首当其冲。10月，英国骑兵在巴拉克拉瓦战役中一战成名，两次突袭冲锋，以少胜多。另一次重要的冲锋是由卡迪根勋爵指挥轻骑兵发动的。当时，他率领673名骑兵在密集的炮火中冲上山谷，从容不迫，如同参加检阅一般向着俄炮兵阵地进攻。最终夺取俄军大炮，但是在冲锋以后点名集合时，这个旅只剩下1/3的兵力了。卡迪根勋爵平静地回到他所住的游艇上，洗澡就餐，喝完一瓶香槟后，他就上床睡觉了。他的部队在这次冲锋中表现骁勇，令人刮目相看。但这次功勋的得来也是由于指挥错误，同这次战争中的其他功勋一样。拉格伦勋爵的指令含糊不清，导致其部下误解，以致轻骑兵选错了进攻的炮兵目标。

此后，因克尔曼战役在11月1日的晨雾中拉开了序幕。在这场步兵的殊死搏斗中，英国士兵展示了非凡的勇气与十足的毅力。俄军伤亡人数近乎联军的5倍，但此战役还不足以决定战局。俄军兵力比联军多一倍，因此，联军想要在1855年春季前拿下塞瓦斯托波

克里米亚半岛
英里
0 5 10 20 30 40 50
亚速海
乌克兰
克里米亚
耶夫帕托里亚
阿尔玛河
因克尔曼
塞瓦斯托波尔
巴拉克拉瓦
雅尔塔
黑海

克里米亚半岛图

尔已确定无望。英军驻扎在暴风雪之中，没有帐篷、营房、食物和御寒的衣物，甚至连最起码的医疗条件都不具备，大批人死于霍乱、痢疾和疟疾。拉格伦的部队既无运输工具，也没有救护车辆，于是，成千上万的人在饥寒交迫中丧命。英国作为首屈一指的制造强国，其政府竟没能想到事先铺设一条从巴拉克拉瓦港到营地的长约 5 英里的简易铁路，以减轻物资运输压力。英国军队在打败拿破仑后，已经享受了近 50 年的和平生活，如今军队黯然失色，早已大不如前。英军大统帅威灵顿已于 1852 年在举国悲痛中离世。自滑铁卢战役英军胜利以来，威灵顿长期把持陆军部，担任不列颠总司令，英军从无改变，连他的继任者们也没曾看出公爵统帅的英军有何改革的必要。结果，当时英军的生活条件极差，部队管理糟糕，武器装备不足，指挥军官平庸。1854 年至 1855 年严冬，英法两国在克里米亚总数只有 5.6 万人的军队，有近 1.4 万名士兵住院，还有更多人死于医药品短缺。伤亡总人数中，英军占了绝大多数，法军的给养要好许多。俄国士兵心甘情愿地忍受了官方举措失当的后果，不计其数的士兵在跨过茫茫雪原奔赴克里米亚途中毙命。塞瓦斯托波尔保卫战给沙皇政府造成了沉重的负担，沙皇如果能像其兄在拿破仑入侵时那样，把俄军撤回内地，或许才是明智之举。然而，克里米亚战争的双方都缺乏宏大的战略眼光。

* * *

英国陆军部也对部队战斗力低下和士兵的悲惨遭遇感到有点震惊。知名编辑德莱恩主导的《泰晤士报》史上首次派出随军记者威廉 · 拉塞尔，利用拉塞尔的报道在国内制造舆论，在全国掀起反政府运动。首相阿伯丁此时四面受敌。1 月，国会重新召开时，一名下院议员以个人名义提出了成立塞瓦斯托波尔英军状况调查委员会的动议，以多数的赞成票获得通过。巨大的数字差额宣布后，议员们不像往常那样欢呼雀跃，反而一个个目瞪口呆，过了片刻才发出一阵嘲笑。政府受到了各方谴责，正如当时一位作者写道："这届内阁是近代以来下场最可悲的。"阿伯丁因此辞职，由帕默斯顿接任。帕默斯顿同意成立调查委员会。在就任之初，他并没有得到广泛支持。此刻，迪斯累里私下评论他道："帕默斯顿就是个骗子，已经江郎才尽，其充其量不过是没有酒精成分的姜汁啤酒，充当不了香槟。总之，他如今已是老黄瓜刷绿漆装嫩。"然而，迪斯累里说错了。帕默斯顿不久便以实际行动表明，自己还是当时的风云人物。不堪入目的错误与混乱已经清理，陆军大臣西德尼·赫伯特开始大刀阔斧地就陆军部的管理进行改革。

1855 年夏，联军获得增援，斗志昂扬。他们于 6 月对塞瓦斯托波尔发起进攻，但仍以失败告终。拉格伦实在不堪重负，精疲力竭，因而挂印而去，他在辞职 10 天后便离世了。拉格伦担任英军司令期间，没能得到政府的全力支持，其部下又争吵不休，不听指挥，而他本人又未能坚持己见。拉格伦是威灵顿的忠实信徒，在滑铁卢战役中失去了一只手臂，在军事史上理应享有崇高的地位。拉格伦勇敢忠诚，往往能对他人错误的决定做出正确的判断，这或许也是他的不幸之处。

拉格伦本可以稳操胜券，却被其继任者詹姆斯·辛普森爵士联合法国元帅佩利西耶拿到了胜利的果实。9 月，塞瓦斯托波尔最终陷落。此时，联军作战计划的无效性也暴露出来了。从克里米亚直接攻入俄国是不可能的。那么下一步该怎么做呢？目前，英法联军中法军人数是英军的 4 倍，而拿破仑三世扬言要撤军。巴黎的主和派开始得势，法国皇帝也有意谈判，同时把对俄军事行动降低为消极封锁。拿破仑三世认为，如果要继续战争，就必须促使其他大国参战，挑起波兰人、瑞典人及沙皇其他宿敌的民族情绪。但是，这个宏图恐怕连帕默斯顿都不敢指望能实现吧。帕默斯顿私下谴责法国主和派为“一帮投机的政客”，不过他也意识到战争必须结束。俄国在奥地利最后通牒的压力下，同意讲和。1856 年 2 月，和谈在巴黎顺利开启。

《巴黎和约》于 3 月底正式签订，条约当然消除了引发战争的直接原因，却并未永久解决东方问题。俄国放弃了扼守多瑙河入海口的比萨拉比亚南部地区，也不再要求对土耳其帝国境内基督徒的普遍保护权。达达尼尔海峡又像战前一样，在和平时期禁止外国战舰通行，而且，土耳其的独立得到了列强的保障，换取土耳其承诺进行改革,但这一诺言也不过是一纸空文。俄国接受黑海非军事化要求，但是 1870 年普法战争爆发，欧洲忙于战事无暇东顾之时，俄国随即违背这一诺言。俄国的扩张暂时受到了遏制，但扩张野心仍未熄灭。不到 20 年,在近东地区,欧洲几乎又与野心勃勃的俄国处于交战状态。欧洲的基本局势并没有随着战争结束而改变，也就是说，只要土耳其处于弱势地位，俄罗斯帝国主义者就会蠢蠢欲动，西欧就会窘迫不堪。

克里米亚战争中出现的主要人物均未能在战后声名鹊起，弗洛伦斯·南丁格尔小姐除外。南丁格尔由陆军大臣西德尼·赫伯特正式派往战场，在因克尔曼战役前一天抵达斯库塔里，并在那里建立了近代第一所后方医院。在护士短缺、医疗器材缺乏的情况下，南丁格尔却将斯库塔里地区的伤员死亡率从 42% 降至 22‰。南丁格尔的模范作用产生了深远的影响。其努力的成果之一就是开启了红十字运动，该运动起源于 1864 年《日内瓦公约》，同时促使民用医院管理大改革。在当时那个男子傲然主宰一切的时代，南丁格尔赋予了 19 世纪妇女新的地位，使国内的社会生活发生了革命，甚至使妇女们产生了参与投票选举的愿望。南丁格尔小姐本人认为，“种种弊端使得妇女忍受着比没有选举权更严重的压迫”。缺乏教育便是弊端之一，她主张改进女子中学，建立女子学院。为了实现这些目标，南丁格尔殚精竭虑。也正是在她的努力下，英国有一半人被激励着进入更高的思想境界。

第5章
帕默斯顿

尽管帕默斯顿已是古稀之年，但是他仍然主持着英国的事务。经历了托利党政府短暂的执政之后，帕默斯顿在1855年后的10年里任英国首相。英俄签订好和平条约不久，东方世界再次告急，不过这次问题出现在亚洲。印度以前一直沐浴在东印度公司行政管理的“恩泽”下，偶尔受到伦敦的适度监管。英国议会等的一些人会对这家公司指手画脚，但是他们的话对于公司的运作影响甚微。就在那儿，一场突如其来的抗英运动爆发了，给英国带来了不少麻烦。

从某些方面来讲，印度兵变对于英国的影响比克里米亚战争更持久，它为大英帝国的建立铺平了道路。兵变结束之后，英国逐渐有意识地朝着一个世界性帝国发展。兵变有着深厚的历史渊源。大约在19世纪初期，新一代的英国文官和士兵来到了印度，他们艰苦朴素，为人正直，信仰坚定，梦想着将南亚次大陆“欧化”和“基督教化”，一度迎来了成功的曙光。迄今，英国人仿效罗马人在帝国行省的作风，对于宗教持中立政策，而对于印度的教育没有任何政策。一个个土邦举行游行仪式礼拜印度教的神，印度教和伊斯兰教的节日也一视同仁地被允许公开庆祝。然而，在英国，宗教狂热蠢蠢欲动，对于异域宗教信条的尊重逐步让位于劝人改宗的欲望。有那么一段时间里，印度教里面开明的观点似乎并非不接受基督教元素，像“安提”（Suttee，殉夫自焚），“图基”（Thugee，狂热分子将旅行者勒死，作为宗教责任）以及杀害女婴这类宗教内容也被禁止。主要是多亏了麦考利，他当印度总督理事会成员的时候，采取了一些措施让印度的富贵上流人士学习英语。所有的这些都是不安定的因素，促成了当时可怕兵变。

导致这场兵变的一个直接原因就是英国遭受了一系列的战败和逆转。俄罗斯对印度的威胁已经令很多英国人夜不能寐。事实上，认为俄军会大举越过兴都库什山脉到达印度山谷完全是夸大其词。但当时似乎是存在这样的威胁。当人们得知俄罗斯的一小股军队已经渗透阿富汗边境的时候，英国于 1839 年派出了一支远征军到达了喀布尔，在阿富汗王座上安放了一位英国候选人。结果却是灾难性的。阿富汗人民揭竿起义。1841 年 12 月，在得到安全通行许诺后，4000 名左右的英国驻军，还有近 3 倍的随行人员，包括妇女儿童和阿富汗随军商贩开始从冰山雪地中撤回。可安全通行权遭到践踏，几乎所有人被杀光了，剩下的成了战俘。唯一的一个幸存者于 1 月 13 日到达印度。次年，英国派出了第二支远征军报了背信弃义的一箭之仇，但是欧洲军队的名声已经遭受重创，大屠杀的恶名回荡在印度半岛的上空。

另外一场战败随之发生在当时位于印度最北端的旁遮普省。这里早就是锡克教武士说了算。这是改革过的印度教宗派，他们禁止抽烟，厉行长发及腰。阿富汗的消息传来，武士们欢欣鼓舞，而弹压他们的大领导兰季特·辛格死后，他们就按耐不住了。于是，他们决定先入侵东印度公司的地盘，一展身手。1845 年，他们跨过苏特莱杰界河，在德里以北 200 英里外被迎头痛退。英国建立了摄政统治。3 年后，锡克教徒试图加以推翻。双方在该省边缘的奇利安瓦拉村进行了一场鏖战，不分胜负，三个英国军团被夺军旗。不久之后，英国军队又重拾名声，锡克教军队被消灭。约翰和亨利·劳伦斯平定了旁遮普省。声名远扬的兄弟俩对这一地区实行极权统治，不受东印度公司的节制，而且他们足智多谋。他们让地主们发下三道誓："汝等不得烧死寡妇，不得杀死女婴，不得活埋麻风病人。"他们给维多利亚女王献上"光之山"钻石[①]，并且让省内凶神恶煞的武士爱戴、效忠英王室近一个世纪之久。他们的一个下属——约翰·尼科尔森作为德里的解放者流芳百世，甚至被部分旁遮普人奉若神明。然而，在印度其他地区，一些不明就里、居心叵测之辈，把"勿忘奇利安瓦拉村"当作即将到来的骚乱的开战呐喊和泣血口号。

这是英国在印度自信扩张的一个时期，通常是由在印度的英国人推行的，也不总是受英国国内意见的认可。另外两次大面积吞并，标志着英国统治扩张的完成。当时认为占领印度河下游河谷的信德对于确保对西北海岸的控制很有必要。信德是查尔斯·内皮尔爵士征服的，他是西班牙拉科鲁尼亚战争和 1812 年美国第二次独立战争的老兵。英国《笨拙》（*Punch*）杂志酸溜溜地评价此次行动，称他在上报这件事的电报中只用了一个拉丁文单词"Peccavi"（"我有

---

① 产于印度可拉（Kollur）矿山，原石据说重达 800 克拉，其历史可以追溯到 14 世纪。

罪”[①])。内皮尔不为所动，继续以无上权威和仁慈之力统治着信德。他在火葬堆旁放一副绞刑架，干脆利落地整肃了烧死寡妇的陋习。“凡是活活烧死妇女的，就吊死他们。”他说道。就像旁遮普省一样，信德的和平统治也持续了好多年。另外一个被吞并的地方是奥德。奥德位于孟加拉边境，那里的印度国王长期压迫子民。达尔豪西侯爵35岁被任命为总督，他对于英国的统治手段给印度带来了好处这一点深信不疑。他在任的8年内，通过推行所谓的“无嗣失权”（doctrine of lapse）给东印度公司的版图增加了多个公国。这就是说，要是印度统治者死后没有直系血缘的继承人的话，领土就被充公了。收养的后代不允许继承，尽管这是印度一项古老的传统。在奥德，达尔豪西更加直截了当，干脆宣称“假如英国政府继续在道义上支持一个残害众生的政权的话，那它在上帝和人类的眼中将是有罪的”。1856年，他将国王赶下了台，夺取了他的省份。第二年就发生了兵变，激起兵变的罪责就大部分怪在达尔豪西头上了。

*　*　*

东印度公司的孟加拉军早就声名狼藉。士兵主要是从北部招募的，大部分是高种姓印度人，这对于军队纪律而言并不是什么好事。婆罗门列兵会质疑那些来自稍低种姓军官和军士的命令。团里的权力和影响力常常是取决于他们的宗教地位而非军衔等级。东印度公司的英国长官品质时常令人担忧，因为能人巧匠和有进取心的都寻求借调到行政部门前途广阔的职位上去了。许多待在团部的军官与手下没有什么接触，也没有兴趣改变现状。和缅甸打仗需要军队，

① 英语的I have sinned与“我征服了信德”谐音。

但是假如这些士兵真的横渡了公海的话，他们的种姓也会随之瓦解。达尔豪西招募负责到世界各地服役的新兵，但是他们对于工资和退休金怨声载道。与这次军事动乱无关的一些事情的发展，加重了他们的分量。到了19世纪50年代，铁路、公路、邮局、电报和学校开始在全国的农村遍地开花，引起骚动。许多印度人认为这些新事物威胁到了以世袭罔替的种姓制度为深层结构和精神的古老社会。大家说，要是人人都乘坐同样的火车、上同样的学校，甚至是走同样的公路，那种姓制度将何存？印度的君主们对于最近的吞并活动感到忧虑万分。禁止寡妇自焚的规定使大家怀恨在心。一些无稽之谈称，政府打算强制印度人皈依基督教。在阿富汗失利，同锡克教徒战斗中的屠杀，使人怀疑英国军队是否不可战胜。许多印度大兵认为，自己可以和欧洲军队平起平坐甚至是技高一筹。因此，一些遗留的问题亟待达尔豪西的继任者坎宁勋爵去处理。他在印度才待了一年，新引进的一种弹药给一大堆不满提供了导火索和聚集点。

普拉西战斗100周年之际，谣言四起，称恩菲尔德式步枪的子弹上抹了穆斯林教徒的禁食之物猪油和印度教徒的禁食之物牛油。这种子弹在装进枪膛之前要用嘴咬一下，这样做的话，信仰两种宗教的印度士兵都会受到极度侮辱。这种传闻也有一些根据，因为位于伦敦的伍尔维奇兵工厂的确使用了牛油，尽管印度的达姆达姆兵工厂从没有用过。而且当抱怨声响起时，玷污的武器就不发放了。但是1857年春季谣言还是在各个军团不胫而走，引起了一阵骚动。4月，驻防密拉特的一些骑兵由于拒绝使用和触摸这种子弹而受到了军事法庭审判，被关押了起来。5月9日，他们被当众剥掉军装。一位印度军官告诉上司说，印度士兵计划劫狱，释放囚犯。上司并不相信他的警告。第二天晚上，三个团哗变了，占领了监狱，杀死了英国官员，然后向着德里进军。

东印度公司手头并无制止他们的手段。旁遮普省南部的满员营和辅助部队不足11个，总共大约4万名英国士兵，分散在辽阔的半岛上，而连这些兵力也没有处在临战状态。印度叛军的人数是他们的5倍，而且拥有大部分大炮。天气炎热，路途遥远，交通不便，当局并没有准备好战斗。然而，当英军处于势单力薄之际，印度本有可能再次陷入经历了痛苦挣扎才逐渐被救出的无政府血腥局面，民众却冷眼旁观，相当平和，也没有任何印度诸侯加入这场叛乱。东印度公司掌控的三支军队中，只有孟加拉的军队受到了影响。尼泊尔族的士兵帮助镇压了起义。旁遮普依然效忠，它的锡克教徒和穆斯林教徒尊重军旗，解除了摇摆不定的军团武装。恒河谷处于这次动乱的核心位置。

一开始局势急转直下。德里的弹药库由2名英国军官和6名士兵把守。他们坚守到了最后一刻。直到抵抗无望后放火炸了弹药库。叛军见到欧洲人就杀，抓来了年迈的德里国王（当时过着退休生活，从东印度公司领取退休金），拥立他为莫卧儿大帝。这一招不灵，没几个穆斯林站出来响应。接下来的3周里相安无事，之后兵变就开始蔓延了。英国军官不相信手下的军队会不忠，所以许多人被杀。在奥德的边界坎普尔，守备部队离开要塞去守卫公路。他们信任纳纳·萨哈布的忠诚，他是印度统治者已经丧失了继承权的养子，但仍然是有影响力的人物。然而，他们错了，马上就要大难临头了。在首都勒克瑙，亨利·劳伦斯在总督代表的官邸安营扎寨，为长期英勇抵抗做准备。同时，英国人准确地预料到了这场叛乱的关键在于德里，所以集中了所有能够召集到的部队，占领了俯瞰这座城市的山脊。他们的人数太少，连一场冲锋都发动不了。数周以来，3000名士兵（其中大部分是英国人）冒着酷暑，把守着50英尺的制高点，与兵力高20倍甚至30倍于己的敌军对峙。8月初，尼科尔森以每天行军30英里的速度跋涉了3周，带着旁遮普援军赶到这里。英军士气大涨，于9月14日发动攻击。经历了6天的巷战，尽管尼科尔森阵亡，还是拿下了城市。可怜的国王被送到了缅甸，两个儿子成了俘虏，在一场援救失利后被枪毙。这也在印度人眼里增添了新的悲情。

坎普尔经历一场惨绝人寰的大屠杀。在21天里，900名英国人和印度亲英人士，其中有近一半的妇女儿童，被以纳纳·萨哈布为首的3000名印度叛兵围攻。终于，他们在6月26日得到了安全撤离的许可。他们乘船撤离时遭到射击，所有男人殒命。幸存下来的妇女儿童则被关押。7月15日晚，由一位在印度身经百战的老兵亨利·哈夫洛克爵士领导的援军离坎普尔不到20英里了。纳纳命令手下的印度士兵杀死囚犯，士兵们拒绝了。5名刽子手用刀捅死了俘虏，并沉尸井里。两天之后，哈夫洛克才到达。“要是任何基督教主教看到了我所看到的屠杀惨状，”一名目击者后来写道，“我相信他一定会佩剑上阵的。”英军在各地发起了疯狂的复仇。叛兵们被大炮轰得满天飞，英军有时候把活人当炮弹，或者把他们的尸体缝进牛皮和猪皮里。

叛军遂杀向勒克瑙，这里也发生了殊死战斗。亨利·劳伦斯领导着1700名士兵（近一半是亲英印度士兵）守卫着官邸，与6万名叛军对抗。在奥德，民众加入了反叛，与印度大多数地方不一样。

食物短缺，瘟疫横行。9 月 25 日，哈夫洛克和乌特勒姆一路杀过去，反而被困。哈夫洛克几天之后因过于疲劳死去。11 月，帕默斯顿勋爵新任命的总司令科林·坎贝尔爵士前来解了围。坎贝尔曾经亲历过对拿破仑的战争，在克里米亚战争中也有军功。坎普尔面临新的威胁，他因此率军前往。乌特勒姆的兵力得到加强，继续与敌军死磕。勒克瑙直到第二年 3 月份才最终被解放。没有人知道纳纳·萨希布的下落。他永远地消失在喜马拉雅的丛林之中了。

其他地方的起义很快被镇压。重新收回德里，使叛军企图虚张声势，佯装成全国暴动的假象破灭了。印度中部地区的战斗虽然只是零星地出现，但往往很激烈，直到 1858 年底才结束。然而，11 月 1 日，由于仁慈而被戏称为“慈祥”总督的坎宁，信誓旦旦地宣告维多利亚女王君临整个印度。这位正式的第一任总督坎宁是著名的外交大臣和首相之子。东印度公司早已不再是印度的贸易公司，因此被取消了统治权。这是德比和迪斯累里短命的保守党政府的杰作。因此，整整一个世纪之后，克莱武给皮特提的建议被英国政府采纳了。自那以后，印度就再也没有兼并事件了，没有附属条约，也没有内战了。允诺全体人民在法律面前享有宗教宽容和平等。之后 50 年，印度人回顾维多利亚女王的 1858 年宣言，总视其为大宪章。

印度兵变的规模不应当夸大。英军当中有 3/4 的士兵忠君爱国，只有不到 1/3 的英统区受波及。之前也有过印度士兵起义和叛乱。此次爆发的叛乱中坚力量在几周的时间里就被镇压了。无论从哪方面讲，它都不是一个全国范围内的运动，也不是后来某些印度作者所称的“一场爱国主义争取自由的战争”或是“独立战争”。南亚次大陆居民组成一个单一的民族和国家的理念理想，也是很多年以后出现的。但是双方都曾进行过惨绝人寰的大屠杀。从此以后，统治者和被统治者之间的鸿沟日益加剧。18 世纪那种随和的统治方式已经一去不复返了，随之而去的还有维多利亚早期及以前人士的传教热情和改革激情。英国人再也不将印度视为“家”，不再将自己视为应召前来解救苍生的十字军。英国的行政变得超脱，不偏不倚，运作高效，取得了巨大进步，也确保了大量的物质利益。边境有驻军把守，国内保境安民；饥馑得到了遏制，人口大量增长。经过复苏重组的印度军队将帮助英国在两次世界大战中发挥的作用不可磨灭。然而，此次兵变中数月的血腥杀戮和复仇给两国留下了难以磨灭的痛苦记忆。

* * *

当这些事情在印度次第展开时，英国的政局却依然混乱，各种问题交织在一起。皮尔转向自由贸易，这一举动摧毁了他辛辛苦苦促成的党派阵营。在接下来的 20 年里，英国相继出现了一届又一届混合面貌的政府。迪斯累里和德比与皮尔决裂了，他们发现要将托利党以前的贸易保护主义者的剩余分子集合成一个有效的政党需要花费很长的时间。尽管迪斯累里曾至少在一个场合上努力拉拢格莱斯顿，像格莱斯顿这样的新秀一直忠于皮尔传统，还是不会与之为伍。假如两位势不两立的对手、未来的首相此时联手，会擦出什么样的火花呢？这倒是一个有趣的推演。帕默斯顿和罗素领导下的辉格党觉得，其主要目标已经完成了。帕默斯顿乐意改善执政，但是大规模的改革并不合他的意。罗素渴望更进一步改革选举制度，但那是他的计划之极限。双方都将自己看作是有幸领导的制度的卫士。在这一态度上，两位领导人特别是帕默斯顿可能与维多利亚中期的观点相一致。激进主义在这些年里对于选民的吸引力甚小。英国大地呈现出一派欣欣向荣的景象，各种激烈的政治动荡也暂时平息了下来。尊严和尊重变成了这一时期的价值观。假如绅士依然是值得倾慕的典范，那白手起家的人也能获得极大的尊重。由塞缪尔·斯迈尔斯①提出的勤奋自强的理念，在中产阶级和许多工匠心中也广为流行。人们吸取了宪章派失败的教训，教育体力劳动者开始显得比号召他们去革命更加重要。大量的工人阶级欣然接受这一观点。所有这些都创造了一种稳定感，关联着一种稳步向前的感觉。

各种各样的宗教给教徒的心以安慰和振奋。数百万人口（超出总人口的一半）常常去做礼拜，尽管去教堂的赤贫者少一点。宗教辩论也认认真真地开展着，有的时候言辞激烈，不过最多就是一些口水战。为宗教起内乱已经成了历史。人们学会了包容的美德，尽管包容并不代表麻木不仁。教会、教派携教众，可以相互反对，偶尔争得面红耳赤。当罗马天主教在英格兰重塑它的主教等级制度时，伦敦的民众激烈骚动，举行了抗议，但是没有发展成暴乱。

19 世纪初，福音派教会的狂热和牛津运动的崇高理想唤醒了英国国教。所谓的低教会派和高教会派花言巧语地吸纳教徒。英格兰大约一半的教徒属于英国国教徒。异教徒也很活跃，比如说卫理公会、洗礼派、长老派、公理会和唯一神教派获得了很多信众。英国的罗马教会在天主教解放运动推动下也重新焕发了生机，因一大批国教高教会派的神职人员加入而加强，其中包括约翰·亨利·纽曼，他是一名思维深刻缜密的思想家，后成为红衣主教。

自克伦威尔时代以来，宗教信仰也许从未像现在这样广泛传播，

① 19 世纪英国道德学家、社会改革家和散文随笔作家。

影响深刻。但是思想家们也受到了一种新理论的困扰——进化论，而且科学家们早就预言到此。达尔文在1859年出版的《物种起源》一书加以经典阐释。这本书在一些民众当中激起了疑惑迷茫，因为他们不再可以照字面理解《圣经》里描述的创世纪。但是进化论以及它所强调的地球生命史上适者生存，是对于维多利亚中期乐观主义的一种强有力的支撑。达尔文的理论是种新力量，坚定了人们对于人类社会向前发展的信念。

帕默斯顿对于国民而言似乎是他们饱满希望的化身。批评外国政府，他依然起劲得很。他的爱国情感迎合了国民的自信心。但女王和阿尔伯特亲王并不总是买账，痛恨他一贯不请示就向外发出一些言辞激烈的信件。但是帕默斯顿所有的强硬话语和偶尔鲁莽的行动，都是出自维护欧洲和平的愿望。为此，常常引起他同情的国外自由主义运动，有时候也令他寝食难安。

那些年，欧洲最伟大的运动莫过于意大利的统一事业。意大利人民的夙愿最终在1859年、1860年得以实现，尽管还不是完全统一。众所周知，意大利以割让尼斯和萨瓦给法国作为代价获得了拿破仑三世的军事支持；法国皇帝从奥地利那里赢得了伦巴第后，就将他的盟友晾在了一边。威尼斯没有得到救赎。更糟糕的是，法军保护着罗马教皇国的残留部分，整整十年剥夺了意大利人天然的首都。但是，随着一个又一个意大利小国驱赶走了外来统治者，并且合并成为一个君主制国家，英国上下也变得欢欣鼓舞。加里波第和他带领的千名志愿军在西西里和那不勒斯推翻了臭名昭著的波旁政权，兵贵神速，一举成功。伦敦人将他们奉为英雄。帕默斯顿和他的外交大臣罗素欢迎这些英勇的行为。与此同时，英国领导人怀疑拿破仑三世的图谋，害怕战争扩大化，因此采取了祝贺但不干涉的策略。按照惯例，辉格党这两个元老为新的意大利政府践行了 1688 年光荣革命的原则而鼓掌。罗素在下院将加里波第比作威廉三世国王。史书上也没有记载意大利人对此作何反应。

*　*　*

在国内政治方面，一种超绝的自满笼罩着政府。帕默斯顿就像他的前辈墨尔本一样，不依赖过多的立法行动。他以好脾气和健全的判断力见长。正如小说家特罗洛普评价他说的那样，他是“一位活在当下的政治家。任何对于当下而言用不着的或者不切实际的事物，都会被他抛诸脑后”。这种务实的观点并没有得到下院里那些少壮派的认同。迪斯累里在反对党席位上，对于这位 18 世纪最后的政客嗤之以鼻，满腹牢骚。他曾经在下院说，“他对外制造纷争，咄咄逼人，以便国内维稳，避免遭受攻击。这也滋生了过度的开支，沉重的赋税和社会进步的停滞。他的行为方针毫无政治原则，以致被迫呼吁民众支持的时候，唯一抓住人们信心的就是他的大名了”。皮尔的门徒和追随者也同样令人绝望，而且无权可用。只要领导权还掌握在帕默斯顿、罗素和辉格党贵族们手里，他们梦寐以求的开明政治就无望推进。西德尼·赫伯特曾经在临时卸任的时候说，“辉格党对于公侯家族的迷信已经无药可救了。我认为反对派一片混乱，很难有望形成一个有力政党，更别说高效的政府了。没有人可以主导局面，管理内部，有的只是争吵和憎恶。辉格党贵族似乎所剩无几，整个政党也后继无人，还对元老们怨声载道。中年商人、精明的经纪人感觉到虚荣心受损，因为他们没有优先任职的权利”。

托利党也好过不到哪里去。名义上的领袖是德比勋爵，他在辩论中有出色的表现，却喜欢将政治看作是强加在他这个阶级成员的一种苦差事。他真正的兴趣在于赛马，也出色地翻译了《荷马史诗》。迪斯累里变成了下院的本党领袖。他的掌权之路艰难，像逆水行舟。一名犹太人领导着一群英国乡绅，这在英国政治中实属罕见。在废除了《谷物法》后，保护主义不仅垮台了，而且正如迪斯累里自己所说的那样被打入地狱了。他和德比都曾同意废除该党的这条方针。但是寻找新政策是一个痛苦漫长且令人沮丧的过程。同时，迪斯累里不得不担任德比的副手，他们在1852年和1858年掌权，任期短，无作为。迪斯累里不止一次寻求与激进分子结盟，承诺说他会反对战备和好斗的对外政策。他甚至宣称，殖民地是“套在我们脖子上的磨盘”。但是激进派的首要代言人约翰·布赖特并没有异想天开。这个精明的贵格派教徒是不会轻易上钩的。他说，“迪斯累里先生就像是他那个党里的魔术师，就如同一群印第安人眼中的巫师”。那事就这样到此为止了。因此在事情夭折了之后，迪斯累里又开始恢复他对辉格党人的攻击。他坚信，唯一能够摧毁他们的方法就是进一步放开选举权，将那些受人尊敬的工匠也纳入进来，以此来抵消中产阶级的敌意。他耐心地给德比和他的同僚们做工作。年轻的时候，他曾梦想将两个民族——穷人和富人团结起来，就像他的小说《希比尔》（*Sybil*）里面所描绘的世界那样。19世纪中期的人们见证了托利党民主的务实理念缓慢兴起。但是人们接受迪斯累里的理念需要时间。

远离辉格党和德比领导的托利党的皮尔派中，最著名的就是威廉·格莱斯顿。1832年，他作为严格意义上的托利党人开始了他的议会生涯，准备开启通往自由党阵营的朝圣之旅。皮尔的去世摧毁了他对于托利主义的效忠，他自己也开始寻求一种新的主张。作为在西印度群岛拥有奴隶主权益的利物浦富商之子，他与他的老领导来自同样的阶级，并且像他一样相信自由贸易的新主张。尽管他作为行政管理者和演讲家而备受推崇，他的同时代人认为他缺乏判断力和原则。然而，正如帕默斯顿看到的，实际上他已经觉悟到了英国中产阶级的政治潜能。帕默斯顿说，“他可以称为人民中的一员；他希望和他们打成一片；他拥有宗教热情，并且通过自己的聪明才智将宗教作用于其他人”。尽管他对于神学很痴迷，但他比同事们更理解新选民的心，也比皮尔更加理解政党的运行。“表面上看是牛津人，实则是利物浦人”——这是同时代人对他的评价。然而，就像迪斯累里一样，他的进步是缓慢的。他曾经在克里米亚战争开始的时候担任过财政大臣，之后就隐退到了反对派的阵营中。他很幸运，因为最高的权力没有来得太快。皮尔过早身居高位，受到挫折，这也阻碍了他实践自己的想法。多年的等待使得格莱斯顿更自信。

1859 年，格莱斯顿 50 岁的时候加入了辉格党，他的“朝圣之旅”也结束了。他的决心是针对一项外交政策而下的，但是他却再一次将关注点放在财政方面。作为帕默斯顿手下的财政大臣，格莱斯顿开启了他的黄金时代——在下院发表预算演讲，有条不紊地处理了行政琐事，与法国签订商务协议，开启了自由贸易新纪元，以及要求紧缩军费开支（这导致了他与首相之间的矛盾）。他的财政政策大获全胜。三个绝佳的预算方案减少了税费。贸易快速扩张，谁会赢得政党的领导权，最终就见分晓了。1865 年，帕默斯顿去世，享年 81 岁。他在生命的最后时刻说：“格莱斯顿很快就会自己搞一套，无论他什么时候继位，我们都会见证一些诡异的事情。”这个老辉格党说对了。他的离去标志着18世纪的终结。维多利亚后期需要一个新的领导人，他终于来了。格莱斯顿继而出现在选民面前时，他作了这样的开场白："终于，我的朋友们，我还是来到了你们身边，可以畅所欲言了。"但是辉格党人仍然犹豫不决。就像迪斯累里一样，格莱斯顿想要将选举权扩展到广大工人阶级当中去：他迫不及待地想要掌握新选民的选票。他说服目前由罗素领导的政府推出改革议案。但是内阁的分歧很大，干脆辞职了。德比和迪斯累里领导的少数党政府上台，持续了两年半的时间。

迪斯累里现在抓住了一生的机会。他在1867年引入了新的改革议案，并且巧妙地作了修改，迎合他领导的议会的心愿。议会的席位被重新分配，有利于工业大城，近100万新选民加入了现有的约100万的旧选民当中。托利党人对于这一惊人进展感到不安，这已经远远超出了他们原先的计划。在许多的城镇，工人阶级现在占据了选民的多数。德比认为这一做法"十分莽撞"。最近发生在美国的南北内战，似乎是推动民主的一个反面教材，甚至激进派也感到惴惴不安，不知道未受教育的群众会怎么做。但是情况马上明朗了。帕默斯顿死后第二个改革议案立马就通过了，英国政治开启了一个新纪元。新问题和新方法开始涌现。正如银行家兼经济学家沃尔特·白哲特所说的那样，"一个实行党派统治的国家就像是一片美洲森林，只要砍掉旧树，新树马上就会取而代之"。1868年2月，德比辞去了政党领袖的职位，迪斯累里终于成了首相——正如他所说的那样，"在一根光滑的竿子的顶端"。他不得不举行了一次大选。新选民将压倒性多数的票投给了他的对手们。格莱斯顿已经成为自由党的领袖，组建了自皮尔时代以来英国最强势的行政机构。

第 6 章
英语民族的迁徙：加拿大与南非

拿破仑的垮台加速了全球对未被占领的土地的争夺。同法国的长期战争延缓或遏制了英语民族的扩张，20 年世界性大战损耗的船只和人力，足以建立第二个大英帝国。整整一代人或在工厂、田间埋头苦干，或加入海军、陆军浴血奋战，只有极少数人有念头或有机会到海外重新讨生活、发大财。大家把全部的精力和希望去争取生存和胜利，无暇去做移民梦，就算有移民的机会也无人愿意挪动。但滑铁卢之决战彻底改变了局面。海洋再次畅通无阻，欧洲解除了敌人的威胁，船只不需要护航了，各个大陆的主要轮廓已经绘就。新世界再一次给了人们逃离旧世界艰难困苦的机会。战争结束了，船票低廉，交通工具便捷，迎来了人类历史上规模空前的大迁徙，也极大丰富了大不列颠的贸易和工业。

当然，这个过程的起步需要时间，一开始移民流动规模很小。令人生畏的罪犯拓居地——澳大利亚，让不得不从美国移到加拿大的保王党人、商人、探险家、传教士还有活跃在地球温带的捕鲸人，指明了道路。消息开始在大众中传开，还有未被占据的肥沃土地适合居住，在那里白人可以尽享和平自由，也许还能过上好日子。大不列颠人口持续增长，加剧了移民的压力。1801 年，人口约为 1100 万人，30 年后达到 1600 多万人，到 1871 年增长了 1000 万人。出生时或幼儿夭折的人更少了，近期一项权威研究称：尽管经历了工业革命，但当时的伦敦比普鲁士农村或波旁王朝时期的巴黎更宜居。随着人口增长，移民潮开始了：19 世纪 20 年代有 25 万人移民，19 世纪 30 年代有 50 万人，到 19 世纪中叶达到了 150 万人。滑铁卢之战后 65 年里，已有至少 800 万人迁出不列颠群岛。

这场移民运动的动机、方式和性质与其他运动截然不同，例如清教徒移民先辈和 17 世纪的斯图亚特种植园移民。饥荒迫使至少 100 万名爱尔兰人迁到了美国等地区。黄金引诱了吃苦耐劳的淘金者来到澳大利亚及荒凉的加拿大幽深处，在这里他们发现了更加务实的“黄金国”，虽然比伊丽莎白时代的探险家发现的规模小。对土地的渴求和对羊毛贸易利润的追求，也召唤着更冷静、更富有的探险家。这些大多是在官方放任或禁止的状态下完成的。美国独立战争让多数不列颠统治阶级确信，拥有殖民地也并非好事。直到 1854 年他们才设立第一个本地区事务大臣。政府有兴趣建立战略基地，但如果老百姓想在新土地上定居，那就随他们去好了。这样可以解决失业问题，也为不名一文的贵族提供职位，这些社区越早完全独立，不列颠纳税人负担就越轻。总之，人们对希腊新闻比对新西兰更感兴趣，受过教育的公众更关心奴隶贸易，而非肮脏的移民船。因此，就像在印度一样，可以说第二个大英帝国不经意间建立了，几乎没得到任何主要政党的鼓励。

*　*　*

在新领地中，加拿大是英国最熟悉，而且距离英国最近的地方。它的沿海省份长期向英国输送木材。船主们不会空船而归，正好载满移民，而且船费适中。但移民登陆之后，还要面临诸多困难，且前路漫漫。沿海省份过着自给自足的生活，很多移民选择进一步迁入“下加拿大”，也即如今的魁北克省。1791 年，皮特将加拿大一分为二，以求解决其种族问题。法国人在“下加拿大”根深蒂固，形成了一个紧凑的外国社区，由传教士和封建领主领头，对欧洲自由民主思想或革命思想毫无兴趣，拒绝接受改变，就像南非的布尔人一样固执地坚守着自己的传统和语言。在他们西北面是“上加拿大”，现在称安大略省。约 6 万英国人，18 世纪末因不愿接受美利坚合众国而从美国离开，其中一部分迁居至此。这群自尊的人出于对英国王室的忠诚放弃了大部分财产，赢得了“联合帝国忠臣”这个无利可图却无上光荣的称号。受同样的情感驱使，莫霍克部落和他们一起迁移。他们在森林中开辟了一片生存空间，定居在偏僻荒远之地，圣劳伦斯河的激流将他们与“下加拿大”隔开，还能随时监测防止美国人入侵。再往西是一大片空地，一直到太平洋沿岸才能看到几座同中国通商的商埠。

这些社区属于不同的民族，传统和性格迥异，但由于美国入侵而暂时联合了起来。法国人、英国人和印第安人并肩抗击美国人，在 1812 年至 1814 年的 3 年战争中予以击退。然后祸起萧墙。“下加拿大”的法国人担心移民在数量上超过自己进而控制一切。“上加拿大”的保王派则欢迎新移民，新移民可以抬高地价，可是他们又不愿意加以平等对待。而且，这两个省之间也开始争吵起来。“上加拿大”的外贸货物必须经过“下加拿大”，在那里纳税，于是在税款分账上产生争执。宗教方面的分歧加剧了冲突。约在1820年以后，“下加拿大”议会开始像斯图亚特王朝初期的议会和美洲殖民地议会那样行事，拒绝为皇家法官和终身制官员拨付薪水。法国人当中的政客们还发表慷慨激昂的演说。在“上加拿大”，新移民为实现同保王派的政治平等而斗争。自由党人企图使行政机构对议会负责，并大肆扬言要脱离大英帝国。1836年，他们占据多数席位的议会遭解散。

次年，这两个省都发生叛乱了，“下加拿大”和“上加拿大”分别坚持了一个月和一个星期。暴民出没，部队开枪，当局模棱两可的妥协，处决的人很少。一切都是小规模低调进行，没有造成重大损失，但这次叛乱使英国政府意识到，必须重视加拿大问题。伦敦的辉格党领袖比乔治三世英明，他们看出，一小撮暴动者可以掀起大乱子，于是在1838年派德拉姆勋爵前往调查，由爱德华·吉本·韦克菲尔德担任助手。德拉姆作了“恢复正常秩序”的简单含糊指示。同时，《议会法令》宣布中止加拿大宪法。德拉姆是个激进分子，聪明果断，脾气暴躁；韦克菲尔德是名积极的帝国事务理论家，由于与几位女富二代行为不检而被判了刑，余生的公众生活只好在幕后参与了。德拉姆在加拿大只待了几个月，他以高压手段对待不忠诚的加拿大人，遭到威斯敏斯特不少的批评。在墨尔本勋爵的政府里，他不受欢迎，但本来政府应该支持他，所以他感到政府抛弃了他，于是愤然辞职回国。他随后拿出了那份著名的报告，这至少是以其名义起草的。报告中，他诊断并宣布了加拿大乱象的根源，主张从民选议会中选择部长，来建立代议制政府，统一加拿大，有计划地拓居无人区。他的建议大部分被1840年的《加拿大法案》付诸实施，这是约翰·罗素勋爵努力的结果。

此后，加拿大在和平的环境中迅速发展，人口从1815年的约50万人增长到1838年的125万人。同年，定期班轮开始往返英伦三岛，跨大西洋的廉价邮政也建立起来。有人提出，殖民地几乎可以完全自行其是，民主议会可以自己任免部长，这新主意使英国人犹豫不决，疑窦丛生，但是，德拉姆的女婿埃尔金勋爵在1847年受命为加拿大总督，一锤定音。像德拉姆一样，埃尔金也认为，总督代表君主，在政治上要退居幕后。他根据议会的意愿任免部长，为此他因为双方的好恶而毁誉参半，甚至遭到鸡蛋和石头的袭击。7年后他卸任时，加拿大的各个派别均已坚决接受这条原则：民众的权力就必须对人民负责；部长们只要得到多数人的信任，就可以执政，人们必须服从；如果部长们失去信任，就应该引咎辞职。如今，几乎听不到脱离大英帝国、把加拿大分为几个主权国家或者加入美利坚合众国的论调了。相反，1846年同美国签订的《俄勒冈条约》把北纬49度线伸长横贯大陆，定为两国的边界，将温哥华岛全部划归英国。条约的缔结过程，本卷将另行叙述。

19世纪中叶，建立加拿大各省联邦的运动开始冒头，支持呼声与日俱增。美国南北战争使加拿大人确信，他们邻国的宪政并非十全十美。北方的胜利则使他们恐惧，扬扬得意的美利坚合众国或许会有意进一步开拓疆域。加拿大早已目光向西。除马尼托巴有一些殖民者定居外，安大略省和落基山脉之间的千里荒原上无人居住，那里是印第安人、猎人和野兽出没之地。有人认为，这片千里荒原对美国拓土饥渴症者具有诱惑力。南北战争退伍的爱尔兰士兵已经一再越境进行武装袭击，而美国国会声称无力加以逮捕。美国人难道不会向前更进一步，偷偷地占领这些空地，甚至对他们擅自占据的草原确立居住权吗？据说这些地方土地肥沃，可供白人谋生。1867 年，美国以 720 万美元的价格从俄国人手中买下了荒凉偏僻的阿拉斯加。但在美国的家门口，却有一块更称心如意且唾手可得的土地。统治这块土地的只有查理二世时代建立的哈得孙湾公司，该公司认为农业危害它的皮毛贸易，因而敌视外来移民，生怕失去自己的权威。然而，11 年以前，弗雷塞河畔发现了黄金，导致淘金者蜂拥来到太平洋沿岸。哈得孙湾公司的官员无法控制乱局，伦敦的英国政府只好把这些遥远的沿海地区置于王权的直接管辖之下，从而诞生了英国的直辖殖民地——不列颠哥伦比亚。不久它就同温哥华岛合并，要求并实现了自治。它和安大略省之间有一片无人区，要想避免这个地区落入美国版图，就必须采取措施。加拿大如何能独立于美国而生存下去呢？

这些考虑促成了 1867 年的《英属北美法案》，宣布英国第一个海外自治领的诞生，安大略省、魁北克省、新不伦瑞克省和新斯科舍省是创始成员。它们制定了联邦宪法，同美国宪法截然不同，凡是没有明确留给各省的权力，皆由中央政府掌握。总督代表君主，通过加拿大下院的多数派挑选出的部长实行统治。下院的议员数目同他们代表的人口成一定的比例。这样就为扩张领土和增加新省份铺平了道路，在铁路时代和向西扩张的前夕，确保了加拿大的政治稳定。

新生的自治领初次召集议会时，关心的主要问题是西部土地。议员们能够放眼未来，我们不妨描绘一下他们的远见所产生的结果。应该立即采取的措施显然是买下哈得孙湾公司。这个目标在两年后得以实现，代价是30万英镑。哈得孙湾公司将贸易权一直保留至今日，土地统治权则上缴给英国王室。收购过程中发生了流血冲突。野蛮的印第安混血人认为自由受到侵犯，于是在马尼托巴发动叛乱，但很快就被平定了。马尼托巴在1870年成为自治领的一个省，不列颠哥伦比亚翌年也并入自治领。仅凭这些宪法措施，还不足以把辽阔的加拿大紧密地联结起来。自治领面临的艰巨任务是及早开拓荒无人烟的西部土地，以防美国移民潮漫过北纬49度线。答案是修筑一条横贯东西的铁路。

沿海各省加入自治领时提出一个条件：必须有条铁路把它们同安大略省连接起来。经过9年的劳作，铁路终于在1876年建成。不列颠哥伦比亚提出了同样的要求，也得到了同样的允诺。可是实现这个诺言却难得多，因为资本不足，投资者顾虑重重，政治局势复杂，而且那里的大部分地区尚未测绘。最后，苏格兰人唐纳德·史密斯，即斯特拉思科纳勋爵，承担了这个计划。他的公司要求工期为10年，得到政府基金援助，只用一半的工期便大功告成，直通太平洋岸边的铁路于1885年通车。其他路线也相继竣工，年产量迅速达到数百万蒲式耳的谷物，开始从大草原源源不断地运到东部。加拿大已经成为一个国家，面前展现出光明的前途。

*　*　*

南非和美洲不同，没有多少宜人之处能够吸引早期拓荒者和探险家。许多人只把它作为东西方航行中的歇脚点，无人愿意在那里久住。圣劳伦斯湾有利于人们深入加拿大内地，而南非沿海则缺少天然港口和通航的河流，主要是受惊涛骇浪冲击的悬崖和沙冈。连绵不绝的崇山峻岭沿海而行，堵塞着通往内地的去路。西海岸的地势相对平缓一些，可是那里一片荒凉，缺乏水源。南边和东边山势逶迤，许多地方陡不可攀。对于欧洲人来说，南非是最难进入的地区，很长的时间里只是“海上小客店”，是通往东方航线上的停靠港。

在 17 世纪，往返于东印度群岛与阿姆斯特丹或鹿特丹之间的荷兰东印度公司船只，是过往好望角的头号常客，桌湾（一译“塔布尔湾”）是它们的停泊地。荷兰人早就想着建立永久居住点，但直到 1652 年才采取行动。他们在实力最强大和文化最发达的时候，派年轻的随船外科医师扬 · 范 · 里贝克率领 3 艘船去占领桌湾。里贝克一行没有进行殖民活动的计划，他们只想为公司的船只建立一个停靠港。居民几乎都是东印度公司的职员，他们无权开荒，20 年以后，桌湾只有 64 名自由民。

17 世纪末，在西门·范·斯特尔和其子威廉·艾德里安担任总督时，情况发生了变化。他们鼓励荷兰人到南非获取无偿授予的土地。到 1707 年，自由民已达 1500 多人。这些人并不都是荷兰人，有不少受宗教迫害而背井离乡的胡格诺派教徒、德意志人、瑞典人，但荷兰人逐渐同化了他们，这个小社群由当地的黑奴侍候并支撑着。

这块殖民地在 18 世纪不断繁荣壮大。第一个欧洲人在 1760 年跨过奥兰治河。后来菲什河在 1778 年成为殖民地的东部边界。到了 18 世纪末，殖民地约有 1.5 万人和 3 个定居点。被殖民者称为“小巴黎”的开普敦成为拥有 5000 名居民的港城，兼为东印度公司的总部。好望角半岛附近的一块沿海地带宜于耕作，那里的农民过着原始且悠闲的生活。第三个殖民点是离海岸较远的一块带状平原，那里的边塞居民狂躁不安，顽强不屈，自给自足，眼界狭隘，与世隔绝，拒绝文明政府的种种限制，是 19 世纪集体迁徙者和德兰士瓦省布尔人的先驱。

荷兰逐渐被英国后来居上，18 世纪末，有帝国前途的显然不是荷兰，而是英国和法国。拿破仑战争破坏了荷兰贸易，将荷兰船只赶出公海，推翻了荷兰国家政权。荷兰东印度公司在 1782 年最后一次支付红利，12 年以后宣告破产，赤字达千万英镑，损失惨重，荷兰再也无力保卫其属地了。当荷兰人被法国人打败，巴达维亚傀儡共和国建立，英国人便把开普殖民地当作敌国领土加以占领，最后根据 1814 年的和平条约，该殖民地正式割让给英国，以 600 万英镑赔款作为补偿。

起初，英国人并没有遭到强烈的敌视。一则荷兰东印度公司不得人心，二则英国人没有蓄意推行英国国教化的政策，开普殖民地保持着大部分荷兰传统和习俗。英国人在东部边界采取强硬措施，因为那里的殖民者同大规模南迁的中非班图人发生了接触和冲突。从大陆的东部到西部都有这种南迁活动，西边有赫雷罗人和达马拉人，东边有恩古尼沿海地区的人。菲什河沿岸经常发生抢劫畜群的事件。1779 年，荷兰人和土著之间爆发了战争。卡菲尔人[①]的战争从此开始，持续了百年之久。殖民者散居在相距偏远的农场里，难以自卫，要求开普敦给予援助。远方的荷兰当局没有帮助他们，因此英国人可以大显身手了。

英国人认为，保住菲什河一线的唯一办法是利用英国殖民者拓居屯田，因而在 1820 年和 1821 年，近 5000 名英国人从国内来到南非。在这次移民期间，英国的政策也发生了变化。英国政府确信南

---

① 南非讲班图语的恩古尼族居民。

非注定要将永远成为大英帝国的一部分，因而下决心尽量使其英国化，英语开始取代荷兰语成为官方语言。1828 年，法律程序根据英国的模式进行了改革，英镑取代荷兰货币，英国人开始控制教会和学校。这些措施又引起了在加拿大已经克服的那种分歧。尽管英国人和布尔人宗教一致，语言接近，血缘相同，政治和社会传统大同小异，但他们之间展开了种族斗争。除了爱尔兰人之外，帝国各属地中对英国的统治手段对抗最激烈的便是布尔人。

推行英国国教的运动考虑不周，没有成功。英国人将同西班牙人 16 世纪发现的那样，没有哪个民族比荷兰人更顽强地坚持自己的文化制度，19 世纪二三十年代的新政策造成的唯一后果，便是强化了已经开始出现的意见分歧，尤其是在土著问题上。当时，英国掀起了慈善博爱的热潮，英国传教士自 19 世纪初开始一直在南非积极活动。他们信誓旦旦地宣传，黑人与白人是平等的民族。殖民者把土著视为农夫，想尽量严格控制。传教士终于在 1833 年废除了奴隶制，殖民者对这种干涉大为恼火，因为这意味着劳工将稀缺，还会削弱权威和威望，大量班图人还有沦为乞丐和流浪者的风险。起初，英国殖民者同荷兰人意见相同，但以约翰 · 菲利普博士和伦敦传教协会为主的传教士们左右了英国政府和殖民部以后，荷兰人只好独自对英国当局忍气吞声了。

1834 年，第一次危机发生。菲什河沿岸的定居点无安全屏障，一群群班图人越过边界，摧毁农场，拓殖区化为荒地。总督本杰明·德班爵士击退了班图人，为防止他们再次进攻，他吞并了凯斯卡马河和凯河之间的地区，赶走那里的土著袭击者，把那里的土地授予殖民者作为补偿。这个地区改为一个省份，并以阿德莱德王后的名字命名。这惹恼了传教士们，他们说服殖民大臣格莱内尔格勋爵否定德班的行动并放弃阿德莱德省。殖民者丧失了得到的一切补偿，接着听说，格莱内尔格认为卡菲尔人发动战争是十分正当的行动，这使殖民者在痛苦之余恼羞成怒。大迁徙活动就此开始了。

大约5000名布尔人扶老携幼，赶着牲口，分成小股进入茫茫的未知世界，犹如圣经中以色列的子孙在寻找上帝的应许之地。其他许多人也循迹而去。有些人跋山涉水1000多英里，到达林波波河畔。许多人遭到马塔贝莱人和祖鲁人的袭击。所有的人都忍受着饥渴，然而，他们以加尔文派坚忍不拔的精神继续前进。这次大迁徙是19世纪的壮举之一，其目的是永远摆脱英国人的统治。布尔人的一个领袖皮特·雷蒂夫写道："我们确信，离开这个殖民地以后，英国政府就再也不能向我们提出任何要求了，会允许我们未来在不受干涉的情况下实行自治。"

很长一段时间里，他们前途渺茫，当时正值恰卡[①]及其接班人丁干所统治的祖鲁军事帝国"碾压"其他土著部落的时代，祖鲁人屠杀成千上万土著的行动，为布尔人的迁移创造了条件，可他们的迁徙也屡遭劫难。在许多偏僻的地方，他们用牛车围成的营地遭到祖鲁斗士的猖狂进攻。直到1838年12月，他们才在布拉德河畔的一次激战中粉碎了丁干的部队。胜利之后，布尔人在彼得马里茨堡周围的地区建立了纳塔尔共和国，第一任总统是安德里斯·比勒陀利乌斯。

---

① 恰卡祖鲁是祖鲁王国的缔造者，是世界军事史上一个伟大的统帅，被称为"非洲的拿破仑"。

他们的自由可谓昙花一现。英国人拒不承认这个共和国，经过短暂的战斗，1845年把它变为开普殖民地的一个省。纳塔尔西面的高原上仍有布尔人移民先驱，共和国的许多难民逃到那里，加强了他们的力量。英国人对那里也进行了干涉。1848年，曾在威灵顿麾下服役的勇敢顽强的哈里·史密斯爵士兼并了奥兰治河和瓦尔河之间的地区，在布姆普拉特打垮了比勒陀利乌斯，布尔人只能待在殖民地边界外的瓦尔河彼岸零星的定居点。

不久以后，当局同奥兰治河对岸的部落，尤其是同巴苏陀人，发生了冲突。解决纳塔尔问题时，英国人设立了土著保留地，恢复部落统治集团，置于英国政府的间接监管之下。但英国政府不愿承担更多责任，于1852年承认了德兰士瓦拓居者的独立地位。两年之后，英国人根据《布隆方丹协定》的原则撤出奥兰治河，建立奥兰治自由邦。政治上的分化还不止于此，阿德莱德省和纳塔尔变成两个殖民地，由英国殖民部直接管辖。到1857年，南非联邦的地域内共有5个共和国和3个殖民地。随之羊毛产量迅猛增长，开普殖民地也繁荣起来。1853年，根据英国政府枢密院令，南非殖民地建立代议制机构，议会设在开普敦，但尚未实行完善的责任内阁制。南非的历史至此进入一段不太稳定的和平时期，此处按下不表。

第 7 章

英语民族的迁徙：澳大利亚与新西兰

在人类的想象世界里，澳大利亚历史悠久。早在希罗多德[①]时代，人们就传说在遥远的地界，瞬间看见地平线上住着奇异的巨兽，如所罗门的俄斐和他施[②]那样堆满财宝。16 世纪是个热衷探索的时代，对这类传说津津乐道。绕过好望角远航东方的人神秘地谈起马可·波罗书中的马来和华富里[③]，以及所罗门国王的岛屿。公元前 10 世纪以色列国王的船只如何能够到达南太平洋，我们无法推测。文艺复兴时期的地理学家和航海家认为，他们自己受到了《圣经》故事的启发。呈献给亨利八世的《印度群岛宣言》中，作者预言，如果奔向新大陆的航海家继续前进，进入太平洋，“就可能发现许多新土地和新王国……世上最富饶的土地和海岛，盛产黄金、宝石、香脂、香料等我们这里极为珍视的东西，这些东西产自神奇的国度”。1526 年，西

---

① 古希腊历史学家，西方“历史学之父”。

② 均为《圣经》中盛产金银和钻石的地方。

③ 又译“洛布里”，泰国中部城市。

班牙人派塞巴斯蒂安·卡伯特经麦哲伦海峡去寻找俄斐和他施。他根本没有进入太平洋，但这个传说仍未消失。在16世纪迪耶普制图者绘制的地图中，有一个南太平洋大陆，叫作“大爪哇”。1568年，阿尔瓦罗·德门达纳和佩德罗·萨米恩塔·德甘博亚发现了他们所说的所罗门群岛。为这些岛屿所起的名字反映出，当时人们对它们的存在深信不疑。可是16世纪结束时，欧洲人尚未在澳大利亚登陆。发现澳大利亚的是务实冷静、拘谨的荷兰商人。

荷兰人在远航大爪哇和苏门答腊时接近了这个最新大陆的北海岸。尽管1642年塔斯曼进行了伟大的探索，荷兰人还是尽量避开了这个大陆。他们不想在那里定居，因为那里的海岸是不毛之地，横渡印度洋的船只常常被背面风吹到岸边撞得粉碎。直到18世纪中叶，人们才知道大洋洲的精确面积。詹姆斯·库克船长在1768—1779年作了3次航行，他环绕新西兰航行一周，驶进澳大利亚的大堡礁，看到了南极的冰原，发现了汤加群岛（西方人称为“友善群岛”）、新赫布里底群岛、新喀里多尼亚群岛和夏威夷，绘制了澳大利亚东海岸的航海图。他是英国皇家海军训练出来的勘测员，他的报告正式、准确而详细，适时将消息送到了英国。长期以来，英国的罪犯一直被送到美洲，美国独立战争以后，英国政府无处可送，许多人在伦敦的监狱和囚船中将被病魔夺去生命。何不把这些囚犯送往澳大利亚呢？经过北美灾难之后，小皮特政府对殖民冒险活动缩手缩脚，但事不宜迟，遂于1788年1月将717名囚犯锚泊到植物学湾，其中有197名妇女。植物学湾是约瑟夫·班克斯爵士命名的，他是著名的植物学业余爱好者，曾随同库克远航澳大利亚。罪犯们到来时，植物学湾附近的植物已寥寥无几。他们不久便被迁到北面几英里的杰克逊港，位于今日悉尼港的广阔海域内。这个定居点面临饥荒的威胁，很久未能实现粮食完全自给。这些刑事犯和政治流放犯当中有造假者、盗贼、非法打猎者和爱尔兰叛乱者。他们缺乏训练，没有资金，不愿劳动，因此既不想适应这块新土地，也没有这个能力。一位澳大利亚总督写道："新南威尔士的罪犯营使我想起了西班牙的修道院，里面住着不从事生产的消费者。"该地区是库克船长根据南威尔士命名的，他认为是自己发现了两地海岸线的相似之处。然而，威尔士人十分勤勉，这一南半球新地区当时除了地名没有其他共同点。

当然起初也有个别自由人移居澳大利亚，但大规模移民的浪潮是 19 世纪 20 年代才涌向澳大利亚的。未来的"澳大利亚联邦"这个名称尚未确定，正式文件上用的是"新荷兰"等名称。在英国战后经济萧条的压力下，在新南威尔士腹地发现的肥沃牧场的吸引下，讲英语的移民开始如涓涓细流进入空荡荡的次大陆，快速改变了这个早期移居区社会的特点和生活。1828 年，澳大利亚约有 1.5 万名罪犯和 2.1 万名自由民，而到了 1841 年，则有 2.7 万名罪犯和 10 万多名自由民。自由民不久要求自治，结果如愿以偿。1840 年，向新南威尔士流放罪犯的做法终于废止。两年之后成立了一个立法院，大部分委员是民选的。

羊毛为澳大利亚奠定了繁荣的根基，后来把西班牙、德意志的供货挤出全世界的主要市场。1797 年，退役军官约翰·麦克阿瑟从好望角得到几只美利奴绵羊做繁殖实验，后发展成誉满全球的澳大利亚羊群，从而改变了该大陆的经济。其转折点是在蓝山背后发现了巴瑟斯特平原。在那里和悉尼以南，北方的达林丘陵草原上，出现了一英里又一英里的大牧场。那里地域开阔，芳草萋萋有利于放牧，只有孤零零几个羊倌和成千上万只不会说话、蹄步绵软的绵羊，向内地草原深处挺进。羊群繁衍快，到 1850 年，澳大利亚已有 1600 多万头绵羊，超过人口 16 倍多。该年，羊毛贸易额近 200 万英镑。

然而，英国政府对牧羊业毫无信心，不仅仅宣布英国统治下的土地皆是王室财产，殖民部也深受吉本·韦克菲尔德鼓吹的系统性集中拓殖论的影响。韦克菲尔德主张，任何地区的拓居活动都应该有规划，若允许个人随意向内地发展，就会影响殖民地的管理，进而影响已定居地区的价值。这个理论颇有可取之处，却不适合澳大利亚的实际。为了刁难人们得到土地，当局制定了一系列土地条例，实行最低价格。但不久条例便相继失灵了。新开垦地的定居者们需要数千英亩草场，却无力而又不愿为放牧支付 1 镑钱，甚至 5 先令。他们闯入空荡荡的草原，各取所需，理直气壮地说，这些土地属于殖民地人民，理应给予方便之门。英国殖民部迫于时势作了让步。定居者们留下不走了，不久便成为澳大利亚社会最重要的阶层。英国政府起初搞妥协，实行特许证制度，让他们有一些合法地位，然后在 1847 年批准实行租期几年的草场租借制度，期满定居者有按未改良价值购买这些土地的优先权。

* * *

1850 年以前，澳大利亚的其他地方早就已经有人拓居了。从母港杰克逊港离开的第一个殖民地，就是塔斯马尼亚岛，当时叫作“范迪门斯地”。1804 年开拓霍巴特，两年之后，去了朗塞斯顿。塔斯马尼亚就像新南威尔士一样，拓殖初期遇到重重困难。麦夸里港和亚瑟港的罪犯定居点声名狼藉，这些地区以恐怖手段或强迫劳动维持秩序，以致许多罪犯逃往森林，沦为土匪。他们夜袭孤零零的房舍，趁男人出门时抢劫牧场。澳大利亚的其他地区，土著人口稀少，散居四处，过着原始生活，无力抵抗白人殖民者。塔斯马尼亚的情况则不同，土著众多，也比较先进。但他们的战败在所难免，结局也悲惨。1830 年的“黑人驱赶行动”（The Black Drive）以失败告终，花 3 万英镑建立起来的殖民地军队，企图把土著圈禁在保留地内，结果未能如愿。但是到 20 世纪初，塔斯马尼亚的部落就灭绝了。

塔斯马尼亚的发展方式同新南威尔士大同小异，在 1825 年成为单独的殖民地。经济靠牧羊业和捕鲸业繁荣，人口也剧增。1820 年，居民有 6500 人，大多是罪犯；20 年以后，人口增至 6.8 万人，大多数是自由民。1850 年，塔斯马尼亚获准成立民选立法院。3 年之后，流放制度废除，塔斯马尼亚具有同新南威尔士平等的地位，也得以参与实行责任制政府的统筹授权。

1835 年，塔斯马尼亚的一些殖民者到菲利普港定居。新殖民点在开始阶段受新南威尔士统治，但殖民者很快要求独立，并于 1848 年撤回竞选立法院的其他候选人，选出殖民大臣伯爵格雷作为墨尔本的议员。格雷是当年支持《改革议案》的伯爵格雷之子。这步棋走得成功，数月之后，殖民部同意菲利普港独立。于是在 1851 年，维多利亚新殖民地成立了，有完整的代表机构，首府设在墨尔本。年轻的维多利亚女王以自己的名字为英语民族的这个新分支命名。首府则是纪念辉格党首相墨尔本的，女王认为他是最和蔼可亲的谋臣，如今已经作古了。

新南威尔士的第三个分支是昆士兰，以布里斯班城为中心扩张，但发展比较缓慢，1859 年才成为单独的殖民地。当时，澳大利亚海岸又出现了两个殖民点，均不依赖新南威尔士等殖民地。1834 年，伦敦设立了名叫“南澳大利亚殖民专员”的机构，两年之后便有首批殖民者在阿德莱德附近登陆。该城是以威廉四世王后的名字命名的。南澳大利亚不是罪犯殖民点，是由一批人受吉本·韦克菲尔德影响建立的。韦克菲尔德的系统性集中拓殖理论此时被付诸实施。总的说来，这些理论是成功的，不过政府和殖民地专员的双重控制制度把责任分开，造成很多麻烦，所以这个委员会 1842 年被撤销了。不出 7 年，这个殖民地的人口达到 5.2 万人，并由于发现了铜矿而致富。它不久便和东部殖民地一起获得成立代表机构的授权。

西澳大利亚殖民地另有一番由来。它诞生于 1829 年，险些胎死腹中。那里的土地远不及东部殖民地那样肥沃，同东部隔着无法居住的大沙漠，且劳动力严重不足。其他殖民地视罪犯为进步的障碍，而这个殖民地则视之为解决劳动力的唯一办法。当时囚犯又成为英国政府的沉重负担，它求之不得地接受了往珀斯输送一些囚犯的要求。1849 年，一个罪犯殖民点在那里建立起来，并得到大量的资助。在这种复苏计划支持下，西澳大利亚的人口 10 年内增长了 3 倍，不过，直到 1870 年流放罪犯的做法废除以后，才建立代表机构，1890 年才完全实现自治。

* * *

1848 年，加利福尼亚发现了黄金。远渡太平洋到那里探寻金矿碰运气的人当中，有一个名叫爱德华·哈格雷夫斯的人，他挖掘了几个月之后，所获甚微。但他注意到，加利福尼亚的含金岩石同新南威尔士巴瑟斯特地区的石头十分相似。1851 年初，他回到澳大利亚去检验这个推测。他挖出的第一批泥土证实了他自己所言非虚。关于这一发现的消息不胫而走，几个星期之内，澳大利亚的淘金热便开始了。

淘金热席卷东部殖民地。整个澳大利亚的人似乎都行动起来，向巴瑟斯特、巴拉腊特、本迪戈进军。激动得发狂的人们扛着镐头铁锹，腰间挂满盆盆罐罐，蜂拥来到各个一夜之间崛起的淘金城。这些城里赌场、酒吧和妓院无所不在。维多利亚时代的淘金场很快便有了近 10 万人口。这些人并不全是淘金者，旅馆老板、杂货店主、妓女和其他苦力者往往日子最好过。一文不名的棒糖小贩在通往巴拉腊特的路上开一个酒肆，每年可赚6000英镑。淘金者回流到墨尔本、悉尼后，钱财在疯狂铺张炫富中挥霍殆尽。据说，马蹄上钉着金掌，人们用钞票点烟，伴娘们穿着粉红色的天鹅绒参加婚礼。既然财富可以转瞬得失，似乎就不必从事固定的职业了。因此，牧场主失去了羊倌，商号失去了职员，商船失去了船员。1852 年初，墨尔本只剩下 2 名警察，有 50 多人赶到淘金场去了。工资增加了一两倍，物价扶摇直上，地价瞬息万变。包括新西兰在内的其他殖民地流失了许多前去淘金的人，仅在一年之内就有 9.5 万名移民进入维多利亚。塔斯马尼亚的 5 万男女老幼中，仅在 5 个月内就有 4000 名男人前往维多利亚。

对于新生的墨尔本当局来说，维持治安，排忧解难，提供交通工具、住房和足够的食物应对饥荒是笔沉重的负担，而且，其大部分职工也已跑到淘金场去了。整个维多利亚的士兵一度只剩下 44 人。1853 年，只好从伦敦派去 50 名警察。淘金者大概喜欢他们在淘金城造成的混乱状态，对英政府则怀着强烈的不满。王室像对待牧场主那样，向淘金者提出了土地所有权，要求征收执照税。这种税收遭到痛恨，难以征集。经过多次威胁之后，淘金者爆发了暴力行动。

1854年10月6日，一名淘金者在巴拉腊特的尤里卡客店附近械斗丧生。店主本特利、老板娘和一个名叫法雷尔的人受到控告，证据确凿，却被判无罪。10天以后，淘金者烧毁客店，其中的4名领头者被捕。淘金者义愤填膺，建立了“巴拉腊特改革联盟”，发出政治纲领要求取消执照税，其中包括英国宪章派提出的6点要求中的4点。11月30日，当局搜索无执照的淘金者，引发骚乱。淘金者在彼得·莱勒的带领下开始操练并构筑路障。当地驻军长官托马斯上尉当机立断，机智行动，决定在事态扩大之前发动进攻。他率领以士兵为主的300人，刺刀冲锋，拿下了路障，杀死30名暴动者，俘虏120多人。

可能发展为大规模叛乱的一场骚动就这样结束了。执照税不久便取消，代之以黄金出口税。淘金者获得了公民选举权，秩序恢复。又过了几年，淘金公司取代了个体淘金者，只有公司才有地下开采的物力。当时其他殖民地中，只有新南威尔士发现金矿，情况也大致如此。在1851年至1861年之间，新南威尔士开采的黄金价值1.24亿英镑。澳大利亚人口数逐渐增加，此时已超过百万，这是更永久的财富。

起初，牧羊业和农业受到淘金热的沉重打击，失去羊倌的牧场主诅咒金矿的发现。但是，澳大利亚最终获益。修筑了更好的马路和更多的铁路，牧场主发财了。人们要吃饭，很快有100多万英亩土地开垦出来，以前过分依赖羊毛的畸形经济实现了平衡。

政治方面的影响是深远的。人口和税收增加了，贸易发展了，1850年临时确立的体制必须进行改革。殖民地经过长期的酝酿，向英国殖民部提出了若干方案，得到英国政府的批准。1855—1859年，澳大利亚的所有殖民地建立了民选的、部长向下院负责的两院制议会，只有西澳大利亚殖民地例外。前面已经说过，那里实现自治较晚。

一些重大变化即将相继发生。如今的澳大利亚诞生于1901年，各殖民地组成一个联邦，新首都设在堪培拉。南半球大陆的联邦诞生较晚，因为那些生机勃勃、各不相同而相距遥远的殖民地酷爱自治，而且北方的亚洲尚未构成威胁或者施加压力，没有统一起来的迫切需要。可是，统一意识就要出现了。今日，大部分澳大利亚人仍然住在19世纪建立的殖民点。澳大利亚中心地带，方圆达100多万平方英里，一直吸引着金属勘探者和牛羊牧场主，但目前仍然人口不多，只有横贯大陆的列车，呼啸而来的回力飞镖，嗡嗡作响的导弹偶尔搅动沉寂的树丛和荒凉的沙漠。

*　*　*

新西兰群岛位于澳大利亚以东1200海里的地方。远在欧洲人发现这个群岛之前，毛利人已从东北方向的波利尼西亚群岛渡过太平洋而来，建立了以精湛的艺术和有力的军事制度著称的文明。库克船长在18世纪末前来访问时，他估计，毛利人的人口数在10万左右。数字可能高估，但这些人足以构成欧洲殖民活动的第一个可怕障碍。他们是一个文明的民族，主宰这块土地已久，具有独立精神和军事技巧。库克发现新西兰不久，一小批英国人便在北端的岛屿湾建立了立足点，但他们多半是捕鲸、捕海豹的人，遇险的水手和一些从澳大利亚逃出来的罪犯，过着孤寂悲凉、朝不保夕、声名狼藉的生活。毛利族的酋长从他们手中得到火器，遂允许他们在那里生活。他们对毛利人的生活和土地均未构成太多威胁。基督教传教士到达以后，抵抗英国殖民的运动有所增强。1814年，塞缪尔·马斯登牧师在这个岛屿湾建立了传教站。后来又有一些教士来到这里。基督教很快占了毛利人的上风，许多毛利人成为劝导人们皈依基督的积极分子。传教士极力打击商人的力量，他们从毛利人的利益出发，多年坚持反对接纳英国移民的一切计划。他们的抵制一度有效。澳大利亚殖民地建立半个世纪以后，英国当局才在新西兰建立了第一个殖民点。然而，伦敦早已开始酝酿新西兰殖民化的动作，以吉本·韦克菲尔德为首的一些人是推动者。韦克菲尔德早已对加拿大和澳大利亚的前途产生过重要的影响，他和朋友们建立了一个新西兰协会，德拉姆勋爵也是会员。但英政府持敌对态度。传教士谴责说，该协会的计划会给新西兰土著带来灾难。殖民部拒不批准它的计划。

韦克菲尔德毫不气馁，他的协会 1838 年成立了一个拓居新西兰的私有联合股份公司，一年以后派出了由他弟弟负责的一支远征队。这批殖民者有 1000 多人，在北岛创建了惠灵顿殖民点。法国打算吞并新西兰的消息促使英政府采取行动。英政府没有批准韦克菲尔德的远征，而是派出一艘军舰，在霍布森舰长的指挥下去争取毛利人承认英国的主权。1840 年 2 月，霍布森同毛利人酋长们缔结了《怀唐伊条约》(the Treaty of Waitangi)。据此，毛利人把一切主权和权利让与英国，换取英国承认毛利人"完全单独拥有他们的土地和财产"承诺。

当时，韦克菲尔德的公司才得到官方承认了。由此，两股力量确立，总督坐镇霍布森选定的首府——北岛北端的奥克兰，公司设在惠灵顿。它们维护不同的利益,推行相反的政策。公司要得到土地，而且多多益善,越快越好。但殖民部和条约上都说,土地属于毛利人。19 世纪 40 年代，两个当局一直钩心斗角，争吵不休。公司的拓居者狠狠谴责《怀唐伊条约》。1843 年，公司董事长约瑟夫·索姆斯在写给殖民大臣的信中说："《怀唐伊条约》是一位未受全权的领事同裸体野人缔结的，况且没有得到女王的批准。我们始终严重质疑，条约除了被律师当作一时逗乐抚慰野蛮人的精神可嘉的工具之外，是否还有它用。"然而，这些"裸体野人"是不会就范的，他们同霍布森缔结的条约，明确了放弃主权的虚名，而保留土地的实质。土地是他们的命根子。毛利语有谚云："丢了女人和土地，男人就失败。"年长的酋长们意识到，如果丧失土地，部落也就灭亡。毛利人法律中的巧妙规定，使殖民者气急败坏，他们幼稚地用硬通货购买了土地，却无权拥有，因为部落对土地的不可剥夺的权利不受私人交易的影响。虽然如此，殖民者到 1859 年已经在北岛占领了 700 万英亩土地，在毛利人较少的南岛占领了 3200 多万英亩。

结果打响了毛利战争。一系列断断续续的局部冲突从 1843 年持续到 1869 年，战场也不断转移。到 60 年代中期，参战的部队已达 2 万人。豪豪主义[①]信徒的宗教狂热和游击队领袖特·库蒂的军事天才使殖民地耗尽了资源。毛利人骁勇善战，英军正规军军官们敬佩他们的对手，因而越发讨厌殖民者。但是 1869 年，起义军已经筋疲力尽，终于战败。此后，土著事务部长唐纳德·麦克林爵士的开明政策取得了显著效果，殖民者占有的土地受到一定的保障。毛利人意识到，英国人打算永久住下去。60 年代颁布的一系列《土著土地法案》保护毛利人免于灭绝，而且 1867 年他们直接派代表进入了新西兰立法

① 毛利人宗教。教徒们在战斗时高喊"豪！豪！"（即"起来！起来！"），认为这样就刀枪不入，也称为"豪豪主义"。

机构。1871 年，他们的人口降至 3.7 万人，而后在 1951 年的人口普查中，他们几乎达 10 万之众。

尽管这些年有战乱，殖民地仍在扩大。韦克菲尔德急于冲破传教士的阻力，巧妙地说服苏格兰独立教会和英格兰的国教教会合作，共同新创两个定居点。定居点都在南岛，分别建立在奥塔戈和坎特伯雷，韦克菲尔德的理论在那里开花结果。1860—1906 年间，南岛繁荣兴旺，居住着大部分人口，相对远离毛利战争的战火。1868 年，那里的英国人只有 25 万人，12 年之后几乎翻倍。

和平带来了繁荣。在南岛著名的坎特伯雷平原上饲养了大批的羊群，还培育出了当地的杂交品种考力代羊。19 世纪 60 年代，奥塔戈和坎特伯雷发现了金矿，一时兴旺得很。澳大利亚金矿的发现以及墨尔本和悉尼的物价暴涨刺激了农业的飞速发展。尽管 80 年代出现了萧条，此后新西兰持续不断地繁荣昌盛了。冷藏库的发明使此地能够与 1.3 万英里之外的欧洲和英国农民进行竞争。合作化运动，尤其是奶制品生产方面的，帮助没有本钱的小农户发展起一个规模庞大的产业。不久，新西兰自治领按人口比例的外贸额跃居世界之首。

*　*　*

新西兰在政治方面发展也突飞猛进。在德拉姆提交报告以及加拿大初步实验殖民地自治的时候，它根据 1852 年《宪法法》在很大程度上实现了独立。它的问题和老殖民地不同，不在于实行责任制政府的要求，而是地方政权同中央政权的关系问题。内陆交通极为困难，到 19 世纪末，这个殖民地仍然是若干分散的小定居点，其建立的环境和利益的特点各不相同。《宪法法》承认这一点，在民主基础上建立了若干省务会，各省务会在很大程度上独立于总议会。

省议会同中央政权的矛盾，困扰新西兰的政治达20年之久。省份之间贫富悬殊。奥塔戈和坎特伯雷在淘金热的刺激下繁荣富饶，而北岛的殖民者则困于毛利战争，日益贫困。奥塔戈和坎特伯雷一度企图分离出去。1875年实行修宪改革，取消了省份，地方权力交给郡委员会，中央政府的权力大大加强。因此可以说，新西兰早澳大利亚30年面对并解决了联邦制政府的一切问题，只是规模稍小而已。她的政治活力和她的经济能量一样惊人。过去的传统和偏见不如历史更久的国家那样积重难返。1906年，自由党政府引入英国的许多措施被视为彻底的创新，而新西兰则早已采纳了。工业仲裁、养老金、工厂立法、国家保险、医疗服务和住房法案，这一切都是1890年至第一次世界大战爆发之前的成就。还有国家对合作化生产的扶植证明了英国人靠政治天分也能在遥远偏僻的太平洋岛屿上生存，且生机勃勃。

第十一部　伟大的共和国

第 8 章

美国史诗

1815 年，美国的开发暂且告一段落。在此之前，这片大陆遭到欧洲武力入侵，生活方式也在很大程度上被同化。但 1812 年英美战争结束后，美国自我隔绝，背靠大西洋，面向西部。根特和约（Peace of Ghent）缔结后的几年，美国向西部的挺进好不热闹。政治上，联邦党人和共和党人停止了内讧，代之以当时一个记者笔下的“好感年代”。但是，在头十年风平浪静的外表下，各派利益却仍在激烈斗争，后很快形成有组织的政党，并长期存在。战后时期都一样，财政一直是主要的政治难题。共和党政府曾迫于战争的压力，勉为其难地接受了亚历山大·汉密尔顿保护贸易制度和银行业的主张。1816 年关税法确立了贸易保护制度。凭借这一制度，新英格兰实现了从航运业到制造业的转型，为其 19 世纪的繁荣奠定了基础。杰斐逊总统先前对联邦银行系统的种种疑虑也随之烟消云散了。1816 年，为创建新的联邦银行，颁布了新的特许状，以代替原来期满失效的特许状。

渐渐地，美国与欧洲之间的纽带不可避免地出现了断裂。英美之间互派使团，解决了遗留问题。两国确定了美国与加拿大的边界，并缔结了条约，约定双方在冲突频发的五大湖裁军。新奥尔良的英雄安德鲁·杰克逊领导的此起彼伏的西属佛罗里达战争结束后，西班牙政府终于妥协了，于1819年将佛罗里达以500万美元的价格卖给了美国，从此永久撤出了北美大陆。

但欧洲的政局动荡将再次给美国带来威胁，尽管这在此后多年里将一去不复返。欧洲各国的君主们联合起来共同维护君主制，对任何有迹象要反抗现有制度的国家进行干涉。这个神圣同盟的政策遭到英国的抵触。英国于1821年拒绝对意大利内政进行干涉。西班牙也面临着新的危机。波旁王朝统治下的法兰西急于在新欧洲获得地位，派遣了一支军队翻过比利牛斯山去复辟西班牙王室。俄国的野心更大。沙皇想要称霸世界，在诏书中重申了他吞并北美西海岸的豪言。华盛顿谣言四起，风传曾支持波旁王朝在西班牙复辟的欧洲反动派列强会在新大陆如法炮制，在美洲复辟波旁王朝。南美洲原本有西属殖民地，也早已纷纷摆脱了母国的羁绊。

坎宁领导下的英国政府主动向美国提出合作，对抗神圣同盟这一干预原则对新大陆的威胁。英国宣布承认南美拉丁语共和国的主权。与此同时，门罗总统自行其是，向国会提出了国情咨文。他对欧洲列强试图干涉美洲的行径提出警告，同时，声明美国无意介入欧洲政治。这些内容即为后人熟知的门罗主义。这一告别咨文发表后，美国得以专注于自身事务。一代政坛新星正在冉冉升起，而宪法创立时期的前辈们多数都已告别政坛，只有杰斐逊和麦迪逊还沉浸在荣归弗吉尼亚故里的光环之中。

*　　*　　*

美利坚帝国向西部进军。建国不到30年，密西西比河流域就新增了9个州,新英格兰边境也新增了两个州。早在1769年,丹尼尔·布恩等人就曾跋山涉水到达肯塔基，还曾与印第安人发生冲突。但大规模的跨山迁移活动是在独立战争期间开始的。18世纪的移民往两个方向发展：一是向西挺进俄亥俄，在肯塔基和田纳西设立定居点；二是越过伊利湖，占领毛皮贸易商经常出入的西北森林地区。新英格兰和美国东海岸线的殖民活动大多由实力强劲的公司包揽，这些公司还获得了英国王室或封建领主赋予的特许权。但西部这片新大陆上，只需一把斧头或一把来复枪，任何人都能粗暴地开辟出一个家园。到1790年为止，已有3.5万人在田纳西地界安家，在肯塔基安家的人数更是前者的两倍。到1800年，阿勒格尼山脉西侧就有百万美国人定居。就这样，这些新开辟的土地上，一批身强力壮的西方人自力更生，成了美国社会的一部分。密西西比河大峡谷是美国现代民主政治的摇篮。美国第一届独立的国会高瞻远瞩，宣布了一个永恒的原则：新开辟的地区只要拥有一定的人口规模，就可以独立成州，同其他州享有同等权利。1828—1901年间，任职的18位总统中有11位出生于密西西比河流域或是在那儿度过大半生，而这就是西部人民精明强干的体现。丹尼尔·韦伯斯特在清教徒首次登上美洲大陆的纪念日朗读下面这段名言："从俄亥俄河到伊利湖，从阿勒格尼山脉穿过迈阿密河一直延伸到圣安东尼瀑布，到处点缀着新英格兰式的屋舍和农庄、村庄和教堂。当年首批清教徒在罗克河登岸，如今他们的后代在罗克河以西2000英里的地方开辟肥沃的土地，建立城镇和村庄，传承着优越的制度、自由的传统和宗教信仰。我们相信，这是祖先的恩赐……不久之后，清教徒的后代还会抵达太平洋沿岸。"

美国的国土面积迅速扩大，人口也在急剧增加。1790—1820年，美国的人口从400万增长到950万人，此后每20年就几乎翻一倍。这种增速是前所未有的，也就只有如今的英国能够与之比肩。印第安部落被赶出密西西比河以东地区后，西部大规模的拓殖活动就更为顺畅了。1812年战争中，印第安人曾与英国结盟，后以失败告终。如今，联邦出台了驱逐印第安人的政策，对空出来的土地进行了划分，以比早年更低的价格向外来殖民者（这个称呼现在虽不得人心，但不妨这样称呼以示尊重）出售。真正意义上的殖民其实是由西部拓荒者实现的。从石头遍布的新英格兰来此处的农民们耕种着五大湖以南那片广袤而又肥沃的土地，而南部的阿拉巴马河和密西西比河的黑带（Black Belt）则为新兴的大规模棉花种植提供了肥沃的土壤。

然而，国家重心也因不断向西扩张的行动而发生改变，人们同时面对着利益和情感的双重压力。除西部以外的所有地区很快就觉察到，它们的政治权力受到了拓荒者的威胁。拓殖西部的利益太过诱人，东部的工厂担心因此导致劳动力短缺。而事实上，欧洲新移民填补了这一空白。随着边境线的西移，一些地区迅速发展成州，并强行把它们的困难和欲望都推给了联邦政府。联邦政府虽然兴高采烈，却也颇为窘迫。东部担心民主的西部地区会在政治上逐渐占据优势，西部则对东部富裕阶层在金融和经济上的偏见深感不满。分歧越来越大。联邦制度在各州权力核心问题上做弹性应对是唯一的解决之道，避免了母国与强硬的子女之间常见的那种冲突。

由于没有合适的全国性党派能够表达北部、南部和西部之间的派系矛盾和仇恨，1815—1830年的政治历史显得混乱不清。直到

1830 年，局势才明朗起来。各党派开始对立，之后将自成大势。随着联邦立法的推进以及关税、银行和土地政策等全国性经济框架的形成，联邦政府感受到了各州和对立利益集团互相猜忌与对立所带来的压力。西部的扩张让政治的天平失衡了，有利于新生的西部各州，而北部和南部的旧势力则拼命打压联邦内新兴的民主势力。不仅要应对西部的诉求，联邦政府还要回应南部小种植园主和工业发达的北部地区工人的声音。随着成年男子普选制的推广，许多人首次获得选举权。选区不断扩大，急于发声。与此同时，美国政治采用了全国代表会议选举制。渐渐地，总统候选人和州级以下官职候选人不再由政党内部会议提名，而是在可以反映各区各行各业意见的代表会议上进行选举。这样一来，意图担任总统和其他公职的人就势必要回应广大群众意愿的分歧。亨利·克莱和约翰·卡尔霍恩这样的保守派政客对完全忠于一党的危险迹象及其给美国带来的威胁颇感不安。他们将自己的思想理论取名为“美国制度”，并进行了阐述。但那其实只是汉密尔顿思想的老调重弹。他们希望在联邦的框架下把经济利益和谐化，如卡尔霍恩于 1817 年所说的那样：“我们发展迅猛，甚至可以说是惊人。这让我们既骄傲又害怕，它既是优点，又是缺点。……我们要用完美的公路运河体系把整个共和国连在一起！贸易保护政策能让各州更紧密地抱团。……就会形成无比强大的新的黏合剂。”

公共工程启动了。密西西比河上有了蒸汽船的身影。贸易中心转移到墨西哥湾后，大西洋沿岸各州缓过神来，觉得自己失去了有利可图的市场，于是快马加鞭，试图迎头赶上。1817 年，纽约州开始建设伊利运河，最终纽约市成为东部最繁荣的港口城市。联邦政府拨款修建了跨越俄亥俄河通往伊利诺伊州的坎伯兰公路，这一道路网将如饥似渴的西部与东部各州连在了一起。但东西部间、大西洋南北岸间的裂痕还是持续地威胁、主导着19世纪的美国历史。而19世纪初，政治上的基调便是南北的政治家为了争取西部各州的选票支持展开激烈竞争。

* * *

奴隶问题很快就造成了南北关系的恶化。1819年，国会搁置了将密苏里地区正式吸收为美国州的议案。该地区位于路易斯安那购地案界限内，联邦尚未在法律上对其奴隶制的废留做出裁定。密苏里人民建议在其宪法草案中保留奴隶制，而北方人则认为此项议案是为了加强南方表决权，是一种咄咄逼人的行径。激烈的互相指控随之而起，但日益严重的西部问题让他们意识到，不能再争吵下去了。议案激起的宗派恶斗以相互妥协告终，局面一直维持到19世纪中叶。密苏里作为蓄奴州成了联邦的一员。北纬36度30分以北的美国领土虽未成州也废除了奴隶制。根据这个折中方案，刚从马萨诸塞脱离出去的缅因州成为禁奴州，这样一来，禁奴州有12个，蓄奴州也有12个，数量相等。一些有识之士意识到，此种分野会导致迫在眉睫的悲剧。约翰·昆西·亚当斯就在日记中写道："我立刻感到，它敲响了联邦的丧钟。我敢肯定，眼前的问题只是先兆，真正悲剧的序幕已经揭开了。"

这位有文化的新英格兰人正是美国第二届总统之子，他在1825年成了门罗总统的继任者。所谓的"好感年代"行将结束。在他任期的4年内，党派政治变得活跃。西部飞速发展，让东部各州不得不采取守势，保护其政治经济利益。

开疆拓土的领袖安德鲁·杰克逊将军周围团结了广大西部人民，他声称自己是杰斐逊民主原则的真正代表，抵制东部败坏的金钱利益集团。农民和拓荒者群体的日益壮大，让一些阶层警醒，他们害怕少数服从多数的原则，便选择了拥护亚当斯。两个派系的矛盾在1828年爆发了，亚当斯竞选连任总统时，杰克逊参与了竞选对垒。这场纷乱的选举中，两个新政党诞生了，即民主党和国民共和党（后被称为“辉格党”）。自从1800年杰斐逊将老亚当斯赶下台后，这么激烈的选举人们还是第一次见。从选举结果来看，亚当斯在新英格兰之外几乎一无所获，而西部凭着安德鲁·杰克逊得势了。终于出了一位美国总统，他与旧大陆毫无精神交集，与美国大西洋沿岸那些欧洲翻版也毫无关联。他在白宫代表着美国的拓荒精神。对很多人来说，民主似乎是真的胜利了。

新总统就职的时候出现了一些混乱的场面，对手亚当斯将他称为“田纳西闹事者”。但在西部人心目中，杰克逊是他们的将军，正阔步向前，冲击有产阶级的政治垄断。但这位来自边远地区的将军却被错综复杂的上层政治弄得焦头烂额。他头脑简单，对政敌疑心重重，很容易受那些党派倾向严重和追逐私利的政客的影响。他也曾或多或少被国务卿马丁·范·布伦所左右，但他更严重依赖自己选定的顾问团，与这些政治心腹共商大计。他们并非政府官员，故号称“厨房内阁”。杰克逊被误导，相信当务之急是清理前任政府的门户，排除积弊。他解雇了一大批公务员。政党分赃制原本就在很多州内长期流行，这样一来，也在联邦机构中扎下了根。

美国政治两大紧密相连的顽疾亟待安德鲁·杰克逊总统解决，一是树立联邦的最高权威，二是建立全国统一的经济体系。贸易保护制度维护了北部的利益，但这是以牺牲南部利益为代价的。1832年，南卡罗来纳州决心挑战联邦政府推行关税制度的权力；它响应1798年弗吉尼亚及肯塔基的决议，阐述了极端形式的州权主义。在后来的派系斗争中，西部诸州的投票占优势了。它们的燃眉之急是联邦政府对公有土地买卖的规定。正如史学家莫里森所说，“这其实是北部、南部与西部之间的一场关于均衡的博弈，各方都试图通过放弃次要利益，在主要利益上争取选票。南部允许西部侵占公地换取减免关税。北部提出了诱人的筹码，将自己出售土地获得的收入用于西部的公共事业，以维护贸易保护。他们未来如何联手，就取决于各区域间的这种平衡;乃至南北战争的结果，也依赖于此。是西、北联手对抗南部，还是西、南联手制约北部？”[①]

就这些议题，美国参议院的辩论堪称精彩绝伦的雄辩术的典范。群英会上，最风采动人的要数马萨诸塞参议员丹尼尔·韦伯斯特了，他可以说是那时的最佳演说家。正是他力陈维护联邦的必要性，驳斥了南卡罗来纳的诡辩。这篇演讲是美国历史上最著名的演讲之一。他颂扬了全国范围内出现的爱国主义热潮，这股新热潮日益强盛，至少在北部是如此。在他看来，一些地区尤其是新英格兰已逐渐摆脱了1812年以来盛行的地方观，忠于联邦的大局观正在养成。韦伯斯特在参议院这样说道:“正是有了联邦，我们在国内才能享受安全，在国外才能有国格、有尊严。我们所有的国家自豪感，其实都应该归功于联邦。这个联邦是我们经过逆境的重重考验和美德的约束才

---

① Morison and Commager, *The Oxford history of the United states* (*1927*), vol. i. p391. ——原书注

建立起来的。国内财政混乱、商业萎靡、信贷崩溃之时，联邦势在必行，应运而生。在联邦制度的积极影响下，这些重大利益得以立刻起死回生，充满活力地一跃而起。联邦制度确立后，每一年都有无数案例证实了其功效和优越性。我们的土地日渐辽阔，我们的人口分布渐广，但一切始终没有超脱联邦的保护、联邦的福利。对每个人来说，联邦都是国家社会和个人幸福的坚实基础。”

他继续道：“议长先生，我尚未想象过如果联邦不存在，黑暗的回头路将会藏着什么沟坎；尚未冷静地权衡过如果我们之间的纽带断开后，维持自由是否还有可能；尚未习惯趴在分裂的悬崖边缘，看自己有限的视力能否估计出悬崖的深度；如果只是担忧联邦支离破碎之时民众的苦日子该如何承受，而不考虑如何才能更好地维护联邦，我觉得这样的人作为一名政府顾问并不合适。只要联邦尚存，我们道路前方就有激动人心、称心如意的前景，子孙后代皆是如此。我祈求不要捅破这层纱幕，祷告上帝答应至少在我有生之年不会揭开帷幕，不会让我看到纱幕后的景象。但愿我望向天空中的太阳最后一眼时，不会看到阳光照耀着的曾经辉煌的联邦大地分崩离析，丢人现眼，不会看到各州不和交战，不会看到兄弟阋墙，血染大地之景！我希望在弥留之际以微弱的目光能看到共和国光辉的旗帜，这举世闻名、众人称道的国旗高高举起，武器和战利品光彩如故，条纹一尘不染，星星熠熠发光。这上面没有‘这到底有何价值’这样可悲的疑问，也没有其他‘自由第一，联邦第二’这样愚蠢而带有欺骗性的字眼。而是如烈火般的文字，在海天大地上飘扬，每一寸褶皱都迸发出光芒，传播着每个真正的美国人心底珍藏的情感：自由和联邦，永永远远都是不可分割的整体！”

印第安纳州的边境上，有一位年轻人听了演讲深受感动，他的名字叫作亚伯拉罕·林肯。

杰克逊总统本人也被演讲打动了，他军人出身，态度强硬，原本准备以武力迫使南卡罗来纳州就范，但后来双方都做了得体的让步。关税有所降低，却长期固定了下来。南卡罗来纳州宣告《武力法案》无效，即总统无权在必要时候以武力强行征关税。这就留下了伏笔，南卡的“无效”说表明联邦危在旦夕。凭借其边疆居民的直觉，杰克逊总统对未来做出了预测：“下一场借口应该是黑人或者奴隶制问题吧。”

但是下一场纠纷的源头却是联邦银行。联邦银行本应在 1836 年办理执照的延期手续，现在克莱领导的国民共和党（也叫辉格党），决定在 1832 年总统大选前强行办理这项手续。长期以来，人们都期待杰克逊总统会打击有产阶级在政治领域的势力。联邦银行的处境反映出美利坚合众国遭受的经济压力。查尔斯·比尔德[①]写道：“这次的经济矛盾凑巧呈现了党争的形式：西部农业区的居民要向东部的资本家支付利息，因为他们需要借钱去购买土地，改良土壤，进行有价证券买卖。”这种斗争也出现在了选举中，杰克逊掌权，其实反映出联邦银行遭受不信任投票了。虽然丹尼尔·韦伯斯特被聘为联邦银行的法律顾问，但仍于事无补。杰克逊曾对银行总裁这样说过：“我对贵行并无特别反感之处，只是自从看了‘南海泡沫’的历史之后，就对银行心有余悸。”他拒绝通过延长银行执照的法案，甚至等不及联邦银行在 1836 年自然消亡，就当场提出将联邦政府在该

① 查尔斯·奥斯汀·比尔德（1874—1948），美国历史学家、政治学教授。

行的储蓄转存到各州的地方银行。联邦银行执照到期后并未得到延期，因此美国在之后的近 30 年里没有中央银行体系。西部和南部的政客联合起来，向北部报了仇。边疆的激进主义在政治斗争中占了上风，杰克逊赢得了总统选举，英美战争结束后出现的“好感年代”终于落下帷幕，他的经济政策也让杰斐逊领导的旧共和党分崩离析。东部各州普遍对西部的激进主义持怀疑态度，而杰克逊的官员任命也并不令人愉快。

1836 年，杰克逊的副手范 · 布伦赢得了总统选举，杰克逊的政策得以为继。而老将军本人则衣锦还乡，隐退到田纳西州。西部首次介入上层政治，显示出拓殖地潜藏的民主力量，但也暴露了其领袖政治经验不足的弱点。

*　　*　　*

西进大潮滚滚向前，随之带来的新问题亟待调整。19 世纪 40 年代那一代人目睹矛盾达到了高潮。这些年来，美国吞并了得克萨斯，与墨西哥交战，征服了加利福尼亚，也与英国定下了俄勒冈的边界。自 1820 年来，富有冒险精神的美国人为了寻求土地和财富越过了墨西哥的边境，进入得克萨斯（原属于 1821 年摆脱了西班牙统治的墨西哥共和国）。这个群体逐渐壮大之际，太平洋沿岸的美国水手和热衷于中国贸易的船长在墨西哥加利福尼亚省的港口找到了立足之地。这些拓荒者向内陆进发，搜寻皮革，在 1826 年抵达该省的传教区。他们的出现引起了墨西哥人的警惕，但抽刀断水水更流。那时的墨西哥政府极度不稳定，对偏远省份鞭长莫及。但就在这时，新的军事独裁者圣安纳登上了历史舞台，他决心在墨西哥树立权威，但立马引发了暴动。1835 年 11 月，得克萨斯的美国人建立了自治州并升起了孤星旗。圣安纳指挥墨西哥人北伐。墨西哥军队明显占有优势，于 1836 年 3 月剿灭了一小股得克萨斯人，尽管这群人已奋勇拼搏到最后一刻。可歌可泣的阿拉莫传教所战役载入了美国史册。得克萨斯全省的人民都揭竿而起。他们在田纳西人山姆·休斯顿将军的领导下募集成军。圣哈辛托河畔，两军恶战，墨西哥军战败，司令圣安纳被俘，得克萨斯人涌入了墨西哥阵地，口中高喊着："牢记阿拉莫战役！"圣安纳承认了得克萨斯的独立。之后他的行动被墨西哥政府拒绝，但墨西哥政府已经元气大伤，无力再战。得克萨斯人成立了共和国，山姆·休斯顿当选为总统。

此后 10 年，得克萨斯如何成州加入联邦是美国政界一个非常棘手的问题。随着新州的不断加入，奴隶制的拥护声和反对声都日渐高涨。著名的废奴主义记者威廉·劳埃德·加里森号召说，一旦蓄奴州得克萨斯加入，北方各州应即刻退出联邦。南部人民意识到，如果占地宽广的得克萨斯分为几个州加入联邦，就能为南部在参议院赢得多数席位，因此极力呼吁吸收得克萨斯。东部的资本家想要成立土地公司，剥削得克萨斯的资源。除了这些公司发行的可疑股票外，美国还流通着大量得克萨斯共和国的纸币和债券。此种投机活动有助于分化北部各州反对合并得克萨斯的政治局面，但更重要的是，这样一来，很多北部人民转而相信美国"命定说"，也就是说，他们命中注定要占领整个北美大陆。1844 年大选时，民主党就号召要进占俄勒冈，吞并得克萨斯。这可以平衡南部得克萨斯的影响力，对美国北部来说颇具诱惑力。民主党候选人詹姆斯·诺克斯·波尔克大选获胜，被解释为接纳得克萨斯的一次授权。1845 年 2 月，国会参众两院做出共同决议，落实了此事。

但美国仍需劝说墨西哥承认这一现状，还需确定得克萨斯的边界。波尔克总统下决心要将边界尽可能南移，而这样一来，战争就无可避免。1846 年 5 月，美墨战争爆发。与此同时，美洲大陆另一端也爆发了一系列事件，美国向西的渗透仍在继续。为了西进，拓荒者经常要挨饿受冻，但没有什么能阻止美国人向太平洋迁移。他们受到中国贸易利润的诱惑，幻想控制西大洋，于是占领加利福尼亚成了当务之急，甚至比攻占得克萨斯还重要。1846 年 6 月，在华盛顿当局的策划下，在加利福尼亚扎根的美国拓居者升起了熊旗，发动了叛乱，宣布加利福尼亚按照得克萨斯模式独立了。美国军队很快就抵达，并用星条旗代替了熊旗。

美国的扩张势头日益强劲，墨西哥北部的军队两次都被后来的美国总统扎卡里·泰勒将军击败。在温菲尔德·斯科特将军的带领下，一支军队在维拉科鲁兹登陆，向墨西哥城进军。1847 年 9 月，经历一个月的巷战后，墨西哥城陷落了。这场远征中，一批年轻军官开始崭露头角，其中就有罗伯特 · 李上尉、乔治 · 麦克莱伦上尉、尤利西斯 · 辛普森 · 格兰特中尉和杰斐逊 · 戴维斯上校。

墨西哥求和，两国签订了合约，墨西哥不仅承认了美国吞并得克萨斯的事实，还割让了加利福尼亚、亚利桑那和新墨西哥。格兰特中尉在回忆录中透露了感想：“在我看来，没有什么比美国对墨西哥的战争更邪恶的了。我年轻的时候就这么觉得，只是没有勇气辞职罢了。”

但美国人的扩张势力是爆炸性的，“命定说”稳步向前，而墨西哥不幸刚好挡在路中间。美国人内心的帝国主义传奇和美国理应通吃南北美洲的信念始自墨西哥战争，从此让美国和南美洲诸共和国的合作蒙上了一层阴影。

* * *

美国直接获益巨大。在政府专员与墨西哥就和约进行谈判的同时，一名美国劳工在加利福尼亚发现了第一块金矿石。墨西哥省原本沉睡着的经济，连同其悠久的西班牙文化，都被这股疯狂的淘金潮吞没了。1850 年，加利福尼亚的人口约为 8.2 万人，而两年后就猛增至 20.7 万人。太平洋沿岸出现了一个目无法纪的淘金者群体。各行各阶层的人们从东部城市或邻近州涌到加利福尼亚，许多人有因谋杀而死，有发生口角被杀，或因饥寒交迫而死，或在绕过合恩角时淹死。加利福尼亚的黄金引诱很多人断送性命，也有个别人一夜暴富。

> 啊！加利福尼亚，
> 我的应许之地；
> 我奔向萨克拉门托，
> 储金的脸盆放在膝上。

淘金热已经失控，急需加利福尼亚成立固定机构进行管制。华盛顿再一次为了新州的合并展开了激烈争吵，但莫衷一是。政府暂且无所作为，加利福尼亚人便自己举办了代表大会，起草临时宪法。

在此期间，加利福尼亚以北的领土又扩张了。“俄勒冈小道”将很多人从拥挤的东北部带到了这里。他们沿着尚未确定的加拿大边界，建筑起自己的家园和农庄，一直到太平洋沿岸。美国政府意识到吞并得克萨斯和加利福尼亚势必会在南部引起战争，因此并不急于就北部边境问题与英国再生冲突。南部人民对吸收俄勒冈表示强烈不满，因为北部的拓殖者反对奴隶制，这样一来俄勒冈将会成为另一个“禁奴州”。美国开始和英国谈判。尽管总统竞选中有人提出“不将边界定为 54° 40′ 就开战”的口号，1846 年 6 月美英还是通过外交途径和平协定将北纬 49° 作为边界。这很大程度上是皮尔政府外交大臣，爽快大方的阿伯丁勋爵努力斡旋的结果。纷争渐渐平息。1859 年，俄勒冈终于成了联邦的一个州。

美国星罗棋布的殖民地中，最奇怪的大概要数盐湖城的摩门教定居点。1847 年春，这个多妻制的复兴教派成员在先知杨百翰（布里格姆 · 扬，Brigham Young）的带领下，离开伊利诺伊州，前往西部寻找不受打扰的乐园。那年夏天，他们抵达盐湖岸边，两小时后就开始建造家园，开垦土地。他们充满宗教热情，父慈子爱，富有经济头脑，短短 3 年，就在盐湖边发展成了 1.1 万人的繁荣社区。该领土于 1850 年得到了联邦的承认，定名犹他。殖民地地理位置非常重要，既可通向俄勒冈，又可抵达加利福尼亚。途经此地的游客和探险者需要添置食物和其他用品，在此定居的摩门教徒就靠此发财致富。很快，大批无法无天也不信教的人到此杂居，盐湖城就这样成了美国最富庶的城市之一。

随着这个奇特殖民地的诞生，大陆的拓殖也丰富多彩了。联邦政府眼前需要好好规划那些通过墨西哥战争和与英国交涉得到的西部偏远地区的土地。从此，美国围绕着蓄奴废奴问题展开的斗争迎来了可怕的结局。

第 9 章
奴隶制与脱离联邦

1850 年后，美国前景一片光明，充满希望，这让欧洲既羡慕又眼红。美洲大陆已被征服，休养生息，进出口贸易，尤其是国内贸易在 10 年间翻了一倍多。美国商船的数量超过了英国。1851 年和 1852 年新铸造的金币近 5000 万英镑。3 万多英里的铁路克服了长距离的障碍，政治统一增强了经济凝聚力。民主制度在英国传统和习惯法的基础上建立起来，后来又受到了法国大革命的鼓舞，似乎终于迎来了经济繁荣和国力强盛。在海洋屏障和皇家海军的保护下，民主制度免受欧洲威胁。东部各州发达的工业有自耕农强大的农业平衡和供养。在各种物质事务上，美国人民赶超了一切前人。

但那些思索者和旅行者早已觉察到，动乱将临，而且会使美国身心俱疲。北美定居的三类人种中，白人位于至高无上的统治地位。当地土壤气候长期哺育出的原住民印第安人遭到欧洲移民的驱逐，黯然退出了。面对欧洲的火器，特别是移植过来的欧洲文化，他们遭到逼迫和盘剥，只能退缩，但始终带着一丝鄙夷。黑人在道德、社会、经济和政治方面提出的难题，史无前例。据说，黑人和印第安人被白人至上主义踩在脚下，真的像牲畜一样被人类驯养、驱使，或者消灭。印第安人不肯低头，就被过度放纵地推上了灭亡之路。而 400 万黑人几乎全部沦为奴隶。

像美国这样国土辽阔、特征千差万别的地域，在利益、观点和文化上都出现了极端分歧。北纬 40 度以南，密西西比河和俄亥俄河夹角的区域，黑奴制已经实行了多年，不足为奇。南方各州的整个生活都建立在此基础上。那是一种奇异、残酷而又落后的生活方式。种植园主构成的贵族阶级在乡间庄园里过着奢华的、近乎封建国家式的生活，数不胜数的小种植园主则压迫奴隶种植棉花，销往世界各地。在那些所谓的“蓄奴州”600 万白人居民中，拥有奴隶的不足 35 万人，只有 4 万人拥有需雇佣 20 人以上田间劳动力的种植园。然而，有三四千大奴隶主像中世纪男爵们统治英格兰那样，牢牢地控制了南部的政治事务。他们之下有三类人，与他们难解难分：第一类是数十万小奴隶主，当时所谓的“奇特制度”给他们带来了生活上的便利；第二类是庞大的自耕农群体，与北部的自耕农相似；第三种是一群“白人穷鬼”，能够组建乌合之众的军队。

南方白人的生活悠闲自在，而忙碌的北方却没有这样安逸。出现这样不自然的情况当然不是谁的错。200 多年来，向新大陆贩卖非洲黑人的奴隶贸易一直是西班牙、法国，尤其是英国的主要贸易活动。大量黑人从非洲西海岸被抓，像牲口一样装上船横渡大西洋，成了买主的私人财产。他们艰苦劳作，繁衍生息。这种生活以基督教文明来衡量是恶劣的，但仍优于未开化的非洲。他们中的大多数人渐渐适应了这种生活境况。普通黑奴就像中世纪的农奴，因劳动能力、生育能力而具有市场价值，而且社会标准在提高，保护他们免遭更惨无人道的无端虐待。

南部种植园主和他们的奴隶就这样在这片广袤的乱蓬蓬土地上生长。除了奴役关系，他们不知道还可以有其他的人际关系。但19世纪中叶，突然间这个奴隶制及其扎根的社会遭遇了极大的挑战。这个庞大又特色鲜明、渐渐成熟起来的社会，受到了发展迅速而自信满满的基督教世界的觊觎，人家看了这个奇葩现象震惊不已呀。他们原本长期居住在土壤肥沃的火山斜坡上，悠然自得，但现在火山开始轰隆，颤抖，冒烟。一场可怕的灾难即将爆发。

今天的我们很难想象，黑奴制与南方各州的整个生活、经济和文化是多么难解难分。奴隶制的触角通过经贸、政治影响各种渠道延伸到了北部的禁奴州。当时的南部无力摆脱奴隶制这种恐怖的顽疾，已经成了其肌体的一部分，仅是一种说法就能揭示这点：据说福音事工和新教各教会成员蓄奴逾66万人，5000名卫理公会教徒蓄奴21.9万人，6500名浸理会教徒蓄奴12.5万人，1400名圣公会教徒蓄奴8.8万人，等等。由此看来，奴隶制不仅因为牵涉个人利益受到奴隶主的维护，也受到了南部教会的拥护。教会声称这是上帝规定的、基督福音所认可的制度。

然而这并非常态。很多南方人在反对乔治三世的革命中就表达了废奴的愿望。但随着时间的推移，用莫里森和康马杰的话来说，“这个奇葩制度变得不可或缺，不再那么面目可憎了。”[①] 到了19世纪30年代，南方人已经愿意将奴隶制视为社会的积极面和永恒基础而加

① Morison and Commager, *The Growth of the American Republic*, *vol. i*, p.246.——原书注

以捍卫。这样惊人的舆论转变有几个原因。首先，棉花种植业的迅速发展需要大量劳力，而在南方人看来，奴隶制下的黑人才能解决问题。而且，南部发生多起黑奴暴动、屠杀白人的事件，引发了广泛的社会恐慌。有人质疑，如果黑人重获自由，白人的生命安全能否得到保障？或者直截了当地说，白人妇女的贞洁能否得到保障？博爱主义者早年也曾尝试过将黑人送回非洲，帮助他们建立自己的共和国，一劳永逸。利比里亚共和国就是这样成立的。但是教育部推进这个计划代价过大，只好半途而废。再者，黑人喜欢在美洲生活。对南方人来说，解放黑奴，前车之鉴近在眼前。1833 年，相关法案通过后，像大英帝国其他地方一样，如英属西印度群岛废除了奴隶制。这是格雷伯爵领导的辉格党政府最伟大的改革之一。西印度群岛的种植园主与美国南方的乡绅一样过着好日子，他们的黑奴财产损失得到了相应补偿，但财富很快明显下降了。在邻近的美国大陆，善于思考的人对这一点心领神会。

原本对黑奴命运漠不关心的北方人也在 19 世纪 50 年代开始转而反对奴隶制。20 年间，威廉·劳埃德·加里森在波士顿创办的《解放者报》一直在恶意抨击奴隶制。这份报纸虽受众不广，但其遣词造句仍激怒了南方人。纽约的美国反奴隶制协会等人道主义团体也纷纷发行措辞激烈的宣传册和期刊。他们还聘请了数十位代言人在全国各地宣传废奴主张，结果在这个问题上，双方的对抗更加剑拔弩张。1852 年，哈里特·比彻·斯托的小说《汤姆叔叔的小屋》问世后，对抗情绪越发激烈。作者深思熟虑，大张挞伐，公然兴师问罪。

小说中，废奴的理论问题和宗教问题反复炒作[①]。不过，与其他废奴攻击者相比，本书有其独到之处。本书呈现给读者一连串描写，事端简单不过，但切中奴隶制要害：黑奴家破人亡，妻离子散，嗷嗷待哺的婴儿卖与他人；心善的奴隶主一旦去世，黑奴就被悉数拍卖；善良的奴隶主无能为力，邪恶的奴隶主残暴无度；奴隶贩子的冷漠交易，偏僻种植园令人毛骨悚然；在鞭笞所，上层妇女的黑人侍女稍有过失便被鞭笞；半白半黑，甚至四分之一黑人血统的混血儿的问题也越发严重；女奴只要不是纯种白人，就会被一再贩卖供人淫乐；即便是肤色与白人别无二致的孩子也被当作黑奴——这一切都是某个现代的基督教文明社会的家常便饭，发生在广袤而肥沃的大地上，而作者用形形色色的渲染手法，将这些描绘得活灵活现。

此书的鼓噪引发了巨大灾难，至当年底，美国的销售量就达数十万册。据说那年9月，一家英国书店每天都要进货1万册。到1852年，此书在英国已售出了100万册以上，销量大概相当于除《圣经》和《祈祷书》外任何作品的10倍。各语言版本的《汤姆叔叔的小屋》在世界各地风靡，各国人民群情激奋，预示着一场风暴将要来临。

*　*　*

时代的道德浪潮先通过海军压制了海上的奴隶贸易。尔后，尽管有年轻的格莱斯顿先生反对，大英帝国的奴隶制还是被废除了。大西洋沿岸的新英格兰各州和人口急剧膨胀的美国中西部地区也同样风起云涌。北部、南部各州之间在情感和利益上出现了一条日益

① 丘吉尔对该小说颇有微词，他觉得该书引发了内战，让英语民族人民自相残杀，令人痛心。

加深的鸿沟。数年来，交流思想、争论和会谈都是隔着这条鸿沟甩来甩去的。北部许多宗教领袖和世俗领导人都深刻感受到，他们赢得的高贵大陆，其整个前途都受到了诅咒。哪怕不能即刻解除魔咒，至少要防止其蔓延。这种废奴激情最初并不是由商业竞争引起的。毫无疑问，在相似的气候条件下，奴隶劳动在耕作方面无法与自由劳动相提并论。俄亥俄河畔的自由州迅猛发展，而河对岸的蓄奴州发展则相对停滞，反差有目共睹，这就如同是 19 世纪和 17 世纪的差距。北方诸州的价格竞争力,并不比南方的差。双方都要种植棉花，而奴隶劳动只有在棉花生产中占有优势。南北冲突其实并不是经济问题，而是道德问题，也是社会问题。南部很多奴隶主贵族觉得他们比北部的商业、制造业和金融业社会具有阶级优越感。北部的清教徒则对南部养尊处优的乡绅抱有成见，就像克伦威尔的铁甲军看待鲁珀特亲王的保王党骑兵那样。确实，这场即将爆发的恶战，在很多方面都与英国内战有着相似之处。

但失和的实际根源是政治上和制度上的矛盾。北方坚定地追随亚历山大・汉密尔顿的联邦集权构想，而南部则高举杰斐逊的州权主义。南方的很多将军，像约瑟夫・约翰斯顿、安布罗斯・希尔和菲茨休・李，都从未蓄奴。在得克萨斯供职的弗吉尼亚籍上校罗伯特・李曾这样写道，奴隶制是“任何国家都有的道德和政治上的弊病”,这是开化年代人人得承认的。但是在体制问题上,这些斗志昂扬、情操高尚的人们则誓与本州的前途和独立同生死、共命运。按照流行的说法，北方是牺牲南部自肥，南部的卓越和气派是庸俗的商人所无法企及的，北方佬对此感到嫉妒而已。联邦宪法大体由弗吉尼亚伟人华盛顿与麦迪逊制定，北方佬根本无权利用它将美国最有名的几个州纳入麾下，任其发号施令。他们压根儿不了解南部那截然不同的生活状况。南方社会尽管在金钱方面不如人意，但比他们北方佬举止更加高雅，凭什么加以污蔑中伤？这些州加入联邦都是自愿的，都为了一个共同目标；目标达成后，这些州均有权退出联邦的。而如今，北方佬试图将自己的暴君观点强加给他们呢。

1820年的密苏里妥协方案规定，以北纬36度30分作为路易斯安那购地中蓄奴区和禁奴区的分界线。但如今这个方案已经无法安抚汹涌的民意了。在墨西哥战争中，美国领土大面积扩张，这些新进地区又该采取怎么样的政策原则呢？对于南方人来说，1812年英美战争一代伟人约翰·卡尔霍恩的主张仍是主流思想：领土属于联合起来的各州，而不是各州的联邦，奴隶是习惯法下的合法财产，国会无权在尚未成州的地界上实行禁奴制。加利福尼亚申请加入联邦，这加剧了危机。许多温和派人士希望能把密苏里妥协方案的适用范围扩展到太平洋沿岸，但这在加利福尼亚行不通。因为一旦这么做，分界线就会从该州中央横穿而过，而且加利福尼亚为禁奴州，如果要在其境内实行奴隶制，就开了先河，今后美国通过墨西哥战争获得的领土，建州时就有例可循。1850年1月，面对山雨欲来的奴隶制和脱离联邦问题，最终在参议院展开辩论。卡尔霍恩、克莱与韦伯斯特各抒己见。为了延迟对立，亨利·克莱提出了最终的妥协方案：加利福尼亚即刻以“自由州”的身份加入联邦；新墨西哥和犹他的地方政府组织应避免涉及奴隶制；推出严苛的《逃亡奴隶法》，以平息南方的怒气；得克萨斯的国债由联邦政府承担，此举则可取悦北方债券持有人。克莱希望双方各让一步，以维护美国的政治统一。他抓住最后的机会，在参议院进行了长达两天的演讲。卡尔霍恩已是行将就木之人，就在参议院中坐着，一言不发。一位同僚代他陈情：“各位议员，我始终相信，奴隶制问题上的折腾，如不及时制止并采取有效措施，联邦迟早会解散。……维系着各州的纽带正在崩解。”奴隶制问题，根子上是因为南部各州担心经济上和政治上都被北方所压制，在争取西部诸州盟友的竞赛中大败亏输。

3天后，丹尼尔·韦伯斯特起立发言：“我发言是为了维护联邦的统一，请诸位听我一言。”韦伯斯特和克莱的观点占了上风，妥协方案终被采纳。“人民主权论”暂时平息了人们的激情。这意味着，新领土建州之时，应由定居者自行决定是否实行奴隶制。卡尔霍恩去世后不到两年，克莱和韦伯斯特也相继辞世。他们死后，局势表面上平静，但并不稳定。与此同时，美国大陆的发展速度令人瞠目。1850年，美国已建成9000英里的铁路，1861年增至3万多英里。德国和爱尔兰的移民涌入西部新领土。农业机械化改变了拓殖者的种类，山林垦荒者让位于草原农民，大平原上的耕作如火如荼地开展起来了。

*　*　*

在横贯大陆的铁路路线选择上，南北再生分歧，此事事关双方的切身利益。这场政治争端中，北方和西部走在了一起。到太平洋沿岸，南线的距离最短，即从新奥尔良到得克萨斯，接着穿过希拉河河谷到达圣迭戈，都通过建州的新领土。北线则是沿着原有的移民小道进行建设，是加利福尼亚、俄勒冈与五大湖区连接的纽带。南北路线间还夹有一条中间路线，穿过的地区虽然尚未建州，但北方在那儿都进行了投资。伊利诺伊州参议员斯蒂芬·道格拉斯一直热切关注西部的开发，此次也大力推进中央线路，成了北方利益的代言人。为了团结中部地区，他在1854年1月提交一项议案，提出要成立内布拉斯加区。为了吸引南部的票数，他还在议案中加入了一个体现“人民主权”概念的条款。此举改变了局势,争议更激烈了。北方人一直以为1850年的妥协方案只适用于原有的墨西哥领地，但现在此方案也要覆盖实行《密苏里妥协法案》的区域。大平原上这些地区均位于北纬36度30分以北，新法案等于变相废除了《密苏里妥协法案》。南方人希望能明确废除《密苏里妥协法案》，道格拉斯赞同。这样，奴隶制就扩散至密苏里线以北地区了。

北方的废奴势力早已对道格拉斯怒不可遏，决心抵制在几个新区实行奴隶制。5月，参议院通过了《堪萨斯—内布拉斯加法案》，大平原的新区划分为堪萨斯和内布拉斯加两个区,确认了“人民主权”原则。该法案就是北方各州折腾和暴动的信号。根据《逃亡奴隶法案》，联邦探员收到指示，就算黑奴逃入禁奴州也依然要被抓捕归案，送回由其奴隶主处理。以前此类小事件就层出不穷,《堪萨斯—内布拉斯加法案》通过后，北方的耐心已然耗尽。法案生效次日，波士顿暴民试图营救逃亡的黑奴安东尼·伯恩斯，他被当局拘捕后将要遣送回南方。为了把黑奴押解到波士顿码头的船上，当局出动了一个炮兵营,4个排的海军陆战队、地方保安队和22个民兵连沿街保护。“国家花费约十万美元，只是为了把黑奴交还给原主。而真正的账单以后要血债血偿。”[①]

在新划分的堪萨斯区，废奴党和蓄奴党之间出现了殊死的派系

---

① Morison and Commager, *The Growth of the American Republic*, *vol. i*, p.622.——原书注

斗争。蓄奴党洗劫了废奴的劳伦斯城。3 天后，作为报复，俄亥俄州的清教徒神秘主义者、好斗的废奴党约翰·布朗，携 4 个儿子，将 5 个蓄奴党从被窝里拖出杀害。这场局部恐怖活动中，超过 200 人丧生，但约翰·布朗侥幸逃脱。每时每刻，各行各业，仇斗不断。马萨诸塞州一位参议员被南卡罗来纳州的一名众议员用手杖猛击头部，昏了过去。《堪萨斯—内布拉斯加法案》通过后，北方和西部的所有废奴分子，依托废奴平台联合起来，组成了新的共和党。1856 年总统大选中，对立情绪高涨。但民主党势力提名宾夕法尼亚州的詹姆斯·布坎南为总统候选人，称他为“坚持南方原则的北方人”。这是南方势力最后一次在华盛顿发声。

新总统就职两天后，联邦最高法院对黑奴德雷德·斯科特诉其主人桑福德的著名案子做出了裁决。斯科特的主人将他从蓄奴州密苏里带到禁奴州伊利诺伊，然后又前往威斯康星区。斯科特起诉要求自由，理由是他曾住在禁奴州，他就是自由人。但是法院需要确定两个问题：一是斯科特是否是密苏里州的公民？只有公民有权起诉；二是他曾在别州居住的事实能否改变他的固有身份？这两点法院都做出了否定的裁决。首席法官坦尼当时宣判的法律依据虽然是在宪法框架内的，却仍在北方引起了轩然大波。坦尼声称：“宪法的‘对象只有白人’，根据宪法的精神，黑人并不是公民。”黑人无权在美国任何一个法庭提起诉讼。黑人是“低等人，无白人必须尊重的权利”。黑奴是奴隶主的私人财产，联邦政府无权处置国内居民的财产，也无权在未建州的区里禁奴。斯科特援引作自由诉求的旧密苏里妥协方案是违宪的。最高法院做出如是裁决。不过在这里还是应该说明，坦尼曾说过，美国开国元勋对黑人的这种看法是否正确，法院是无权做出裁决的。实际上，法院做出裁决后，德雷德还是立刻获得了自由。他的案子被刻意设计了，只是为了测试法律效力并煽动社会舆论，也确实达到了此目的。共和党的成立就是为了防止奴隶制的适用范围进一步扩大,但这个党纲被宣布违宪了。共和党领袖威廉·苏华德曾因此发声："美国人民永远不能，也永远不会接受如此可恶的原则。"

废奴党和蓄奴党在大平原上的残酷斗争，将一位新人从偏僻山野推向了全国的政治舞台。亚伯拉罕·林肯是伊利诺伊州斯普林菲尔德小镇的一名律师,《堪萨斯—内布拉斯加法案》的通过触动了他的内心。他已经担任过一届国会议员，此时正在竞选参议员。他凭借自己的道德力量反对奴隶制，并将之视为己任。"'家不和，万事衰。'我相信，政府不会永远容忍半蓄奴半废奴的状态。我并不希望看到联邦瓦解，不希望看到大厦将倾，而是希望国家停止分裂，实行统一。要么全部废奴，要么全部蓄奴。要么废奴分子制止其进一步扩散，让人们安心相信奴隶制终将灭亡；要么就任由蓄奴分子进一步推广奴隶制,直至它在新旧各州、南北各州俱为合法制度。"1858年夏秋两季，林肯在伊利诺伊州大草原各个城镇进行了一系列公开辩论和演讲，与道格拉斯对垒。他虽然参议员竞选败北，但已成为全国瞩目的公众人物。在他的努力下，奴隶制不再是一个法律问题，而是一个道德问题。他提出了颠覆性的观念，要推翻最高法院的裁决,在各新区禁奴。他本能地察觉到,新近对南方痛处的让步很发虚,并不会持久,也意识到随着废奴骚动日增,南方人会要求进一步保证,来保护他们的奇葩奴隶社会。布坎南总统和白宫的民主党圈子侈谈征服古巴和尼加拉瓜，意欲扩大联邦的蓄奴领土范围。因为奴隶价格很高，南方商人要求恢复奴隶贸易。而北方则一直在一系列烦人的小事中对抗 1850 年的《逃亡奴隶法案》。

星星之火，可以燎原。1859 年 10 月，狂热的约翰 · 布朗带领儿子们和十几名追随者，在奴隶制边境，夺取了位于哈珀斯费里的联邦军械库，向美国宣战，并释放了若干奴隶，而黑奴们还不知所从呢。约翰·布朗遭罗伯特·李上校指挥的联邦海军陆战队攻击，各有伤亡，他随后重伤被俘。他和 4 名追随者一起受审后被处以绞刑。南方人宣称这令人震惊的事件是共和党人的阴谋，群情激奋；而数百万北方人则将约翰 · 布朗看作殉道者。他的尸体虽在坟墓中腐烂，但灵魂不死，继续战斗。

第 10 章

危殆之中的合众国

1860 年，决定命运的总统大选开始了。2 月，南方的参议员杰斐逊·戴维斯要求北方各州废除《人身自由法》，停止干扰 1850 年《逃亡奴隶法案》的执行，服从最高法院首席大法官坦尼的裁决。他还要求，联邦政府无权在尚未建州的区禁奴，反而应该保护这些地区的奴隶制度。针对这些要求，亚伯拉罕·林肯在纽约等地多次从容不迫地发表了洋洋洒洒的精彩演说，开始了废奴斗争。民主党在这场危机中分裂了。当它的总统候选人道格拉斯在党的查尔斯顿会议上力挺一套折中方案时，亚拉巴马州代表团退出会场，另外 7 个产棉州的代表团紧跟。林肯本来就有可能当选，而民主党内部的分裂使他稳操胜券。产棉州提出肯塔基州的约翰·布雷肯里奇作为候选人，此人当时担任副总统，是维护南方权利的民主党人。但第四名竞争者的出现使局面更加复杂，他是肯塔基州参议员约翰·贝尔，是个老派辉格党人，自称宪法联邦党。虽然大家都感到，一旦林肯当选，南方真的会脱离联邦，但当时主要议题并不在此，压倒一切的是奴隶制的问题，这才是人人关心的。林肯和共和党人想推翻最高法院对德雷德·斯科特案件的裁决，在新区内禁奴，将奴隶制限制在现存的范围内。道格拉斯和执政的民主党人主张对尚未建州的新区内实行不干涉政策，由那里的定居者实行“人民主权”。布雷肯里奇及其追随者则要求新区内的奴隶制得到法律保护。贝尔力图忽略整个问题，想入非非地让全国人民忘却墨西哥战争以来所发生的一切。1860 年 11 月 6 日，林肯成功当选。他只得到 40%选民的支持，道格拉斯在选举中获得亚军。第三名布雷肯里奇尽管标榜自己忠于联邦，却被普遍认为是分裂派候选人，甚至在蓄奴州也未赢得多数选票。

尽管大多数人反对分裂联邦，坚持卡尔霍恩原则的南卡罗来纳州 12 月 20 日在查尔斯顿一致通过了著名的《脱离联邦法令》，宣布解散南卡罗来纳州 1788 年同其他南北各州结成的联邦。这个突然的致命行动受到狂热的欢呼。礼炮轰鸣，钟声回荡，栋栋房子上旗帜飘扬，欢乐的人群挤满街道。密西西比州、佛罗里达州、亚拉巴马州、佐治亚州、路易斯安那州和得克萨斯州纷纷效仿。这些州自认为是主权国家，其第一批派出的代表，于 2 月在亚拉巴马开会组成新的邦联，选举杰斐逊·戴维斯为总统。邦联公布了新宪法，各方面同美国宪法大同小异，但明确以奴隶制为基础。邦联的国旗采用星杠旗（Stars and Bars）。授权戴维斯总统征兵 10 万人，议会表决拨出巨款，派了 3 人代表团到欧洲争取承认和友谊。做出这一决定的主要人物都抱着极大的幻想，认为北方不会试图逼迫他们返回联邦；即使北方佬这样做，也不是南方军的对手。如果北方实行封锁，邦联可望得到欧洲列强的出面干预。南方人异想天开，“棉花大王”对英国和法国何等重要，两国不会坐视棉花断供的。

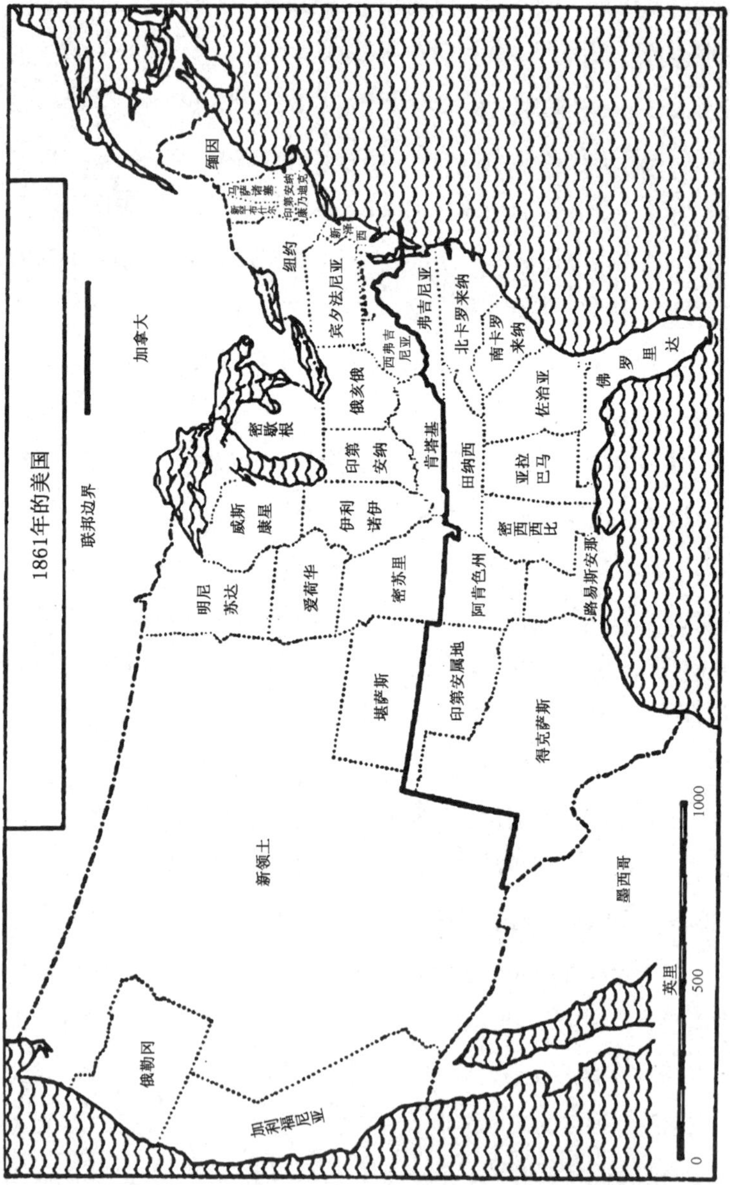
1861年的美国
联邦边界
加拿大
缅因
纽约
宾夕法尼亚
新泽西
西弗吉尼亚
弗吉尼亚
北卡罗来纳
南卡罗来纳
佐治亚
佛罗里达
俄亥俄
密歇根
印第安纳
肯塔基
田纳西
亚拉巴马
密西西比
路易斯安那
伊利诺伊
威斯康星
明尼苏达
爱荷华
密苏里
阿肯色州
堪萨斯
印第安属地
得克萨斯
新领土
俄勒冈
加利福尼亚
墨西哥
英里
0
500
1000

1861 年的美国

布坎南仍是美国总统，当选总统林肯到3月才就任。老朽的政府对着心烦意乱的大地目瞪口呆了4个月。陆军部长弗洛伊德是个狂热的南方人，因而没有表现出警惕性或远见。他乖乖地让送到北方改装的滑膛枪又运回南方的军火库，尽可能方便正规军的军官加入南方正在拼命筹建的新军。布坎南巴不得早日解职，千方百计推卸职责，走中间路线。北方的反制备战活动完全瘫痪。另一方面，布坎南拒绝承认南方退出联邦的合法性。实际上，南方各州的所有联邦据点及其小股守军都已不战而降，落入邦联之手。但是，在坚定不移的安德森少校负责镇守的查尔斯顿港要塞上空，仍然飘扬着星条旗。对方要他投降，他就率部撤到建在岛上的萨姆特堡。军粮将尽，北方派船送来给养，但岸上的邦联炮火把它驱离。此时，人们为妥协而不懈努力。为了和平，许多北方人准备在奴隶制的问题上向南方让步，而林肯坚定不松口。他不放弃赖以当选的纲领，不认可把奴隶制扩大到新区。1861年3月4日，亚伯拉罕·林肯在紧张严重的形势下就任总统。在他的周围，联邦政府机构已经支离破碎，每日都有政府官员和军官回到南方的家乡。老战友最后一次友好地跟他握手告别。

北方固然憎恨奴隶制度，可并不想打内战。在双方的极端分子之间，有一个庞大的中间地带，各种利益和关系通过亲缘关系和习俗而交织在一起，可以表达五花八门的观点。迄今只有产棉州，俗称下南方（Lower South），脱离了联邦。密苏里州、阿肯色州、肯塔基州、田纳西州、北卡罗来纳州、马里兰州和特拉华州仍在观望。特别是古老而尊贵的弗吉尼亚州也在观望，俗称老自治领，是华盛顿总统的出生地，也是美国传统和灵感的源泉。林肯呼吁人们容忍与和解。他宣布决心保卫合众国的军事据点和财产，并说他无意侵犯南方，决不干涉南方各州的奴隶制度。他唤醒了南北方共同的记忆，“如同神秘的纽带，从这个辽阔国土上的每一个战场和爱国者的坟墓伸向每个生者的心。”他慷慨激昂地说：“愤愤不满的同胞们，发动内战的重大决定权不在我的手里，而在你们的手里。政府不会进攻你们，只要你们自己不做侵略者，就不会发生冲突。你们并没有对上天发誓要摧毁联邦政府，而我要郑重发誓，一定会捍卫联邦政府。”

4 月 8 日，林肯通知南卡罗来纳的州长，他打算再次给萨姆特堡的安德森少校及其 83 名部下运送食物。于是，戴维斯总统命令率 7000 人马驻守查尔斯顿的博雷加德将军敦促要塞立即投降。安德森少校承认，几天之内军粮就要断绝，但仍然坚守。双方进行了几次谈判，毫无结果。4 月 12 日凌晨，邦联的炮兵开始大规模开火，50 门重炮对萨姆特堡密集轰炸了两天。安德森和小股人马躲在防空洞里，直到认为自己为荣誉和法度尽到了职责，才于 14 日满身灰尘，几乎窒息地从要塞里撤出来，获准前往北方。炮击虽未造成流血，却是严重的反叛行动。

萨姆特堡的炮声响彻全国，唤醒了北方人民，使他们团结起来。所有的禁奴州联合起来，党争一扫而光。林肯的竞选对手，有 150 万民主党人支持的道格拉斯急忙赶到白宫，与林肯握手言欢。前总统布坎南宣布：“北方将万众一心，支持现政府。”在这股浪潮和自己的坚定信念推动下，林肯发表了一项公告，宣布征募“7.5 万联邦民军”，以镇压南方 7 个州的“联合体”，它已经发展到让通常的法律手段无法制止的程度了。美国南北战争就此爆发了。

*　*　*

林肯发出以武力迫使邦联各州就范的号召以后，弗吉尼亚州立刻做出了它将为之英勇奋斗的抉择。它不愿为奴隶制的问题而战斗，但是坚持合众国各州享有主权这一符合宪法的主张。根据这条原则，弗吉尼亚人拒绝了联邦政府以武力解决的要求。在里士满召开的弗吉尼亚代表大会以 88 票对 55 票的多数做出决定，禁止本州民兵响应林肯的号召。弗吉尼亚州退出联邦，把全部军事力量交给邦联调遣。这决定了一位最高贵的美国人、军事史上最杰出的军事家的行动。

罗伯特·李在美国社会中享有崇高威望。他父亲是独立战争时期的一名上校。由于和乔治·华盛顿夫人的后代卡斯蒂斯小姐结婚，他成为鸟瞰首都的阿灵顿宅邸的主人。这座宅邸是华盛顿的养子、素称“弗农山之子”的乔治·卡斯蒂斯为自己建造的，同华盛顿的家宅相距几英里。罗伯特·李毕业于西点军校，曾在墨西哥战争中担任斯科特将军的工兵参谋，在美国军队中已卓越服役 25 年以上。他仪表堂堂，举止斯文，信仰笃定，性情高贵。美国内战的形势山雨欲来，他正带领一个骑兵团驻扎在得克萨斯边界上，反复考虑了职责和道义需要他采取的立场。他反对奴隶制度，认为“脱离联邦无济于事”，但他自幼受到首先要忠于弗吉尼亚州的教导。1861 年 3 月，他奉召到达华盛顿以后，对一位北方挚友说：“如果弗吉尼亚支持旧的联邦，我也支持，但假如它脱离联邦（当然，我认为脱离联邦的行动违宪，而且也没有进行革命的足够理由），我不惜为家乡亮剑疆场，必要时可以献出生命。”

他在形势紧张的 3 月到达首都。老上司斯科特将军同他谈话，与他理论了 3 小时。林肯授权指定他为正组建的联邦大军总司令，他立刻谢绝了。翌日，弗吉尼亚宣布脱离联邦，他便辞去军职，永别阿灵顿家宅，怀着沉痛的心情登上了开往里士满的火车。到达后，他立刻得到弗吉尼亚全州的陆海军指挥权。他是在星期六辞去美利坚合众国军职的，到了星期一，他已另有使命。在那悲痛的几个星期里，他眼里有时噙满泪水，他在重大战斗的胜利或失利之后都未流露过这样的感情。有些人目睹这种情况，写下了他内心的斗争。其实并不存在这种斗争，他选择的立场是站在弗吉尼亚州一边，从未首鼠两端。他为这种选择而痛惜，难过地预见到其后果。不过，他自己当时并未感到疑惑，后来也不感到懊悔和内疚。

有些人认为，人类的祸福主要是杰出人物影响历史事件的结果。这些人会觉得，此刻应该提及罗伯特·李的著名战友“石墙”将军杰克逊。这场危机爆发时，罗伯特·李 54 岁，而杰克逊才 37 岁。他和李将军一样，是训练有素的职业军人，在墨西哥战争中功勋卓著。他潜心钻研军事艺术，此时是弗吉尼亚军事学院教授。他是爱尔兰乌尔斯特人的后裔，移民到弗吉尼亚。他为人正直，举止谦逊，常常拒人千里之外。他生活严谨俭朴，有着一股凛然正气。他仿佛是从克伦威尔铁甲军的团长任上穿越到美国历史中的。他对北方的统治地位怀有李将军所没有的刻骨仇恨。他的胡子浓黑，脸色白皙，薄唇紧闭，鼻如鹰钩，黑色的眼睛炯炯有神，军装因风吹日晒而褪色，俨然是个懒散的教授式军人。尽管如此，最了解他的人对他崇敬有加。他天生有一种奇怪的力量，受他铁腕管束的千千万万士兵，对他一片忠诚。

这两个人常常声称并且相信自己反对战争，实际上他们酷爱战争，当作为之献身的一种手艺。他们的言谈和书信中，对屈从可怕的命令表示悲哀。但是在一次为了黎明死战而进行的长途夜行军中，杰克逊对同伴说："有趣，刺激！"李将军后来望着尸横遍野的战场若有所思地说："可怕的战争倒也有意思，我们会爱不释手的。"李将军和优秀副手杰克逊在激战中搭档了一年，令人想起马尔伯勒和欧根的同志加战友关系。此时，联邦调集碾压一切的军队同他们对阵了。

*　*　*

南北双方都开始组建军队。受过训练的官兵寥寥无几，武器弹药少得可怜。美国人经历了长期的和平，他们进行的战争就是垦荒，向土地索取财富。双方都没有意识到他们面临的严峻考验。南方到处洋溢着好战精神，乡绅和拓荒农民如同英国革命时期的查理一世保王党人，比北方商业化的同类人更善于骑射。邦联诸州正在保护家园不受侵略和压迫。南方男子豪情满怀，踊跃加入新编的军团，他们坚信己方必胜，至少确信自己不可征服。

起初，北方人面对这种挑战感到惊愕，简直难以想象，党派政治的口舌之争和竞选的激烈混战此刻会让位于有组织的屠杀。他们自恃北方地大物博，觉得自己的力量无与伦比。人人决心不惜任何代价维护联邦，在这个庄严的宪政问题背后，废奴的正义之火熊熊燃烧。

战事双方力量悬殊，外人一看便知。北方阵营有 23 个州，人口达 2200 万人，而南方只有 11 个州，人口只有 900 万人，包括近 400 万名黑奴。南方诸州只要求有独立行动的权利，所以将采取守势，而北方拒绝这一权利，决心以武力将它们留在联邦内，因而必须采取攻势。对于挑衅者来说，面临着的是十分艰巨的任务。

只有征服南方的所有地区才行，问题不是两三次战斗所能解决的，必须零敲碎打。邦联所占的地区南北相距800英里，东西达1700英里，铁路既少又破旧，公路状况也很糟。该地区人口稀少，进攻者主要得自运给养，因而在敌方推进时必须保护漫长的运输线。黑奴本来可指望给南方造成很大麻烦，而实际上却恰恰相反，他们大多数人却在帮助。在主人出征时照看种植园，种庄稼供养军队，修护公路，构筑工事，使白人腾出大量人力上战场。

可以说，北方一大部分民主党人反对动武政策。战争似乎最终会沦为持久战，南方反而可能更扎实。消耗战，北方的优势是制造业社群。如果能封锁南方的3500英里海岸线，那么海军可能就是打击南方农业实力的最佳武器。但是，封锁会引起欧洲的棉荒，大概会迫使英法两国出面干预，支持南方。

林肯当选以后，下南方的7个州退出了联邦，并于1861年2月在亚拉巴马州的蒙哥马利自立了政府。萨姆特堡炮击以后，林肯一发出征兵的号召，上南方的4个州便退出联邦，南方邦联也迁都到里士满。尚未表态的是同禁奴州交界的蓄奴州肯塔基、密苏里、马里兰和特拉华。4个州当中，肯塔基最为重要，一是由于地理位置，二是由于密苏里州可能唯其马首是瞻。战争的胜负似乎要看肯塔基州，林肯出生在肯塔基州，据说他也像杰斐逊·戴维斯那样说过："我希望得到上帝的支持，但我必须得到肯塔基州的支持。"然而，肯塔基州忠于"伟大的调和者"亨利·克莱的方针，企图保持中立。南北双方都不能长期容忍这种立场，可是又都不敢采取过激行动而把它推向对方怀抱。事实证明，林肯发挥杰出的外交才能，他亲自制定政策，终于在9月把肯塔基争取到北方阵营。这是北方取得的第一次重大胜利。

密苏里州同它的姐妹州一样，多数人主张中立。但是双方的激进派控制了权力，引起了内战。州长是个狂热的分裂主义者，他在议会的支持下，极力要把密苏里州拉出联邦。联邦派的领袖是强大的布莱尔家族成员，弟弟是联邦阁员。他得到圣路易斯城联邦军队司令莱昂将军的支持，由此挫败了州长脱离联邦的计划，并把州长本人从州府杰斐逊城赶到该州的西南边陲。由于联邦军队介入州内纠纷，许多一直持中立态度的公民转而支持脱离联邦的主张。虽然州代表大会罢免了州长，在圣路易斯建立了临时政府，但联邦几个月之后才完全控制了密苏里州。

马里兰的问题解决得较快。巴尔的摩市的分离主义者力量日益强大，暂时控制了该城。他们毁掉了两条北上铁路线的桥梁，华盛顿有几天处于危险的孤立境地。马萨诸塞州的援兵穿过巴尔的摩城时遭袭，发生了流血冲突。但是，如果没有弗吉尼亚的帮助，马里兰的分离主义者便无力向联邦首都推进，为忠于联邦的州长赢得了时间。5 月 15 日，巴特勒将军率领一小股联邦军队突袭分离主义者，占领了巴尔的摩。马里兰州的分离运动就此结束了。第四个蓄奴州特拉华也留在联邦内。州议会倾向南方，但地理条件不具备啊。

林肯不仅争取到和 4 个蓄奴州做盟友，而且从脱离联邦的弗吉尼亚州分化出一个重要地区。西弗吉尼亚被阿勒格尼山脉同本州的其他地区分开，地理上和经济上均属于俄亥俄河流域。它长期对设在里士满的州政府的压迫感到不满，因为政府不顾它的利益，为了沿海地区的利益而剥削它。于是，它趁此机会离开了脱离联邦运动。5 月份，当弗吉尼亚州经过表决批准《脱离联邦法令》时，它便脱离了本州，在强邻俄亥俄州的帮助下实现了独立，取名为卡诺瓦州。

两年以后，它正式加入联邦，定名为西弗吉尼亚州。

在备战方面,南方的总统比其北方政敌有优势。他西点军校毕业，曾在正规军里服役数年，参加过墨西哥战争，后来在皮尔斯总统的政府中担任陆军部长，然后任参议院军事委员会主席。他熟悉军官队伍，并且能最有效地利用手头物资。他不仅知人善任，而且能够支持吃败仗的部下。战争初期指挥邦联军队的主要将军除阵亡者外，在战争结束时仍然掌握着指挥权。

林肯则毫无军事经验，他的律师职业没有使他同军官们建立任何联系。他任命军官往往纯粹以政治为标准，而且，只要公众要求撤换打了败仗的军官，他便立刻让步，尤其是在战争初期。打过败仗的军官很少能再有一次机会。每次战败，波托马克军团的指挥都要换帅。战争结束时的联邦军团将领,在战争初期都不是高级指挥官。留在指挥岗位上的军官当然都是佼佼者，但由于中途倒下许多军官，联邦的事业就等而下之了。其他指挥官害怕背后的总统超过害怕前面的敌人，由于过度紧张，未能打出自己的最佳水平。陆军部也没有充分利用正规军的低级军官，让许多人带着自己的队伍留在遥远的西部,而不是利用他们训练和指挥志愿军。起初,北方像邦联一样，努力调集下属的军队。因此，联邦政府逐渐把各州的权力集中到自己手中,迅速控制了联邦内的所有武装力量。相反,南方“诸主权国”甚至在战争的压力下也不放弃它们极力维护的分权主义。一些州长虽然忠于邦联，却不愿服从中央指令。邦联议会在 1862 年做出征兵的决定时，各州当局大力反对，敷衍了事。

*　*　*

为了迫使南方就范，北方应该选择哪条南征路线呢？阿勒格尼山脉把密西西比河流域同向东延伸到大西洋岸边的辽阔斜坡隔开。密西西比河及其主要支流俄亥俄河以及坎伯兰河和田纳西河，十分有利于把战争推进到邦联中心地带，并将它拦腰斩断。北方的技术实力和物质资源，确保能控制这些河道。南方无法组织能与联邦舰队相抗衡的内河舰队。唯一横穿邦联境内的从查尔斯顿到孟菲斯的东西铁路干线将立即受到威胁，它经过田纳西河畔的交通枢纽查塔努加，那里是 4 条铁路线的交叉点。南方骑兵无法切断水路，而北方军队沿河南下正是顺水行舟，所以只有船只才能阻挡北方运送部队和给养。年迈的联邦军总司令温菲尔德 · 斯科特认为，西线是战略进攻的最佳路线。但起初肯塔基州尚守中立，扰乱了北军的战略计划。肯塔基州在9月底加入联邦阵营时,北军主力已经投入了不同的战场。

弗吉尼亚加入邦联以后，杰斐逊 · 戴维斯立即把南方的首都迁到里士满。该城离华盛顿不到 100 英里，扼守着詹姆斯河和约克河的入海口以及它们的支流，并且覆盖重要的诺福克海军基地。在里士满和北方敌人之间，有波托马克河的宽阔支流和拉帕哈诺克河及其分支拉皮丹河作为接二连三的屏障。邦联不打算在内地，而是要在这块前线阵地上同敌人一决雌雄。南北双方的首都就像国际象棋中的两个王后在毗邻格子上对峙,在其他棋子的配合下,苦战了 4 年,才一步吃掉棋子。

初期，邦联希望守住弗吉尼亚的北部边界波托马克河一线。他们夺取了谢南多厄河和波托马克河汇合处哈珀斯费里的北军军火库和兵站。在北军不断聚集之时，杰克逊上校和约瑟夫 · 约翰斯顿将军先后率数千人马在那里坚守了几个月。以炮击萨姆特堡成名的博雷加德将军率领南军主力守卫布尔河畔的铁路枢纽马纳萨斯，离华盛顿只有30英里。1861年的夏天就这样到来了。华盛顿的政界人士，以及背后北方哗然的公众舆论喊道："美利坚合众国对这种无礼的挑战应该容忍多久呢？"4月底，林肯征集了一批服役期为3个月的志愿军，必须使他们在服役期满之前打一仗。斯科特将军希望等到建立正规军后再战。可是，正规军不是很鄙视民军和志愿军吗？在无法抵御的压力下，斯科特对林肯和内阁的恳求让步了。哈珀斯费里早已被收复，约瑟夫·约翰斯顿率领1.1万人撤向谢南多厄河上游。于是，斯科特派1.5万人前往河谷阻击约翰斯顿，同时，能征善战的欧文·麦克道尔带领3.5万人进攻博雷加德，后者有2.2万人马。这个计划的目的是以优势兵力拖住约翰斯顿的部队，以免他在麦克道尔攻击博雷加德之前同博雷加德会师。有些人认为，斯科特虽然身体欠佳，但思维仍很敏捷，如果像萨克斯元帅在丰特努瓦战役[①]中那样，用担架或救护车把斯科特送到战场，那么北军可能会免遭一场灾难。指挥官的知识和经验比他的健康状况更为重要。

北军的进军原定在7月9日，但实际上一个星期以后才开始。南军的两位将军都估计各自的前沿要受到优势敌军的进攻，因而都要求对方派兵增援。但是，在谢南多厄河流域的北军将领帕特森掉以轻心，结果让约翰斯顿悄悄地溜走了，并在战役的前一天率领两个旅同博雷加德会合。麦克道尔和博雷加德制订了同样的计划，都准备包抄对方的左翼。麦克道尔首先得手，南军的右翼错传命令，进攻受挫。在这样的进攻部队面前，防守的一方或许可以守住阵地。但麦克道尔进行了突袭，他的兵力占绝对优势，有可能在敌人援军

① 发生在西班牙王位继承战争的一场战役。

赶到之前突破南军的薄弱左翼。在这个危急关头，杰克逊的一个旅“像一堵石墙”横在亨利山上，阻止了北军的前进，一直坚持到约翰斯顿的另一个旅赶来扭转战局。

战斗很激烈，却很混乱，双方的队伍都乱了阵脚。这一天十分炎热，部队都是新兵，参谋人员缺乏经验。北军撤退后，南军由于队伍混乱，无法追赶。但是，这次撤退成了溃败。合众国的内阁成员、参议员、众议员甚至妇女都走出华盛顿观看这个场面。他们惊慌地看到成千上万的军人扔掉武器甚至军服，一直逃到华盛顿周围的工事内歇脚的情景。这次战斗中，双方死伤的人数不到 5000 人，但是，布尔河这个地名传遍四方。此时欧洲惊讶不已，南方欣喜若狂，北方怒潮翻滚。同这次战斗的反应相比，北方在炮击萨姆特堡事件之后的愤怒情绪不过是小巫见大巫。

至今仍然有人认为，南军应该马不停蹄地进军华盛顿。但约翰斯顿当时认为，取胜的南军比败退的北军更加混乱。他没有看到北军溃退的情景。杰克逊和南军的其他将军则急于向华盛顿进攻。该听谁的呢？

*　　*　　*

这次不光彩事件的第二天，新指挥官替换了麦克道尔。在墨西哥和罗伯特·李同在斯科特部下担任参谋的乔治·麦克莱伦将军是出色的正规军军官，正当他在西弗吉尼亚积极行动，勇往直前时，奉调任司令官。国会批准征集 50 万名志愿军，并拨出 2.5 亿美元的军费。麦克莱伦接任总司令一周之后，向总统提出了组建 27.3 万大军的宏大计划；准备在强大的海军舰队和运输船队的配合下，行军大西洋沿岸各州，拿下里士满到新奥尔良的海港，然后向内地推进，消灭残余的叛乱势力。然而这是战争，事情并非那么简单。社会舆论千呼万唤，要求速胜。时间像一把镰刀，有它的两面性。邦联日益巩固，一个月一个月地过去了，外国承认它或者进行直接干涉的危险有增无减。不过，斯科特将军在 10 月底退休，麦克莱伦成为合众国全军总司令。他积极主动地按欧洲的最佳模式组建旅、师、军以及炮兵、工兵和辎重队。

1861 年结束了，南方几乎毫发未伤。在纵深边境和有争议地区的漫长前沿地带上，发生了 150 多次小规模冲突，没有造成重大流血伤亡。南军指挥官们意识到，麦克莱伦很快将率领一支兵力众多、纪律严明、装备精良的军队上场，可是邦联区区 4 万人的军队，虽然斗志昂扬，却不敢进攻马里兰，杀向巴尔的摩。他们甚至不敢奢望收复西弗吉尼亚。罗伯特·李奉命到这条战线上协调防御，可是他无法克服当地军官之间的分歧。他仍然掌握着弗吉尼亚州的军权，但在邦联等级系统内，他的军衔低于约瑟夫·约翰斯顿和艾伯特·西德尼·约翰斯顿。博雷加德虽然军衔在他之下，但得过多枚军功章。罗伯特·李从西弗吉尼亚回来，威信降低，戴维斯总统指定他去组织南北卡罗来纳州的海岸防务时，不得不向那里的州长介绍他的本领。

迄今为止，欧洲还以为美国南北战争是暴民之间和党派之间的无端争斗，随时可能通过政治运作或谈判而了结。拿破仑三世同情邦联，如果英国政府同意的话，他本来会援助南方。维多利亚女王希望严守中立。奇怪的是，英国的舆论分门列派。上层社会不分保守党人和自由党人，基本上青睐南方，格莱斯顿支持这种态度。保守党领袖迪斯累里持中立态度。激进派和没有选举权的工人阶级坚决反对奴隶制，科布登和布赖特是他们的代言人。不过，美国北方实行的封锁政策对商人阶级打击很大，一贯反对奴隶制的兰开夏开始感受到棉荒了。美国巡洋舰在英国船“特伦特号”上逮捕了邦联特务梅森和斯莱德尔，引起了轩然大波。外交大臣约翰·罗素勋爵起草了措辞强硬的照会，女王的丈夫说服首相帕默斯顿勋爵作了一些修改，加进了一个条款，美国联邦政府由此可以不失体面地宣布巡洋舰的行动未经政府授权。林肯总统受到一番劝说，最后他明智地说，“不四面出击”，释放了俘虏。默不作声，前途未卜。北方实行大规模封锁，禁止输出棉花和输入军火，但是，没有任何一个欧洲国家的政府接见邦联使者。在欧洲，无人能够想象1862年的一场大戏如何演绎，无人真正理解交战双方不可平息的怒火，无人了解亚伯拉罕·林肯的长处、了解美利坚合众国的实力。在邦联之外，也很少有人听说过罗伯特·李和杰克逊的名字。

第 11 章 里士满战役

新的一年对于南方来说，又是惨痛的延续，幻灭的痛苦如潮水，令民众不寒而栗。里士满的邦联内阁与司令部堆砌了大量报告与数据，提示着现实的处境已经十分严峻。北方的合众国彻底封锁了海岸。军队数量是南方所能聚集的两到三倍，集结在大西洋战区和密西西比河战区，整装待发，兵强马壮。北方强大的力量，其财富与军火制造能力，给了戴维斯总统及其同僚和将军们巨大的心理压力。南方诸州没有武器库，钢铁少得可怜，只有少量能提供军靴、被服和装备的小工厂。弹药库也是空荡荡的，连燧发枪也短缺。邦联炮兵滑膛炮的射程也远不及联邦的新式线膛炮。无法找出有效手段解决稀缺问题。而正是在这种背景下，军事奇才应运而生。

灾难先发生在了密西西比河谷。这里的邦联指挥官是艾伯特·西德尼·约翰斯顿，戴维斯总统心目中最精干的将军。他忠心耿耿，深谙兵法，艺高人胆大。1861 年秋，他进兵到鲍灵格林，那是俄亥俄河支流格林河以南的一处极具战略价值的铁路枢纽。他死守阵地，希望能鼓舞肯塔基州，引领田纳西州；而西面驻守着利奥尼达斯·波尔克，他战前是路易斯安那州的主教，现在则率领着一小股军队在哥伦布封锁了密西西比河。联邦舰队的兵力高出邦联两个将军的部队3倍，乘着装甲炮艇，分别从圣路易斯和路易斯维尔沿着密西西比河和俄亥俄河南下。尽管如此，几个月来，他们仍坚守前沿阵地岿然不动，保卫着辽阔土地，可以从中汲取资源，征召兵员等等。新年伊始，联邦统帅大举进攻。身着蓝色军装的大股士兵开始出现在从密西西比河到阿巴拉契亚山脉的300英里战线上，五花八门的装甲船只装载着加农炮和迫击炮从北边缓缓地顺流而下。邦联将领再也无法虚张声势了。波尔克弃守哥伦布，而约翰斯顿也退出了鲍灵格林。战线向南推到坎伯兰河和田纳西河一带，直逼密西西比河畔的邦联堡垒十号岛。

联邦西部战区司令官哈勒克将军为人极为谨慎。值得庆幸的是，他的部下有一位退役的正规军军官格兰特将军。格兰特将军在墨西哥战争后一直默默无闻，一度在他父亲伊利诺伊开的皮革店里工作。邦联军试图在十号岛封锁密西西比河，在亨利要塞封锁田纳西河，在多纳尔森要塞封锁坎伯兰河，他们的先头部队驻守着这些据点。亨利要塞兵力薄弱，而多纳尔森要塞是一个壕沟兵营，需要大量兵力把守。格兰特提议沿田纳西河上溯，搞冬季进军，攻击亨利要塞。哈勒克批准了。格兰特成功进军，此次胜利也成就了格兰特。艾伯特·西德尼·约翰斯顿准确地预判到联邦军会在河水涨满的时候发动冬季攻势，他同时向戴维斯总统与西部诸州州长嚷嚷着请求增援。前者心有余而力不足，后者则是袖手旁观。1862年2月，格兰特攻占了亨利要塞。从亨利要塞穿过田纳西河与坎伯兰河之间的狭长地带，到达坎伯兰河畔的多纳尔森要塞只有10英里。格兰特自作主张，在严寒中进攻多纳尔森要塞。那里有1.7万名邦联军严防死守，指挥官是前美国陆军部长弗洛伊德，他曾在林肯当选到就职这一期间允许滑膛枪运到南方。4天激战对峙之后，要塞投降了，1.4万名士兵被俘，60门大炮被缴。弗洛伊德担心被判叛国罪，头天晚上就已潜逃。这可能是明智之举。

2月16日，多纳尔森要塞的陷落是邦联政府的首次重大军事失利，然而西部地区接二连三出现了失利。这时艾伯特·西德尼·约翰斯顿终于收拾好了一个军队的雏形，在田纳西河后面的科林斯，集结了前线的残兵剩勇，而波尔克也沿着密西西比河后撤到孟菲斯。

*　　*　　*

麦克莱伦大将军在华盛顿大力训练着他的军队，并想方设法顶住要求“进军里士满”的政治压力。他夸大敌方力量，并向林肯提供了无数份平克顿私家侦探社的报告，那是他雇来的特工组织。报告表明在里士满以及30英里远的森特维尔，约瑟夫·约翰斯顿所设壕沟后面有重兵把守。他通过反复承诺进军，尽力争取时间训练士兵。日复一日，波托马克河的大军团依旧按兵不动，人们对1861年7月麦克莱伦上台时表现出的热情减退了。激进的共和党人开始攻击这位民主党将军，之前这些共和党人不喜欢本党候选人弗里蒙特，现在反而更喜欢他了。麦克莱伦因反对宣布解放所有奴隶的激进政策而出名。12月初，他向总统说，他并不支持对约瑟夫·约翰斯顿的正面攻击，也不赞成经过弗雷德里克斯堡直线进军里士满。他很久以来一直在制订一个计划，准备发动两栖进攻，沿切萨皮克湾南下，在离叛军首都很近的弗吉尼亚海岸某处登陆。12月初，他将此计划笼统地告诉了林肯。到了月中，他患了伤寒，一连请假几个星期。在此之前，共和党领袖已经促成了一个负责指挥战争的联席委员会，由 3 名参议员和 4 名众议员组成，以麦克莱伦大将军的激进派政敌为主。林肯和内阁在麦克莱伦病休期间召集几名陆军将军参会，请他们提出建设性建议。但是麦克莱伦病愈复出，突然打断了他们的会议。几天以后，麦克莱伦向总统详细报告了他的计划，建议动用海军力量运送 15 万军队沿切萨皮克湾南下，在拉帕汉诺克河下游的厄巴纳登陆。那里到西点只有一天的路程，再行军两天即可到达里士满。麦克莱伦打算切断约翰·马格鲁德将军指挥的约克敦半岛守军的退路，并且在约翰斯顿撤回里士满之前占领该城。

谁也无法对这个构想的原则说三道四，它调动联邦政府的全部军队，侧翼包抄华盛顿到里士满之间的所有南军据点，打中邦联的要害。计划的细节经审查后进行重大修改。北军控制着约克敦半岛顶端约克河和詹姆斯河之间的门罗要塞，最后选定它为安全登陆点。林肯总统反对发动海上讨伐的整个想法，提出了一个无法驳斥的理由，因为那样会让华盛顿暴露出来，约瑟夫·约翰斯顿会立刻扑向无人防守的联邦首都。关于约翰斯顿部队的实力，林肯大致相信了麦克莱伦自己的数字，更不用说有关“石墙”将军杰克逊的情况了。在该有多少军队留守华盛顿和谢南多厄河口（河水在哈珀斯费里汇入托马克河）的问题上，双方激烈地讨价还价。最后留守兵力定为 4 万人。2 月 27 日，林肯终于勉强同意，发动重大战役，一切准备就绪了。同时，林肯决定控制最高指挥权，他解除了麦克莱伦的北军总司令职务，只让他指挥波托马克河兵团。这样做，军事上也是有充分理由的。此外，他感到自己需要一名军事顾问，便决定把哈勒克将军从西线召回。林肯的特使到达之前，麦克莱伦从报纸上得知了失去统帅权的消息。总统大有失礼之处。这种做法在他的一生中实属罕见，难免使人怀疑这是联席委员会“幕后黑手”活动的结果。

林肯没有任命新的总司令，这是错上加错。指挥兵团的将军们奉命听从陆军部长的命令。近两个月，该职务由埃德温·斯坦顿担任，他的前任是腐败无能的卡梅伦。斯坦顿和麦克莱伦一样是民主党人，在布坎南政府后期担任过司法部部长，也许林肯以为，斯坦顿是麦克莱伦可以接受的上司。林肯无疑打算在里士满战役取胜之后重新任命麦克莱伦为大将军，但一时想不出适当的人选。他希望这个空缺只是暂时的。起初，斯坦顿对麦克莱伦一片赤胆忠心，可是，麦克莱伦不久便对其诚意起了疑心，怀疑斯坦顿有意不让他随时找到总统。不久，斯坦顿显示出与联席委员会串通一气的迹象。这位前司法部长说过，“陆军部长的命令就是总统的命令”。这时，陆军部长办公室开始发出一系列严重妨碍麦克莱伦作战的命令。联邦成立了拉帕汉诺克军区和谢南多厄军区，前者由曾经指挥布尔河战斗的麦克道尔负责，后者由纳撒尼尔·班克斯负责。因此，麦克莱伦的权限缩小了，整整一个军从他的部队中调走。他说，他留下的人马不足 7.3 万人。其中只有 3.5 万人属于班克斯的谢南多厄军区。麦克莱伦完全有理由认为这支部队可以用来保卫首都。可是，他没有把此安排向林肯解释清楚，而不向总统和盘托出，就产生了不幸的后果。林肯出于误解，命令麦克道尔指挥的第一军留在华盛顿南面，使麦克莱伦可以依靠的部队在发动大战前夕减少了 4 万人。

* * *

邦联人未能利用 1861 年秋冬两季，失去了最好的战机。他们在布尔河战斗中取胜，有如失败一样有害。他们和戴维斯总统都认为外国干涉就在眼前，并且傲慢自信，如有必要，他们可以把北方打得一败涂地，因此松懈下来。第一次战斗之后自告奋勇的志愿兵无法武装起来，兵源减少，现役人员也开始还乡。以奖励和休假刺激入伍的办法也不能奏效。1862 年初，形势十分告急。南军的队伍中有 2/3 是服役期为一年的志愿兵。他们组成的 148 个团将于 5 月份服役期满，而这些团是南军的主力。同时，北方入侵迫在眉睫。征兵制不符合独立州主权原则，但是，邦联议会采取果断的行动，4 月 16 日以 1 倍以上的多数通过了一项法案，规定凡是年龄在 18 岁到 35 岁之间体格健全的白人男子均有参军义务。但是，后来入伍的人并不是法案规定的义务兵，而是企图躲避被迫当兵耻辱的志愿兵们。这个法案不受欢迎，难以实行。不忠分子充分利用法案中的豁免条款，逃避兵役。

在此期间，杰斐逊·戴维斯总统严守消极防御的政策，没有利用布尔河和威尔逊河的胜利而一鼓作气。他决定亲自掌握最高指挥权，但只关注东线战局，基本上忽略了西线。直到艾伯特·西德尼·约翰斯顿在 9 月接过最高指挥权，西部战场的混乱状态才告结束。戴维斯固执己见，不同意调用驻防大西洋海岸的“老兵”。北军以小股陆海军力量夺取了哈特勒斯角，那是接近北卡罗来纳海湾的最佳路线，还占领了南卡罗来纳的罗亚尔港和波弗特，对查尔斯顿和萨凡纳构成威胁。罗伯特·李从西弗吉尼亚调回以后，奉命组织沿海防务。联邦将军安布罗斯·伯恩赛德率领讨伐大军打入北卡罗来纳州的内河时，南军毫无准备，丢了罗阿诺克岛和新伯尔尼。因此，戴维斯总统越发坚决，让受到威胁的各州之驻军保持充足实力。他把李将军从南北卡罗来纳沿海召回，让他在总部担任职权不明的总顾问。

3月中旬，担任西线战场唯一指挥官的哈勒克对占领纳什维尔的唐·卡洛斯·比尔下达命令，要他率领所属的大部向田纳西河畔离科林斯30英里的萨凡纳进军，在西岸的夏洛附近同格兰特和威廉·谢尔曼会师，然后进攻艾伯特·西德尼·约翰斯顿。但是，比尔的部队渡河之前，约翰斯顿抢先发动了进攻。4月6日清晨，他对夏洛附近营地的北军先遣部队发动突然袭击，于是南北战争中规模最大的残酷战役开始了。约翰斯顿起初势如破竹，傍晚时，迟迟赶到战场的格兰特岌岌可危。这时，约翰斯顿奋不顾身，亲自带领步兵发起冲锋，大动脉受伤，几分钟之后失血过多而死。他的伟大气质和冲天干劲本来可能在第二天赢得的一切，就此丧失。接替他的博雷加德将部队撤出战场，令部下布拉克斯顿·布雷格不胜反感。在这场疯狂激战中，双方各损失1万人马，南军兵力较少，伤亡的比例高得多。哈勒克带来了北军援兵，但他比较谨慎，让乘胜追击的想法烟消云散。4月8日，约翰·波普将军攻陷了十号岛，俘虏了7000名南军官兵。在现代人看来，此时似乎可以轻松发动海陆联合攻势，长驱直入，夺取密西西比州的维克斯堡要塞。然而，哈勒克欣然接受林肯总统要在田纳西东部发动攻势的意图。他缓慢地向科林斯运动，花了一个月包围博雷加德，结果后者迅速进行长线后撤而溜掉了。夏季来临时，北军在西部300英里战线向南推进了200英里。

* * *

在里士满约克敦半岛，一座军事戏剧的舞台已经搭起了。4月初，麦克莱伦的大军开始在北军控制的门罗要塞大举登陆，以此作为桥头堡。这毫无保密可言的行动一暴露，约瑟夫·约翰斯顿便撤出森特维尔，放弃马纳萨斯交叉路口，渡过拉帕汉诺克河上游，在其支流拉皮丹河南岸崎岖不平的荒野上驻扎。联邦政府喜出望外，松了一口气。南军内有两位约翰斯顿将军，容易让人糊涂。艾伯特·西德尼·约翰斯顿在夏洛战斗中英勇牺牲之后，只剩下一位约翰斯顿将军了，他就是约瑟夫·约翰斯顿。他在拉皮丹河南岸同里士满保持着密切的联系，使原则上正确的麦克莱伦战略计划在实践上受挫。4 月中旬，约翰斯顿赶到约克敦，附带统率这个半岛的军队，自己的主力留在西边 80 英里外。这时他可以进行内线作战，集中一切兵力保卫里士满。联邦海军激战之后，仍然顶不住位于麦克莱伦右侧约克河岸悬崖上的俯射炮火。马格鲁德部队防守的南军阵地挡在麦克莱伦的面前，横贯整个半岛。麦克莱伦自认寡不敌众，假如戴维斯同意把大西洋沿岸城镇的守军调给约翰斯顿，就真的就兵力不济了。

在这种令人沮丧的情况下，麦克莱伦比平常更加谨慎行事了。他形式上将约克敦围困了一个月，不断请求林肯把麦克道尔的军队交给他。林肯则要求他采取有力行动，并在 4 月 9 日语气生硬地写道："我始终认为，不在马纳萨斯或其附近打仗，而到海湾去寻找战场，不是克服困难，而是转移困难。这两个地方，我们都会遇到同样的敌人和大同小异的防御工事。"一个月以后他又写道："敌人靠拖延，就可以相对地逼近你——既可修筑工事，又能获得援兵，而你只能靠增援。"后来，约克敦投降，麦克莱伦的船只打开了约克河的航道，他开始向南军的防线进击。马格鲁德只有 1.1 万人马，他并未抵抗，虽然后卫部队于 5 月 5 日在威廉斯堡接连受挫，但最终全身而退。到 5 月中旬，麦克莱伦沿着约克河向上游推进了 60 英里，到达怀特豪斯。该地位于里士满到西点的铁路线上，离叛军首府 25 英里。他

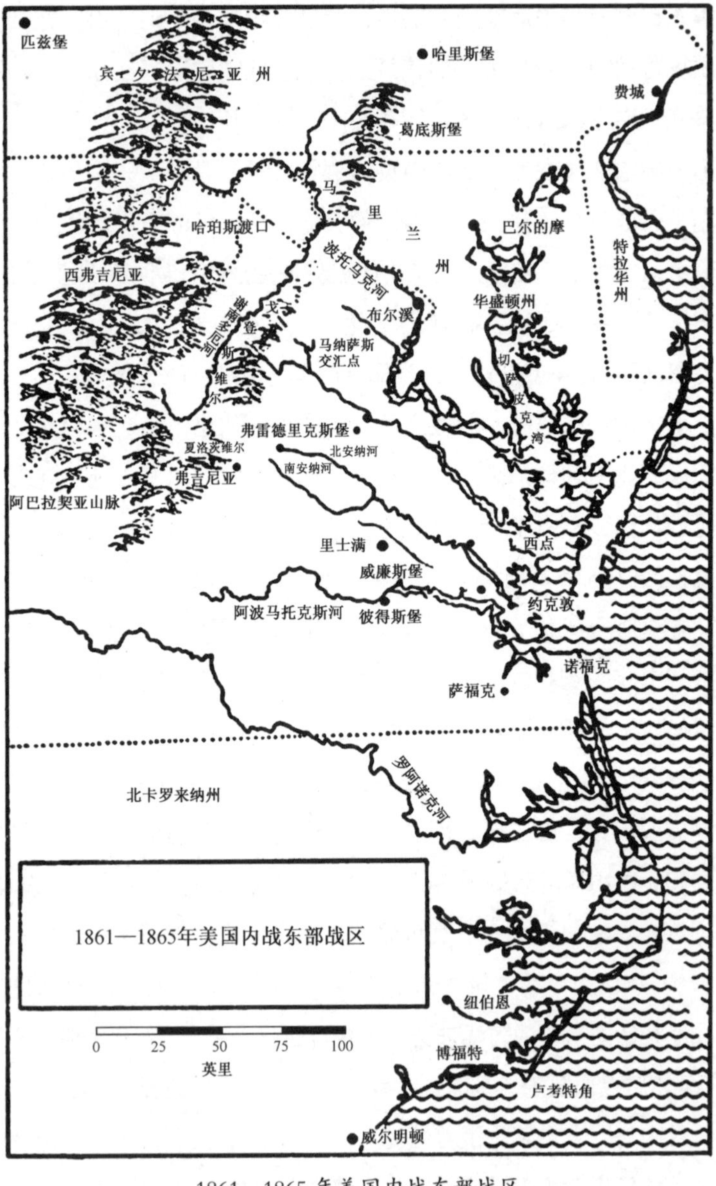

1861—1865 年美国内战东部战区

在西点建立一个新基地，不再依赖门罗要塞。假如他此时能使麦克道尔从弗雷德里克斯堡调到自己手下，里士满命可休矣。

不过，戴维斯总统 4 月听从李将军的劝告，去增援“石墙”将军杰克逊，在谢南多厄河谷做进攻性牵制。杰克逊只有 1.6 万人，而北军的班克斯、希尔兹、弗里蒙特和米尔罗伊 4 位将军则统率着 4 万多人。杰克逊打赢了一场短暂而辉煌的战役，进一步提高了威望。他对两侧的优势敌军左右袭击，每天都有被敌人咬住的危险。他长途奔袭，有时分兵突击，取得了一系列胜利，使林肯总统及其顾问们深感不安。最后，林肯答应把麦克道尔的那个军调给麦克莱伦。可是 6 天过后，当北军渡过沼泽般的奇克哈默尼河一半时，将军接到消息称，麦克道尔行军“暂停”。麦克莱伦便停止前进。倾盆大雨使奇克哈默尼河水位上涨，部队分割了，南岸只有两个军。这显然是约翰斯顿的天赐良机，他用全部兵力攻击孤立的两个联邦军。戴维斯总统在罗伯特·李的陪同下，策马观看就此发生的“七松林战役”(或称“费尔奥克斯战役”)。南军总司令没有请示他们，向部下的将军们下达了口头命令。南军的进攻受挫，战斗很激烈，但各有胜负，双方各损失了 6000 人。麦克莱伦的行动受阻，连绵大雨使他越发徘徊不前。他就地宿营，前哨离里士满只有 5 英里。林肯听说杰克逊正在向河谷上游撤退，便又答应调来麦克道尔军。但杰克逊杀了个回马枪，6 月 8 日和 9 日接连在克罗斯基斯和共和港打败了追兵。林肯立即再次改变主意，不让麦克道尔走了。当然，联邦首都暂时落入叛军之手的风险最好能提防，因为其后果虽然无伤大雅，但会令人震撼。但是，林肯的举棋不定是文职官员干涉在外将军的经典危险战例。

比此战更为重要的是，约瑟夫·约翰斯顿将军在“七松林战役”的第一天受了重伤，戴维斯总统6月1日任命罗伯特·李为永载史册的北弗吉尼亚军团的司令。

*　*　*

李将军做了第一次进攻性组合，整个战争进程立马尝到他的手段了。他征得戴维斯的同意，聚集大西洋沿岸的驻军，那是约翰斯顿未能做到的。罗伯特·李利用华盛顿的恐惧心理，派出7000人的军队到谢南多厄河谷加强杰克逊的力量。这下使麦克道尔军进一步瘫痪了。杰克逊骑马来到李将军营中协调计划。他奉命把“老弱残兵”留在河谷里，率领主力部队秘密前往里士满到弗雷德里克斯堡的铁路线上，里士满以北15英里处的阿希兰，然后继续前进，便可打击北军的侧翼和后卫，切断他们和西点之间的运输线。他应在6月26日拂晓前准备开战。其间，年轻的南军骑兵司令斯图尔特率1200名骑兵对麦克莱伦的右翼进行了出色的侦察活动。他还穿过麦克莱伦的运输线，由于无法退回原处，便围着北军绕行一周，带着数百名俘虏回到里士满以南。这让李将军喜出望外，斯图尔特的勇敢行为本可以让敌人警觉的，但是麦克莱伦并未改变军队的部署，部队仍然聚集在里士满附近，分驻在奇克哈默尼河两岸。罗伯特·李和杰克逊的部队共有7.5万多人。麦克莱伦集结了8.7万人，其中只有菲茨-约翰·波特将军那个军2.5万人在奇克哈默尼河北岸。罗伯特·李决定让大部分部队渡河去同杰克逊会师，以便集中5.6万人，击垮波特将军的右翼，切断麦克莱伦到西点的运输线，然后在他背后渡过奇克哈默尼河，消灭他的大军。留守里士满工事里的只有马格鲁德指挥的1.6万人。等麦克莱伦查明情况，他可以随意带领6万人马扑向里士满防线，以近四比一的优势痛击他们。但罗伯特·李对麦克莱伦了如指掌，判断准确，有把握他不会这样做。他对戴维斯说："不管怎样，我会紧随其后。"意思是说，他将趁北军杀向里士满时从其背后袭击。这句话反映了李将军对战争的敏捷灵活把握，也说明伟大统帅调动大军简直游刃有余。

6 月 25 日夜间，南军的两个军渡过奇克哈默尼河，转向右方列队，在梅卡尼克斯维尔向波特发难。波特突遭袭击，顽强抵抗。北军用线膛炮让敌方大乱阵脚。道路难行，杰克逊耽搁了一天，没有赶到。波特给攻击之敌造成 2000 多人的伤亡，顺利退守自己在下游 4 英里的盖恩斯米尔预备队阵地。南军 6 月 27 日再次发动疯狂进攻。这次战斗是罗伯特·李亲自指挥的首次战斗，双方打得难解难分。北军的炮火再显神威，南军几次全线进攻均被打退。波特的右侧有树林和沼泽阻挡，杰克逊傍晚上战场时，无法攻敌侧翼。罗伯特·李并未绝望。他发动部下奋力，命令约翰·胡德骁勇的得克萨斯军向敌阵中心攻击。日影加长时，他下令全线进攻。得克萨斯军攻破了久经考验的波特军中心阵地，北军被赶出阵地。夜幕降临时，南军已经缴获大炮 20 门，俘虏数千。波特会向哪里去？在两天的战斗期间，麦克莱伦在马格鲁德对面按兵不动，他会怎么办？运输线已被切断，右翼被打垮。此时，杰克逊终于成为罗伯特·李的一只铁拳，李将军的长臂左翼必须曲折包抄北军的右侧和背后。这肯定是致命一击啰？

然而，麦克莱伦已经身经百战。他的将军们在盖恩斯米尔战斗当晚来到司令部见他时，他说，他已经放弃了到西点和约克河的交通线，并已依靠海军把基地从约克河转移到詹姆斯河，全军将南下奔向詹姆斯河的哈里森卸货码头，那里有各种给养伺候着。我们现在知道，他事先就为此变化略有准备。不过，到最后关头才做出决定，是十分冒险的。奇克哈默尼河的沼泽和溪流上已筑起一道桥梁，按形状取名为“葡萄藤桥”。波特通过弯弯曲曲、摇摇晃晃的“桥”顺利逃脱。与此同时，所有北军准备进行艰难危险的侧翼包抄行军，要渡过怀特奥克沼泽，到达约克敦半岛的南部。现在该轮到马格鲁德对这支脆弱的军队发动进攻了。他于28日在萨维吉车站袭击北军，夺取了其野战医院和大批给养。但罗伯特·李尚未弄清麦克莱伦究竟是奔向詹姆斯河，还是经过威廉斯堡道路撤向门罗要塞，因此延误了一天，才渡过奇克哈默尼河去追击。到了30日，他才在格伦代尔（又称弗雷泽农场）对阵麦克莱伦。于是，决定性时刻来了。

麦克莱伦这一天始终在同海军商议，在詹姆斯河畔安排新的基地，坐待战役自行展开，这几乎是令人难以置信的。南军方面有许多失误，地图有误，时间掌握不准，进攻分散。南军寄予厚望的杰克逊身体垮了下来。在罗伯特·李打算用于最终打击的7.5万人马中，真正遣出的不足2万人。部队在经历惨烈损失之后粉碎了北军的阵线中心。但是，北军在夜色的掩护下退走了。在莫尔文山，麦克莱伦作困兽斗，背后是詹姆斯河，没有退路，不过他有海军炮火和炮舰掩护侧翼，而且阵地坚不可摧。这个星期的厮杀后，又是罗伯特·李下令进攻，部下争先恐后地冲锋。北军的大炮声震耳欲聋，南军的呐喊声响彻云霄，那“啊——咦”的喊杀声在那血腥年代里不绝于耳。可是拼杀无济于事，麦克莱伦得救了。但他败得一塌糊涂，被迫撤退，整个计划泡汤了，损失了大量的物资弹药、60门大炮和3.6万支步枪，里士满岿然不动。不过，他和他的勇猛军士以5000人的代价击退了追兵，结束了“七日战役”。

七日战役的胜利属于罗伯特·李。世人认为北军的宏伟计划彻底失败了，华盛顿方面也感觉如此。但麦克莱伦毫不气馁，建议渡过詹姆斯河前往彼得斯堡，像格兰特后来在1865年那样，“从后门”进攻里士满。他的建议未被采纳。但对于罗伯特·李来说，这次冒险也同样令人失望。主要由于参谋人员都是新兵，他多次失去歼敌之机，功亏一篑。他损失了2万多精兵强将，而人力充足的北方只损失1.7万人。

林肯和他的顾问们打算恢复原来的计划，在华盛顿和里士满之间的陆路上聚集优势兵力，凭人数优势破敌。无奈军队被驻守里士满的李军所隔开。总统命令麦克莱伦撤出半岛，带兵沿波托马克河回到华盛顿附近。西部战场抗命取胜的哈勒克声名大噪，被任命为总司令。林肯还把在密西西比河河谷作战有功的波普将军调来指挥后来命名的“弗吉尼亚兵团”。波普为人苛刻，傲慢自负，由于在西部战场走运而趾高气扬，出言不逊，贬低东部军队及其战果。他将让他们看看该如何打仗。麦克莱伦奉命交出部队，官兵们离开他时悲不自胜。他受贬去防守华盛顿战线。波普成了联邦的保卫者。他上任伊始，便以该战争中尚未使用的严酷手段对待西弗吉尼亚州的平民。在他的军队控制范围内，所有男子必须宣誓效忠联邦，否则将被赶出家园，违令返家者死。杰克逊听到可爱的家乡传来这一消息时，好不容易抑制情感，保持了习惯性镇静。

战略形势有利于罗伯特·李和他的副手。他们准备趁麦克莱伦的军队从约克敦半岛撤回来之前，先对付波普。他们如何整治他的，必须叙述一番。

*　*　*

海军史上的精彩一幕就此发生了。1861 年春，联邦政府轻率地放弃了诺福克海军基地，把它丢给脱离联邦的弗吉尼亚州，美国海军的几艘舰艇和一些物资被烧毁。其中的护卫舰“梅里麦克号”被南军修复，改造得奇形怪状。装上了蒸汽机动力，在甲板上用柚木建了低矮的炮塔，用铁轨打成两英寸厚的铁板，两层铁板护在炮塔上。铁板用铆钉横压钉在一起，形成 4 英寸厚的铁甲防护罩。船首装有金属攻城锥，炮塔里配置了 10 门 7 英寸口径的线膛炮，从射击孔向外射击。以前曾有多人想建造这样的军舰，现在终于面世了。

这艘新奇的军舰到 1862 年 3 月 7 日才修整完毕。3 月 8 日就同雄踞门罗要塞、封锁着约克河和詹姆斯河入海口的强大北方海军交战，在此之前没有发射过一颗炮弹，发动机也从未转动过。据说发动机破烂不堪，时速只有 5 节，摇摇晃晃，行驶起来像进水的船。可是它却驶出港去，毫不犹豫地同离它最近的“坎伯兰号”和“国会号”交战。这两艘执行封锁任务的军舰用舷侧炮齐射，若是普通护卫舰，早就被击沉了。在射程内的北军其他舰艇和休厄尔据点的岸炮也集中火力向“梅里麦克号”轰击。改名为“弗吉尼亚号”的“梅里麦克号”对这些炮火全然不顾，直奔“坎伯兰号”，与之拦腰直角相撞。“梅里麦克号”上几乎没有感觉到震动，攻城锥脱落，“坎伯兰号”船体倾斜，炮弹射击到最后一刻，不久便带着大部分水手沉入海底。然后，“梅里麦克号”冲向“国会号”，在 200 码的距离把它撞成几截，并且起火了。一个小时以后，“国会号”升起白旗，北军的其他小艇想方设法抢救它的船员。“梅里麦克号”吃水 22 英尺，当时退潮，无法靠近岸边，否则搁浅的“明尼苏达号”也会遭厄运的。

“梅里麦克号”至少受到100门重炮的长时间轰击，而铁甲却毫发无伤。铁甲外面的东西无一幸免，烟囱和两门炮的炮口也被打飞。船内仅有21人被从射击孔飞进的弹片杀死或杀伤。船上得胜的士兵们在大炮旁边躺下来，等待翌日清晨摧毁北军的剩余舰艇。

但第二天黎明，锅炉点火后，只见一艘怪船在保护“明尼苏达号”。“梅里麦克号”上有船员写道：“同它所保卫的庞大护卫舰相比，此船只是个侏儒。”它就是埃里克森的“莫尼特号”，人们早已议论纷纷，现在终于上阵了。“梅里麦克号”是海军史上的一场革命，但次日，此舰整整领先了一圈跑道。“莫尼特号”上只有两门大炮，但口径是11英寸，架在有9英寸铁甲的转动炮塔里。甲板呈龟背状，有厚厚的装甲保护，几乎同吃水线齐平。吃水深度只有12英尺，便于机动。

这两个铁甲怪物互相接近，北军的其他雄伟舰艇呆呆地在一旁观望。怪物逼近时，失去攻城锥的“梅里麦克号”撞向“莫尼特号”。没有一颗炮弹能够穿透“莫尼特号”的铁甲，可是当两门11英寸口径的大炮击中“梅里麦克号”的中间部位时，整个船舷凹进了几英寸，炮手们统统因冲击波而鼻孔流血。两艘铁甲舰互轰了6小时，双方均未受到损失。双方天黑时撤走，再也没有交战。由于“梅里麦克号”吃水线以下没有装甲，船上官兵认为万幸。船返回船坞，去修补这个缺陷和其他弱点。“莫尼特号”的适航性极差，赴战的途中几乎沉没，也需要照看。欧洲人得到海战的消息后意识到，世上所有的战舰统统过时了。为了适应变化，英国海军部加倍努力，在几年的时间里重建了皇家海军。可是现在[1]，仍有一些傻瓜建造几乎没有装甲的大舰艇去海战。自从400年前火炮装上军舰以来，"梅里麦克号"同"莫尼特号"之战是海战史上最大的一次变革。

南军撤出诺福克时，企图让"梅里麦克号"驶到詹姆斯河上游去保卫里士满。尽量减轻负荷，"梅里麦克号"已经到了无力自卫的程度，可是吃水仍然过深，无法全身而退。于是，舰长下令烧沉。它的赫赫战功在邦联上下引起的欢乐如今变成了悲伤和怒火。但审理舰长案的南方军事法庭宣布："本庭认为，在彼时彼地放弃并烧毁这艘船是唯一的办法，所以，被告下达这样的命令是审慎明智的。"

① 写于1939年。——原书注

第 12 章
罗伯特·李和麦克莱伦

波普将军在 1862 年 8 月 1 日抵达前线。这位新总司令的任务很简单，就是在麦克莱伦部队从詹姆斯河回来同他会师之前，在不打大仗的情况下尽量扩大战果。首都南面不远的阿奎亚港被指定为麦克莱伦部队的登陆点，其他大批援军源源不断地从华盛顿开出，经亚历山德里亚沿铁路线前进。波普手下已有 4 万人，6 个星期后，他将有 15 万大军。他精神饱满，信心十足，甚至希望在主力部队到来之前攻克戈登斯维尔和夏洛茨维尔，然后拿下里士满。

罗伯特·李一看出麦克莱伦不会再折腾了，便在 7 月中旬派杰克逊带领两个师（1.1 万人）前往戈登斯维尔，到月底兵力增至 2.4 万人。这个数量对杰克逊来说算大的，因为同他对阵的还不到一半人。他发现，波普的部队沿着在库尔佩珀会集的 3 条公路朝他开进。8 月 9 日，他在库尔佩珀以南 7 英里的锡达芒廷向班克斯将军指挥的波普主力军发动进攻，他用 2 万人击溃了班克斯的 9 万人。对方损失 1/4 的人，剩下的人最多只能看守辎重而已。可是到达库尔佩珀之前，杰克逊遇到了波普部队的另外两个军。他根据罗伯特·李的构想，退到了戈登斯维尔。

8月13日，罗伯特·李听说麦克莱伦的军队又在门罗要塞上船，这正是他等待的信号。这支光荣的军队至多过一个月就会在弗吉尼亚北部同波普会师，将显出其分量来，所以罗伯特·李必须先发制人，在那里大胜一场。他当即命令詹姆斯·朗斯特里特将军率领里士满守军的主力12个旅到戈登斯维尔同杰克逊会师。到了17日，他已在克拉克山背后的树林里集中了5.5万兵马，可以随时对波普驻扎的库尔佩珀发动进攻。波普没有意识到身处险境，完全可能被歼灭。但是，罗伯特·李花一天的时间等候骑兵到来。同一天，一名南军军官被俘，缴获的文件让波普如梦初醒，借晨雾的掩护后退越过拉帕汉诺克河。罗伯特·李的第一记右手勾拳落空了，接着又挥出了左拳。杰克逊在萨尔弗斯普林斯渡过拉帕汉诺克河上游，可是他刚渡过一个旅，河水便上涨了，波普再次脱险。

罗伯特·李此时知道了，他已失去暂时的优势，10天之后，必然有绝对优势的敌军压境。他知道，麦克莱伦旧部的几个主力师已经在阿奎亚港登陆。一旦15万人的军队集中起来，北弗吉尼亚兵团如何抵挡大敌？因此，他和杰克逊决心采取一个大胆行动，后被认为成功且漂亮。面对数量上占优势并且仍在迅速壮大的敌军，罗伯特·李兵分两路。8月25日拂晓前，杰克逊开始了另一次著名的长途行军。他带领2万人行军26英里，已经远远绕过波普部队的右翼，到达塞勒姆。翌日，他穿过萨勒费山峡，在山中行军25英里，然后在马纳萨斯车站以南几英里处切断了波普的运输线亚历山德里亚—奥兰治铁路线。27日，杰克逊夺取了马纳萨斯车站。那里堆积着波普军的所有给养，食品、装备和各种物资被他收入囊中。供应不足的南军士兵看得眼花缭乱。杰克逊派卫兵抬走，再让部下尽力拿走背得动的东西。大多数官兵都换上了新衣。但是，这些战利品可能会索取致命的代价，因为在各个方向，都有占优势的北军驻扎或者正在逼近。切断波普的运输线轻而易举，并非杰克逊及其上司的目标所在。只有打赢一场大仗，对他们才管用。于是，杰克逊把马纳萨斯车站和军需仓库付之一炬，波普遥望北方，只见熊熊大火映红了夜空。杰克逊的下一步任务是继续迷惑波普，让他忙个不停，等候罗伯特·李和朗斯特里特率主力部队赶到。

波普进攻里士满的威胁此时已经解除。他无能为力，只好撤退。但是，不断有大部队从四面八方赶来会师，他仍然占有很大的数量优势。他甚至可以封锁索罗费尔山峡，不让罗伯特·李率领的其余南军通过。这是一记绝杀。杰克逊从马纳萨斯车站北撤到萨德利斯普林斯附近的森林。波普以为杰克逊在马纳萨斯车站已成瓮中之鳖，于是调集各路军队合击，到达时，只见车站那里空荡荡，一片废墟。28 日，双方都不了解全部情况，但杰克逊知道，朗斯特里特正同罗伯特·李率领的南军主力冲过山峡。波普命令分散四处的北军消灭萨德利斯普林斯以南的杰克逊部队。为此，他投入 7 万大军。他只考虑到杰克逊，似乎忘了正在向杰克逊右侧聚集的朗斯特里特和罗伯特·李。

8 月 30 日，第二次布尔河战役（马纳萨斯战役）打响了。5.3 万名北军向杰克逊的 2 万军队连续发动 5 次进攻，在开阔的战场上勇猛厮杀。战斗呈拉锯之势，双方的伤亡不相上下。朗斯特里特早已待命，但是尚未引起敌方的注意。他总是三思而后行，因而迟迟没有投入战斗。“三思而后行”格言是正确的，然而远远达不到兵贵

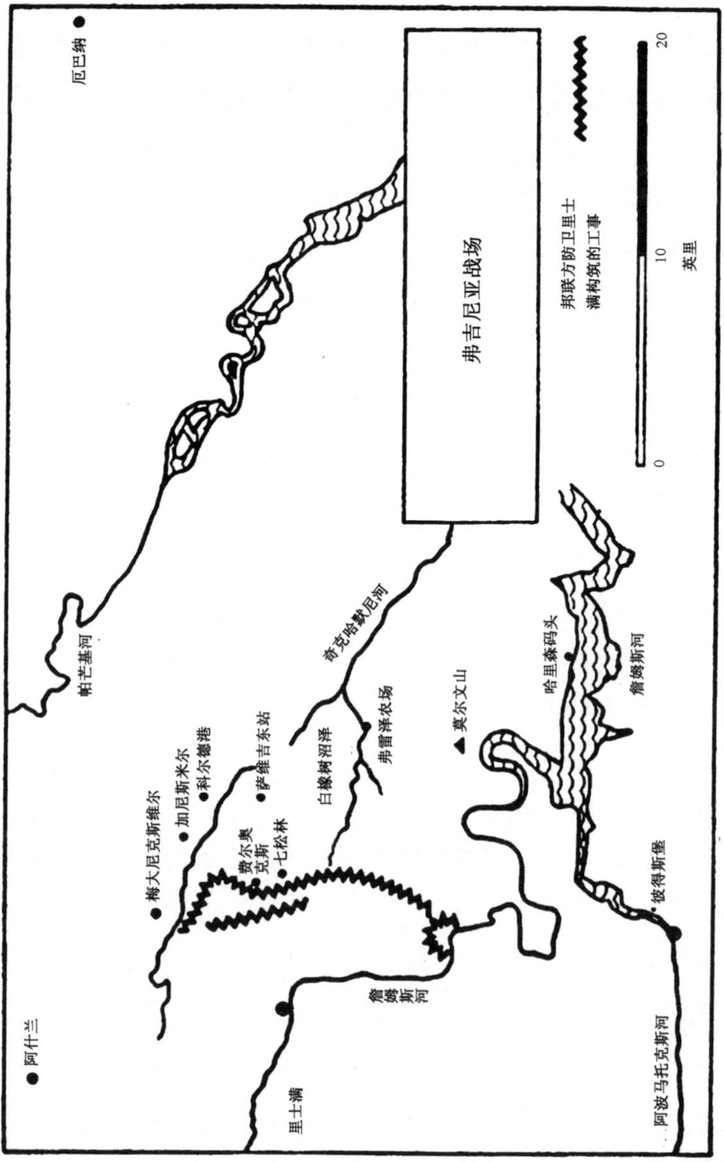
厄巴纳
帕芒基河
奇克哈默尼河
弗吉尼亚战场
邦联方防卫里士满构筑的工事
0
10
20
英里
哈里森码头
詹姆斯河
莫尔文山
弗雷泽农场
白橡树沼泽
萨维吉东站
科尔德港
加尼斯米尔
梅大尼克斯维尔
费尔奥克斯
七松林
彼得斯堡
阿波马托克斯河
詹姆斯河
阿什兰
里士满

弗吉尼亚战场

神速的水平。他是秀出班行的战马，罗伯特·李不会逼迫他过了头。第二次马纳萨斯战役的第一天，杰克逊独自承担着全部冲击。傍晚时分，杰克逊把最后一批预备队投入反攻之后，一位同他交好的牧师对薄弱的左翼部队表示担心。“石墙”将军分分钟判断着战事。他端详着战场一阵子，说道：“他们做事糟糕得无以复加。”

31日黎明时分，战斗又开始了。波普得到了从阿奎亚港过来的两个军的支援，他仍未觉察到朗斯特里特的出现，命令武运不佳的波特将军包抄杰克逊的右翼，波特的部队衷心拥护。这时，朗斯特里特率领南军主力投入战斗。他一旦上阵，总是威风凛凛。波普的阵线被打乱，邦联的生力军出其不意地从4英里长的森林里全线华丽出击，波普左翼的两个军受到包抄，寡不敌众，开始撤退。波特陷入重围，丢盔弃甲，后来成了军事法庭被处死的替罪羊。即使在31日傍晚，波普麾下仍有7万名忠诚的官兵，可是他只想躲进华盛顿周围的工事，而且还带着连夜赶到前线的最后1万增援部队后退。罗伯特·李缴获30门大炮和2万支宝贵的步枪，俘虏7000名北军，打死打伤1.35万名敌人，而南军只损失了1万人。他用不到5.5万人打垮了7.5万人的北军。自戴维斯总统交给罗伯特·李指挥权，刚刚过去了4个月而已。当时麦克莱伦离里士满不到5英里，如今罗伯特·李的先锋部队已抵达离华盛顿不到20英里的地方。战局决定性地扭转了过来。

*　*　*

华盛顿的政客们和内阁往死里整麦克莱伦将军，并利用谨慎顺从的哈勒克将军。对此，林肯难辞其咎。他需要一位进取性强，生龙活虎的将军，找出罗伯特·李并击败之。麦克莱伦有指挥才能，却缺少战斗到最后一刻的意志。慧眼识人的林肯意识到了这一点，但是他也意识到，麦克莱伦大概是他手头最能干的指挥官。他本能上支持自己任命的这位将军，但在行动上却屈服于政治方面的强烈反对声。他中途换马，结果发现是一马不如一马。麦克莱伦的各路部队在阿奎亚一登陆，便立刻被调去支援波普，最后连麦克莱伦的卫队也被调走。不过，他从未被撤掉弗吉尼亚兵团的指挥权，这支军队已改名为波托马克兵团。他滔滔不绝地、义正严辞地控诉，可是无人理睬。不过，9 月 2 日，在华盛顿城下波普及其败军大有瓦解之势，总统周围一片恐慌，对待麦克莱伦的态度也随之改变。那天早晨，在麦克莱伦进餐时，林肯总统和哈勒克总司令登门拜访。哈勒克说，华盛顿危在旦夕，请麦克莱伦统率全军。备受轻视的麦克莱伦司令官立刻着手保卫首都。他未被正式解职，因此也不需要重新任命。被剥夺的旧部又归他指挥。历史从未允许麦克莱伦出类拔萃，而他只是运气不佳。不过，别忘了，当他策马迎向撤退的大军时，士兵们欣喜若狂。长长的队伍，筋疲力尽、饱受凌辱的勇士们，曾经屈辱地受到错误战术的摆布，此时纷纷出列，差一点把官复原职的司令官拖下马来。士兵们抱住、亲吻麦克莱伦战马的大腿。这样坚定的支持，让麦克莱伦恢复了军队的纪律，调头迎敌。

罗伯特·李取得第二次马纳萨斯战斗胜利之后，采取了第一次马纳萨斯战役以后理应采取的行动。他率军杀进马里兰州，给了该州投靠邦联的机会，如果它有这种愿望或可能性的话。他知道，只有决定性的战斗才能挽救邦联，因而始终伺机决战。他经过利斯堡北上，渡过波托马克河，到达与巴尔的摩平行的弗雷德里克附近。他知道根本不可能攻克华盛顿，但在野战中可以得分。3 支联邦驻军占领着谢南多厄河谷的马丁斯堡、温切斯特和哈珀渡口。哈珀渡口有北军的一个重要供应站。3 个地方共有守军 1.5 万多人。哈勒克拒绝及时撤出这 3 支部队，它们就成了罗伯特·李的重要打击目标。罗伯特·李计划夺取哈珀渡口，另外两支人数较少的守军已经撤到那里。于是，他从弗雷德里克穿过南山山脉西进，派杰克逊绕到马丁斯堡进行包抄，然后于 9 月 13 日向哈珀渡口四面合围。

华盛顿的政客们在惊恐时刻曾经依附于麦克莱伦。他们可不想与他一起承受灭顶之灾。起初，他只奉命防守华盛顿的工事。可是，出于自己的责任感，或者如他后来宣称的那样，在“脖子套着绞索”的情况下，他接管了旧部，丢下“华盛顿的防务”，出兵追击人数少他一半的李将军。对于麦克莱伦关于这段轶事的自述，现在大家都质疑，因为实际上林肯同他商讨过进军马里兰的问题，而且口头上让他指挥首都周围的部队，还授权他“统率野战部队”。麦克莱伦很可能出于政治偏见而使回忆录带上了感情色彩。他有理由感到委屈啊。无数身居高位的批评者一刻不停地责难他，他们在这个危急关头对前线指挥官这种态度，是有失脸面的。

麦克莱伦希望解救哈珀渡口，便带着近 9 万大军追赶罗伯特·李，其中有两个整编军。北军的一名列兵运气好，拣到了用一张纸包着的 3 支雪茄，其实纸上是罗伯特·李的密令抄件。13 日，麦克莱伦得知，罗伯特·李已分兵，主力部队正奔赴哈珀渡口。于是，他胸有成竹，进击李将军。此刻，一切都以小时论了。杰克逊、沃尔纳和麦克洛能否赶到南山关口打败罗伯特·李然后攻克哈珀渡口呢？

麦克莱伦浪费了几个宝贵的小时。但是，考虑到给他撑腰的政府部长们吓得目瞪口呆、语无伦次，而政敌正在伺机整垮他，他拿出平时两倍的谨慎，也就不足为奇了。14 日，罗伯特·李在南山的两个山口被压倒性优势的北军打退。现在他必须做出重大决定。起先他打算带着战利品和胜利的桂冠返身渡过波托马克河，凯旋弗吉尼亚。但后来，他觉得除非决战决胜否则不能奏效，于是决心面对安蒂特姆河、背靠波托马克河开战。他相信杰克逊在此期间会夺取哈珀渡口，然后及时赶来增援。

哈珀渡口在 15 日清晨投降,杰克逊的部下缴获了 73 门大炮和 1.3 万支步枪，俘敌 1.25 万人。当天杰克逊便亲自星夜兼程驰援李将军，后者仅以 2 万人抵挡着陆续赶到的麦克莱伦大军。这位可敬的将军一直对华盛顿的压力无法释怀。如果有罗伯特·李那样的胆略或者人格，他就会在这一仗上背水一战，无奈那些懦弱而恶毒攻击他的政治势力总是在他的脑际萦回。为了避免不必要的风险，他延误了一天的时间，丧失了取胜的机会。

到了 17 日，麦克莱伦才发动进攻。这时，杰克逊已经赶到，驻扎在罗伯特·李的左侧。其他一些师打扫了哈珀渡口战场以后，也向这里赶来，参加新的战斗。罗伯特·李在波托马克河背水而战。河上只有沙普斯堡附近的一座桥，如果打败，他很难逃脱。这次激战中，北军的指挥不当无以复加。麦克莱伦纵马在前沿巡视了一下，便回到司令部，让战斗按所谓的“总司令的意思”进行。这就是说，他布置任务之后,听任战斗各行其是。但是,杰克逊却始终身在前沿，而罗伯特·李也骑着马在战场上跑，控制战场节奏，就像马尔伯勒、腓特烈大帝和拿破仑做的那样。杰克逊指挥的南军左翼部队几乎被消灭，但此前已经打垮联邦两倍于自己兵力的两个整编军。那里的战斗陷入僵局，直到罗伯特·李从压力巨大的右翼和中阵抽出人马支援杰克逊，僵局才被打破。北军的中间阵线陆续发动零散进攻，一个主力师被打散，一半人马倒下了。伯恩赛德奉命率领北军的左翼部队渡过安蒂特姆河，切断罗伯特·李的退路，要不是希尔率领李将军的最后一个师从哈珀渡口赶来，就会高奏凯歌了。希尔从出其不意的方向打击进攻者的右翼，解除了这一威胁。夜色笼罩了大地，在这场不分胜负的战斗中，北军损失了 1.3 万人，占参战部队的 1/4，占战场上所有北军的 1/6，南军损失了 9000 人，约占部队总数的 1/4。

夜幕降临时，罗伯特·李直面他的伟大副手们，他们无不建议立即把军队撤过波托马克河，连所向无敌的杰克逊也认为这是上策。可是，李将军仍然希望决战决胜，听取各种意见之后，表示了坚守的决心。于是，疲惫不堪的南军看着东方破晓，迎击似乎要碾压他们的雄壮勇士队列。无奈麦克莱伦已经吃足苦头，就按兵不动。要让他受到任何责难，卑鄙的陆军部必须先接受指责。18 日没有战事。李将军严令杰克逊发动进攻。杰克逊亲自和炮兵司令进行了侦察，然后报告说无法进攻。李将军接受了这一明智的判断，于是第一次进犯马里兰州告一段落。

1862 年这次战役中，道义力量和物质力量聚焦于决定性地点，进行了空前激烈的较量。战斗次数及暴力血腥程度远远超过了拿破仑发动的任何一次战役。从 6 月 1 日李将军接过指挥权的时候起，北弗吉尼亚兵团 7 个月内进行了 7 次血战——七日战役、锡达河战役、第二次马纳萨斯战役、南山战役、哈珀渡口战役、安蒂特姆河战役以及后来的弗雷德里克斯堡战役。罗伯特·李的兵力往往不及敌人的 3/4，有几次只有半数。勇敢的北军固然苦于可悲的政治决策，然而另一方面，南军则缺少武器弹药、粮食、装备、被服和军靴。甚至有人说，从赤脚士兵染着鲜血的足迹上，可以寻找南军的行军路线。但北弗吉尼亚兵团“用刺刀捍卫邦联”,进行了空前绝后的战斗。

*　*　*

林肯本来希望取得标志性的胜利，而麦克莱伦在安蒂特姆河送上的胜利虽然重要，却不是全胜。不过，林肯总统从未由于失望而削弱对联邦事业的信心。他只是焦虑不安，于是反复去盘问了司令官们，仿佛自己仍是检察官似的。将军们不喜欢这一套，可林肯在军中广受欢迎，士兵们都信任他。他们不了解他在华盛顿承受的没完没了的政治压力，不过，他们体会到他行事果断，宽宏大量。他在白宫的工作,不得不深深依赖这些品质。办公室里,政客、报纸编辑,各种头面人物络绎不绝，大多数侈谈速胜，却根本不知战争的凶险。许多人拿着自编的业余作战计划，自信满满地塞给领袖。许多人极力推荐心仪的将军。林肯耐心而坚定地对待这些来访者。他那朴实的幽默帮了很大的忙，反讽的语言减轻了负担，紧张时刻的一句冷笑话放松了心情。同时，他日益相信上帝，精神有了寄托。当阵亡人数急剧增加，作战计划相继落空时，他在内心深处祈求超越人类的存在来赋予他力量。他确实得到了力量。在权力的顶峰，有时必须忍受同僚不忠的阴谋，在别人恐慌之时必须保持镇静，经得起社会上误导的抗议。对于这一切,林肯都做到了。他也摊上了家门不幸，一个爱子在白宫里死去，夫人虽然一心一意爱着丈夫，却喜欢奢华，喜欢参政，时常引起难堪的非议。随着战争的进展，林肯的面容日益憔悴，脸上的皱纹也越来越深，然而他的表情却更加刚毅。

安蒂特姆河之战和李将军撤回弗吉尼亚的行动，给了林肯采取重大行动的机会。他宣告解放叛乱诸州的所有黑奴。李将军斗志旺盛，坚定果敢，外加一系列胜利的或不分胜负的大战，给英法两国留下深刻的印象。华盛顿内阁担心两国出面调停，也担心它们在调停遭到拒绝时承认南部邦联。北方人由于无谓的灾难性失败和指挥能力不如南方而灰心丧气，因此征兵困难，逃兵成风。许多人要求和平，另外一些人则问道，如果奴隶制将得到保留，北方搞这些杀戮是否值得呢？林肯抛出废奴这一最后的挑战，把战争提高到道义讨伐的高度，希望以此赢得英国舆论支持联邦，在同胞中激起新的热情。

这是一步深思熟虑的行动。甚至在南北战争爆发时，激进派就开始主张彻底废奴。林肯顾忌这会对边界上仍然忠于联邦的蓄奴州产生不良影响。他强调说，这次战争的唯一目标是维护联邦的统一。他给纽约的出版商霍勒斯·格里利写信说：“我的最高目标是挽救联邦，不是维护或摧毁奴隶制度。……我对奴隶制和有色人种采取的一切行动，是由于这样有利于拯救联邦，我所反对的一切，是因为我认为其不利于拯救联邦。”同时，他考虑着宣布解放黑奴的适当时机，还考虑到阻挠这一步骤的宪法难题。他认为自己无权干涉与北方交界的蓄奴州的奴隶制度，因而感到，只有以他的陆海军统帅职位公布这个法令，作为一个军事措施，它才有法律效力。这个行动旨在剥夺南方的一股力量源泉。因此，1863 年 1 月 1 日这一法令公布生效以后，只适用于叛乱的诸州。美国其他州的奴隶制直到 1865 年 12 月通过宪法第十三条修正案时才正式废除。在南方，这个法令只有在北军所到之处才能生效，其广泛的效果也达不到林肯全部的预期。英国人不理解林肯为何不宣布彻底废除奴隶制。有人怀疑他在耍政治手腕。在美国，战争已经达到不可调和的地步，南方除了被征服之外别无出路。北方的民主党彻底反对《解放黑奴法令》，在联邦军队中也不受欢迎。两个月以前，有望作为民主党候选人竞选总统的麦克莱伦将军曾针对这一行动向林肯提出过严肃警告。共和党人在1862年秋的国会选举中失势，所以许多北方人认为林肯做得太过分了，另一些人则认为他做得还不够。伟大、英明、审慎的抉择，往往一开始得不到公众的理解。

华盛顿政府同麦克莱伦将军的关系仍然可悲可叹。平心而论，麦克莱伦在马纳萨斯战役造成恐慌后为政府出了大力。他重振士气，亲上战场，还把南军赶出马里兰州。政府只看到他拯救了首都，实际上，他的贡献不止于此。那年夏天，英国的帕默斯顿勋爵决定出面调停，但安蒂特姆河战役的消息使他徘徊不前。这反而使北方面临着欧洲列强承认南方的危险，只是联邦人士并未马上觉察到这一点。同年秋天，帕默斯顿政府的财政大臣格莱斯顿在纽卡斯尔发表的演说，让北方人群情激愤。他说："我们深知，北方诸州的人民尚未喝进这杯苦酒，他们仍在试图把它从唇边推开，但是全世界都认为，他们最后还是必须得喝。我们可以对奴隶制有自己的看法，可以支持或反对南方，但是有一点是毋庸置疑的：杰斐逊·戴维斯和南方的其他领袖创建了一支陆军，看来也在建设一支海军，比两者更为重要的是，他们建立了一个国家。"格莱斯顿还未得知，帕默斯顿已经改变了立场。

此时，波托马克河畔，政客们和总司令互相仇视加轻视，严重的党派斗争加深了军事上的分歧。林肯总统希望立即高歌猛进，麦克莱伦则同往常一样，夸大南军的人数，低估他们的惨重损失。他知道，政府巴不得从背后捅他一刀，因此他决不肯为这样的政府承担任何非军事风险。战役过了 5 个星期，他才慢吞吞地渡过波托马克河，从哈珀渡口前往沃伦顿。

罗伯特·李顺着谢南多厄河从容地向上游撤退。他曾在 10 月中旬派“杰布”斯图尔特围绕麦克莱伦的军队进行了第二次浪漫的侦察，并且骚扰了北军的运输线，收集了大量的宝贵情报。如今，他毫不犹豫地在麦克莱伦的大军面前化整为零，留下杰克逊在波托马克河流域威慑华盛顿，他本人和朗斯特里特则屯兵库尔佩珀县政府所在地附近。如果大兵压来，他可以退守戈登斯维尔，估计杰克逊来得及赶到那里同他会师。麦克莱伦终于准备进攻了。他计划在杰克逊返回之前集中优势兵力打击罗伯特·李。在此关头，林肯总统终于在背后给他一击。1862 年 11 月 7 日夜，他接到移交指挥权给伯恩赛德将军的命令。同时，他最得力的部下波特遭到逮捕。政府在绝望时利用这些人，现在感到有足够的力量却打倒他们了。麦克莱伦反对废奴，矢志不渝。共和党中占上风的激进派正要他的脑袋呢。他们确信，他决不会努力争取压倒性的胜利，因而怀疑他同情南方并希望同南方媾和。他们还担心，麦克莱伦可能成为民主党强势的总统候选人。林肯听信共和党激进派的话，认为麦克莱伦已经成为现政府的负资产。长期以来，他一直为这位司令抵挡着政客的攻击和非议，现在他觉得自己必须让步了。可是，林肯对麦克莱伦并无敌意，他不是胸怀险恶之人。

麦克莱伦被解职的消息传开，北军中险些发生哗变。麦克莱伦做出十分得体的反应，竭力用自己的影响来扶继任者上马。他再没有获重新任命。罗伯特·李在战后对小儿子说，迄今为止，麦克莱伦是他遇到的最强对手，却从司令的位置上消失了。麦克莱伦能力有限，没有人会对此视而不见，但他在同罗伯特·李和杰克逊的较量中不断吸取了教训。他的解职对北军来说绝对是个错误，官兵们从未爱戴过其他统帅。还有激烈的政治斗争等待着麦克莱伦，在这种事情上，只有获得数量优势才能取胜，而它却属于另一方。波特将军在发生其间的马里兰战役中立下汗马功劳，却由于在第二次马纳萨斯战役中的举止而被军事法庭审讯、判罪乃至逐出联邦军队。多年以后，这种不公正的做法得到纠正。此案重新审理，波特将军光荣地被判无罪。

在这场难决胜负的战争中，林肯总统已经多次敦促交战，要求发动正面进攻，口号是“向里士满进军”。他终于找到了愿意正面冲锋陷阵的伯恩赛德将军。伯恩赛德是个讨人喜欢的人，却是个糟糕透顶的将军。难能可贵的是，他并不愿意接任。他上任以后，执行了一个简单的计划。他在地图上选择了通往里士满的最佳捷径，在弗雷德里克斯堡渡过拉帕汉诺克河后，就把军队集结在这条路上。

为了完善方案，伯恩赛德盘桓了半个月。其间，罗伯特·李调来了杰克逊和其他援兵。至此，罗伯特·李一直在开阔地带部署战斗，即使在敌我力量悬殊的安蒂特姆河战役，他也没有动过铁铲。此时，他却利用赚来的半个月在弗雷德里克斯堡的高地上用各种已知的工具构筑工事，用胸墙铺上圆木石头防护，盖着实土。近 150 门大炮已妥善安置，大量单人射击掩体也挖好了，防线后面的茂密森林中还开辟出横向通道。12 月 11 日，伯恩赛德占领了弗雷德里克斯堡，带领大部分队伍渡过拉帕汉诺克河，部署战斗。他手下有 11.8 万人，而罗伯特·李的部队只有 8 万人。13 日，他发动进攻，起初分批攻击南军的左、右两翼，然后又攻击中阵。北军士兵表现出强烈的奉献精神，一旅又一旅、一师又一师的队伍冒着密集的炮火向山上冲锋。黄昏，北军退了回去，损失将近 1.3 万人。南军中主要是杰克逊的部队蒙受了损失，伤亡总共不到 6000 人。伯恩赛德只想身先士卒，马革裹尸，希望第二天继续战斗。前线将领和首都人士的普遍舆论束缚了他。不久以后，总司令便被他的部下约瑟夫·胡克将军取代。

罗伯特·李根本不想在弗雷德里克斯堡作战。北军离阿奎亚港海上基地很近，南军无法发动反攻。罗伯特·李向戴维斯总统建议后撤 30 英里，允许其撤到北安纳河再与伯恩赛德交战。在那里，他可以利用杰克逊和斯图尔特对受挫敌军之运输线进行无情的报复行动。戴维斯总统虽然同他的将军们关系很不错，但可悲地妨碍了大将军的行动，把他束缚在消极防守的桎梏中，以致弗雷德里克斯堡战役的破坏性打击战果维持不了多久。如果南北两位总统允许麦克莱伦和罗伯特·李按照自己的最佳部署一较高低，战争的结果还是一样，但战局会比较明朗，时间会短得多，流血也会少一些。

*　　*　　*

西线在 1862 年底以前没有发生过决定性的战斗。到 11 月，在七松林负伤后已经痊愈的约瑟夫·约翰斯顿将军，被任命为南军的西线总司令，但是他对各支部队没有绝对权威。在田纳西州，布雷格将军带领 4.4 万人在默夫里斯伯勒附近同威廉·罗斯克兰斯将军指挥的 4.7 万名北军对抗。约翰·彭伯顿将军负责密西西比河军区，除了维克斯堡和哈得孙港的驻军之外，他大约还有 3 万野战军。最后，在西部更远的阿肯色州，南军的霍姆斯将军率领在该州征集的 5 万名士兵驻扎在小石城附近，那里没有现役北军能与之相匹敌。当格兰特暴露出准备进攻密西西比河一带、攻打维克斯堡的迹象时，约翰斯顿敦促阿肯色州的军队渡过密西西比河，与彭伯顿将军会师。如果这样，南军就能取得优势。杰斐逊·戴维斯否决了这个可取而且势在必行的方案。他知道，如果命令阿肯色州的军队到密西西比河东岸作战，必然会引起西部各州的强烈敌意。这种反对理由无疑非同小可，可是不这样就会招来灾难。戴维斯总统反而力主由布雷格从查塔努加分出1万人增援彭伯顿将军，加强维克斯堡的防御力量，这个命令得到了执行。

12月初，格兰特再次打算进攻维克斯堡，派谢尔曼将军从孟菲斯带领约3万人马，派海军上将波特的舰队进入亚祖河，去占领维克斯堡城北的高地。谢尔曼于12月29日攻打奇克索峭壁的南军阵地，不到一个小时便狼狈而归，损兵折将近2000人，而南军只损失150人。为了安慰自己，他到阿肯色河上游的阿肯色兵营俘虏了5000名南军守卫部队。由于布雷格的田纳西军队受到削弱，12月31日在默夫里斯伯勒发生了一场血战，双方士兵英勇无比。罗斯克兰斯指挥的北军伤亡9000多人，并有近4000人被俘获和28门大炮被缴获。布雷格也为此付出了1万多人的代价，可是北军仍然牢牢地控制着田纳西州及其首府纳什维尔。布雷格带着军队沮丧地撤到查塔努加过冬。

南北两军在各州仍然势均力敌。北方海军虽然自称在必要时能够冲过南军的炮兵火力网，但密西西比河航道仍然是北军的禁区。默夫里斯伯勒战役似乎是不分胜负，但奇克索峭壁之战则无疑是南军的胜利。然而，双方的力量平衡即将发生彻底的变化。

第 13 章

钱瑟勒斯维尔战役与葛底斯堡战役

1863 年春，波托马克兵团和北弗吉尼亚兵团仍然在拉帕汉诺克河两岸对峙着。有“勇士乔”之称的胡克在安蒂特姆战役中担任军长一战成名。论资历，他并不是二把手，而且他还密谋反对过自己的老大。他的这次晋升要感谢林肯，因为林肯深知他是名出色的战士，也希望他能成为发挥最佳的司令官。而恢复麦克莱伦的职务，显而易见是妙计，但在政治上行不通，会削弱总统的权威。胡克在 1 月底受命时，发现联邦军陷入困境，而这是他之前的不满情绪酿成的。3000 多名军官和 8 万多名士兵要么做了逃兵，要么因故缺勤，要么无故缺勤，弗雷德里克斯堡战役这样的打击，谁受得了。一直到 4 月底，军队才改编完成，大量援军涌入，离队者在家过完圣诞节也纷纷归队。此时，胡克手下已有 13 万多兵马，编为 6 个军，经过了休整，大家生龙活虎，且装备精良。此外，胡克还建立了骑兵，兵力达万人。他自认为可以宣称自己掌管着“世界上最精悍的军队”了。

罗伯特·李知道北方军一定会发动攻势，在迎敌的过程中，戴维斯总统消极防御和分兵把守的政策大大束缚了他。虽然只有冲破封锁线的船只才能够进入南卡罗来纳州的威尔明顿港和查尔斯顿港，但由于长期战争的压力，守卫这两个港口已显得极端重要。1862 年 3 月，联邦军在北卡罗来纳州的新伯恩登陆，其他军队则挺进到位于詹姆斯河口的萨福克，距离里士满只有 75 英里。在戴维斯总统看来，联邦军威胁到了上述两个港口及其通往里士满的铁路。鉴于沿海一带的地理条件，这两支联邦军一直由地方武装对付。李将军也知道拉帕汉诺克河附近筹粮困难，却先后派出 3 个师，在朗斯特里特指挥下与这些敌人周旋。这是罗伯特·李的一个错误行动。朗斯特里特一直在谋取独立指挥权，此时开始不必要地围攻萨福克。李军的 9 个师因此减少了 3 个，而且，4 个骑兵旅中有两个旅正在詹姆斯河南岸筹集粮草。步兵团不到敌军的一半，骑兵队不到敌军的 1/4。因此李将军只好放弃了此前取道谢南多厄河谷进攻宾夕法尼亚的想法，等待时机。

胡克人多势众，可以兵分两路。他的计划是首先派骑兵提前两个星期经过拉帕汉诺克河的上游浅滩，绕到罗伯特·李的左侧，然后以 3 个军击败其左翼，另派约翰·塞奇威克将军率两个军在其右翼驻地以南的弗雷德里克斯堡渡过该河。即使这样，胡克还有一个军的预备队。他认为李会被迫放弃防线后撤，那么，他将乘胜追击，直捣里士满。4 月中旬，行动开始了。由二流指挥官乔治·斯通曼将军指挥的联邦骑兵队为洪水所阻，结果与主力部队的右路军同时渡过拉帕汉诺克河上游。

一开始胡克进展顺利。他有 3 个军约 7 万人渡过了拉帕汉诺克河，并在 4 月 30 日上午渡过其支流拉皮丹河。这些部队向东挺进，从侧翼和后面攻破罗伯特·李的防线。守卫拉帕汉诺克河畔“合众国渡口”

的南方军被迫撤退，北方作为预备队的一个军兵不血刃地跨过拉帕汉诺克河。到了 30 日夜晚，9 万联邦军全部越过罗伯特 · 李的防线，集中在钱瑟勒斯维尔及其周边地区。联邦军数量庞大，但并不是锐不可当，此时正朝着弗吉尼亚中枢铁路前进。这条铁路在罗伯特 · 李后方的 45 英里处，是他的主要补给线之一。北方军骑兵的任务不仅是要切断这条铁路，而且要破坏它。与此同时，在弗雷德里克斯堡对面指挥两个军的塞奇威克将军渡过拉帕汉诺克河布防，准备进攻杰克逊的 3 个师。这 3 个师在朱巴尔 · A. 厄尔利将军的指挥下守在上次战斗的战壕里。

罗伯特 · 李处于两支大军的钳形攻势之下，其中的任何一支都能同他大干一场。同时，他的后方遭受重创，运输线也受到袭击。任何一支联邦军的前进都使他难以抵挡，如果这两路大军会师或同时向他进攻，他必然会一败涂地。到 30 日夜间，他已处于千钧一发的危险境地。正因如此，后来发生的军事行动才彪炳史册。

伟大的统帅李将军和他的可靠副手蜷缩在这个大包围圈里，但是他们充满信心。李将军的两侧各有一支暂时互不协调的敌军，不放弃重要的阵地就无法撤退。为此，他自然打算拖住一路敌军，再打击另一路。那么打击哪一路呢？杰克逊主张打击塞奇威克，把他赶入河中。但是李将军认为，只有打败联邦军的主力部队，才能转危为安。他一听说胡克亲自统率联邦军主力，便留下一个师牵制塞奇威克，亲率人马前往进攻。与此同时，“杰布”斯图尔特富有成效地在漫长的战线上同斯通曼的骑兵周旋，虽然处于 1:4 的劣势，却能够助李将军一臂之力，而斯通曼将军的联邦军骑兵在这次大战中无所事事。

*　*　*

钱瑟勒斯维尔位于一片森林和灌木丛的边缘，那里至今依然可称为旷野，只有开辟了道路小径，大军才得以穿行其中。5 月 1 日，胡克等部队全部到齐之后，下令沿着通向特恩派克和普兰克的公路大举东征。他的庞大骑兵队伍在南边 30 英里的路易莎县政府所在地切断了弗吉尼亚中枢铁路。他有 3 个通信气球和许多信号站，甚至还有一台战地电报机同塞奇威克联系。但是，拉帕汉诺克河谷笼罩在晨雾之中，形成雾障，气球和信号站上看不见任何东西，电报机也出了故障。他进入“旷野”时，遇到了大批敌军，并立刻遭到攻击。对方是斯通维尔·杰克逊的那个军，将军依然挥斥方遒。“勇士乔”作为部将名气大，现在当最高指挥官顶着巨大压力，直不起腰。他原来以为，他进展顺利的战略计划将迫使罗伯特·李撤退，此时他发现自己将受到南方军一哄而上的攻击。他立刻调转部队，回撤到他事先谨慎地在钱瑟勒斯维尔城下构筑的防御工事。5 月 1 日傍晚，南方军从树林里涌出，冲到联邦大军严阵以待的视线内。这段时间，塞奇威克在弗雷德里克斯堡没有从电报机里接到任何命令，所以当厄尔利勇敢地出现在已被北军士兵的鲜血染红的致命高地上时，他目瞪口呆。他虽然听到了枪炮声，却没有采取任何行动。他怎么会知道朗斯特里特可能尚未赶到战场呢，这可是唯一可以确定的事情啊。此时夜幕降临了。

罗伯特·李和杰克逊坐在一起，他们知道自己只有一天的时间。如果不能在 5 月 2 日这一天以 1:2 的劣势兵力打败胡克，就会受到优势敌军的前后夹击。要发动正面进攻是不可能的，取胜的唯一机会是分散数量本来就不多的军队，包抄胡克的右翼。为了这种机动，已经派人出去探寻过大路小路了。凌晨，杰克逊的一名参谋回来报告说，可以利用向高炉拖运木材和矿石的隐蔽小路。杰克逊立刻建议，由他率领部下全军顺着小路过去。罗伯特·李思索片刻之后同意了。也就是说，杰克逊要带领 2.6 万人包抄胡克的右侧，而罗伯特·李仅以 1.7 万人应对近 8 万联邦军。

清晨 4 点钟，杰克逊率军出发。行动应该神不知鬼不觉，这似乎至关重要。但在 8 点左右，森林中意外出现了一块空地，榛树林中的北军发现一列长长的纵队正在向他们的宽阔阵线的右方前进。实际上，南军行动的暴露反而给他们自己帮了大忙。丹尼尔·西克尔斯将军那个军里有两个师在犹豫片刻之后猛追上去，想打击这支队伍并弄清其意图。他们同杰克逊的后卫部队交火，后者顽强战斗后消失在森林里。这时西克尔斯也加入了这两个师的队伍，他们认为前面是南军在撤退，所以满怀希望地追上去。西克尔斯以为他已把南军拦腰斩断。事实也是如此。罗伯特·李和杰克逊已经被隔开，只有胜利后才能再次会师。倘若胡克向罗伯特·李方向进军，必能把他赶到离杰克逊更远，而更靠近塞奇威克，塞奇威克已经攻克弗雷德里克斯堡的高地，并且在离此 8 英里以外的地方指挥 3 万人马把厄尔利赶回到了罗伯特·李的背后。但是，胡克确信自己在防御工事里万无一失，且自己的战略计划进展顺利，因而坐失战机。杰克逊到达行军目的地，已经是晚上 6 点了。此时他不仅在胡克的侧翼，实际上还处于南军右翼部队的背后。他布置好队列，同位于北军另一侧的李将军隔着 4 英里的距离遥遥相对。彻头彻尾的奇袭啊。第十一军的士兵们正在防御工事后面吃晚饭或者打牌，突然，从背后的树林里闯出了南军的阵列。不到一个小时，第十一军便在优势敌军的打击下溃不成军，尽管他们总体上占着2:1的优势。

夜幕拉下，杰克逊认为极佳时机已到。他离通往合众国渡口的道路不到半英里，这是胡克全军的唯一退路。在杰克逊和这条致命路线之间，没有任何有组织的北军防守。杰克逊选择了他必须在夜间占领、在黎明后死守的地点，其战果就是北军主力的覆没。他们第二天如果不能战胜杰克逊，必将夹在"旷野"和他的炮火之间挨饿。杰克逊看出了这一点，便同一些军官策马沿着普兰克公路到前沿观察地形。他常常这样甘冒生命危险，而这次将付出代价。当他从前线返回时，他誓死效忠的手下北卡罗来纳士兵在黑暗中把他们一行错认为敌人的骑兵，对他们打了一阵排子枪。有3颗子弹打中杰克逊的左肩和左臂，他翻身落马。他经过一段痛苦的路程到达野战医院，由于失血过多而极度虚弱，神志不清。他的参谋长本来要带领希尔的那个师奔赴关键点，却也在这阵枪林弹雨中丧生。刚接过指挥权的希尔询问晕乎乎的上司不果，急忙冲上前去，结果也立刻中弹。几个小时以后，骑兵队的斯图尔特方才找到杰克逊这里。无人知道杰克逊的计划，而他又昏迷不醒。所以，世界的天平就是因这样小平衡点而转动的。

斯图尔特夜战打得漂亮。5月3日，怒不可遏的南军士兵呐喊"为杰克逊报仇"，冲向北军防线；逼其后撤，夺取了榛树林，又同罗伯特·李胜利会师，但那天晚上的战机永远丧失了。胡克已经派重兵守卫北军到合众国渡口的退路。他现在一心想撤退，甚至没有在前线牵制罗伯特·李。5月2日，他已丧失斗志。在3日的战斗中，一颗炮弹打在他身旁房屋的柱子上，把他吓呆了。这大概算是手下留情了。

罗伯特·李向塞奇威克进攻，后者在拉帕汉诺克河南岸的阵地岌岌可危，他在5月3日苦战了整整一天，在4日处于背水而战的境地，部下只有2万人尚能战斗，而至少有2.5万名南军在进攻。然而，南军士兵经过超极限的征战已经精疲力竭。塞奇威克虽然大败亏输，却利用弗雷德里克斯堡的浮桥逃脱。不久，他在弗雷德里克斯堡同胡克总司令和其他大军会师。9天前，这支大军似乎胜券在握，此时却丢盔卸甲，士气受挫，回到起始点。人数仍然两倍于敌，13万大军损失了1.7万人，6万名南军损失了1.25万人。

钱瑟勒斯维尔之战是罗伯特·李和杰克逊并肩作战的杰作，该组合简直是天作之合。罗伯特·李说："杰克逊是一位盖世无双的执行军官。他像磁针指着北极一样，准确地执行我的作战意图。"据说杰克逊曾经说过："我愿闭着眼睛跟随李将军。"可是这一切都已过去。罗伯特·李把功劳归于身受重伤的战友，他写道："如果万事能听我的，我愿为了国家，选择替你致残。"杰克逊熬了一个星期，胳膊被截除，接着又患了肺炎。5月10日，医生让他准备好后事，他对此虽感惊讶，却坦然迎接死神。他说："很好，很好，没什么大不了的。"几个小时后，他最后微弱清晰地说："我们过河到对岸的树荫下休息吧。"他的去世对李将军和南方的事业是个致命打击。

*　*　*

然而，几个月里，战局似乎对北方不利。沮丧的情绪席卷北方，部队里开小差成风。许多州暴力抵制征兵，即所谓"抓壮丁"，许多军队被迫从前线撤回维持治安。纽约城的反征兵骚乱中有千百人丧生。主和派（人们用一种十分厉害的毒蛇称之为"铜头蛇"）领袖克莱门特·伐兰狄甘在国会宣布："你们尚未征服南方，而且永远也做不到。你们花钱无度，血流成河。……失败、死亡、税收和坟墓……这是你们的唯一战利品。”印第安纳州和伊利诺伊州的议会扬言要承认南部邦联。林肯总统的挚友《芝加哥论坛报》编辑梅迪尔写道：“人人都感到，战争正在接近灾难性的耻辱结局。失败的民主制度和厌战思归的军队再也不会得到资助了。”当时真的是至暗时刻，但林肯并没有灰心。

海上和大西洋彼岸的问题也给北方人带来困惑，惹人忐忑不安。邦联的弱小海军在墨西哥湾和大西洋沿岸积极活动，战功卓著。公海上，英国为南军建造的商船截击舰给北方航运造成重大损失。其中最有名的“亚拉巴马号”1862 年 6 月从英国的默西河偷偷溜入公海，妄称公海航行，罔顾美国驻英公使多次抗议。它战果累累达 11 个月，然后在英吉利海峡被联邦的巡洋舰截住，于是在法国的瑟堡外海英勇搏斗。一些法国画家目睹了这场激战，马内还就战斗场面留下了一幅名画。“亚拉巴马号”终因火力不济而被击沉。美国联邦政府逼迫英国赔偿南方截击舰所造成的损失。双方谈判了很长时间，争论不休。南北战争结束 6 年之后，谈判才结束。格莱斯顿政府同意向美国支付 1500 万美元的赔款。

1863 年春夏两季，建造“亚拉巴马号”的那家英国造船厂正在为邦联建造两艘新铁甲舰，华盛顿为此日益焦虑。两艘军舰配置了 9 英寸口径的来复线大炮和可怕的水下撞角，结合了“梅里麦克号”和“莫尼特号”的进攻优点。以造船厂的名字命名，称为“莱尔德撞角舰”。美国公使抨击英国外交大臣约翰·罗素勋爵，强烈要求禁止莱尔德撞角舰像“亚拉巴马号”那样溜入公海。罗素最终意识到，中立国建造这样的军舰将形成不良的先例，在未来的战争中可能对英国不利。于是，他在 9 月下令扣留两艘军舰。战时的最后一次英美外交危机结束了。

*　*　*

此时，战场上的主动权已经转移到了罗伯特·李的手上，他决心实现谋划已久的进军宾夕法尼亚计划。但是，密西西比河畔的维克斯堡陷入困境，除非约瑟夫·约翰斯顿能得到大力增援，该城陷落迫在眉睫。有人建议在弗吉尼亚采取守势，派罗伯特·李亲自率领朗斯特里特的两个师到密西西比河畔增援，派其他部队到田纳西中部去打败纳什维尔以南的罗斯克兰斯掩护部队，威胁路易斯维尔和辛辛那提两个商业城市，这可能迫使格兰特放弃对维克斯堡的围攻。李将军断然拒绝了，他在军事会议上明确地提出：必须要冒着丢掉密西西比州或弗吉尼亚州的风险。他的意见占了上风。5 月 26 日，即钱瑟勒斯维尔战役的 3 个星期之后，进军宾夕法尼亚计划得到批准。北弗吉尼亚兵团改编为 3 个军，分别由朗斯特里特、理查德·尤厄尔和希尔指挥，每军各辖 3 个师。李将军在 1863 年的目标同前年一样，即迫使波托马克兵团破釜沉舟。他认为，只有这样才可能赢得南方的独立。

部队在 6 月 3 日开始行动。朗斯特里特军集中在库尔佩珀，另外两个军经此地进入谢南多厄河谷，直奔波托马克河。同时，朗斯特里特军沿着蓝岭的东麓北上，前锋和侧翼由斯图尔特的骑兵掩护，最后尾随另外两个军经过北“山口”也进入了谢南多厄河流域。9 日，在这次行动广泛开展之前，双方的骑兵在布兰迪车站相遇。在这场无关大局的战斗中，北军骑兵在新司令官阿尔弗雷德·普莱曾顿的统率下重振了士气。

这场战役的初期对罗伯特·李有利。尤厄尔 6 月 10 日离开库尔佩珀前往谢南多厄河谷。他一路上像“石墙”将军杰克逊那样神速前进，把北方守军赶出了温切斯特和马丁斯堡，俘获 4000 名官兵，缴获 28 门大炮，然后于 15 日横渡波托马克河。他命令自己的一队人马在黑格斯敦驻留一个星期，等待后面的两个军过河。他的骑兵旅挺进到宾夕法尼亚的钱伯斯堡，到那里筹运给养。22 日，他奉命继续向宾夕法尼亚内地前进，“如果力所能及”，攻占华盛顿以北 100 英里的哈里斯堡。

27 日，尤厄尔到达卡莱尔，次日，他的前哨离哈里斯堡不到 4 英里。另外两个军此时扎营在钱伯斯堡。李将军沿着坎伯兰河谷一直前进到钱伯斯堡，其右侧有南山作为屏障。至此，他对胡克的动向一无所知。他采纳了斯图尔特的计划，准备穿过山去，在宾夕法尼亚同尤厄尔会师。斯图尔特在 6 月 25 日出发，他认为胡克仍然驻扎在山的东侧，于是打算穿过胡克的营地，在利斯堡附近渡过波托马克河。可是，胡克在同一天早晨拆毁营盘，带领队伍开往波托马克河。斯图尔特只好第三次绕过北军的背后，在离华盛顿不到 20 英里的地方渡过波托马克河。他未能同尤厄尔右翼的一个师取得联系，只是在 7 月 2 日下午同罗伯特·李会合，人马疲惫不堪。李军因此有一个星期失去了“眼睛”。而其间状况频出。

罗伯特·李一向北运动，胡克就提议进军里士满。但林肯加以阻止，并明智地指出，里士满不是他的合适目标，李军才是。而总统的决定正中罗伯特·李下怀。渡过波托马克河后，胡克把指挥部设在了弗雷德里克附近，他在那里护卫华盛顿，并威胁着李的运输线。哈勒克和斯坦顿在钱瑟勒斯维尔战役后就决定不再让胡克指挥下一次的战斗。胡克因此拒绝使用哈珀斯费里的军营并提交辞职申请，立即获准。6月28日一大早，已被任命为总司令的第五军司令官乔治·米德将军决定让所有人马以强行军的方式向北进发，前往萨斯奎汉纳阻止李渡过波托马克河，同时护卫巴尔的摩和华盛顿。米德是一个谨小慎微、固执的指挥官，远离政治派系之争。他保准不会做出愚蠢的行为，也不会打漂亮仗。他推测李会从萨斯奎汉纳南下攻打巴尔的摩，于是准备在威斯敏斯特10英里外的派普克里克一线迎击李。

罗伯特·李对于斯图尔特未能回来报告一事倍感困惑，但他内心对他有信心，断定胡克一定仍在波托马克河以南。他在28日了解到实情以后,便下令队伍集中到靠近南山东麓的卡什敦。他并不慌忙，“行军时尽量使部队舒适”。战役开始时，他同朗斯特里特决定在战略上采取攻势，在战术上采取守势。除非在有利的条件下，他不打算开战。可是时运不济啊。

6月30日,希尔军的一个旅从卡什敦挺进8英里,开到葛底斯堡，一方面是为了筹集军鞋，另一方面是为尤厄尔军第二天的行军侦察路线。他们发现葛底斯堡刚刚被一批北军骑兵占领，在没有弄清敌军的力量之前就调头回营。葛底斯堡是四面八方十几条道路的枢纽，这支北军骑兵的指挥官布福德（教名是拿破仑·波拿巴）似乎是敌我双方最先看出它的战略地位的人。他把他的师带到城西，在一条小河后面选择了易守难攻的阵地，并要求第一军军长火速增援。第一军出发以后，第十一军也随后前往支援。

7月1日，同南军主力展开血战。紧接着，尤厄尔从东北方向赶来攻击北军的侧翼，迫使第十一军经葛底斯堡撤到城南3英里的高

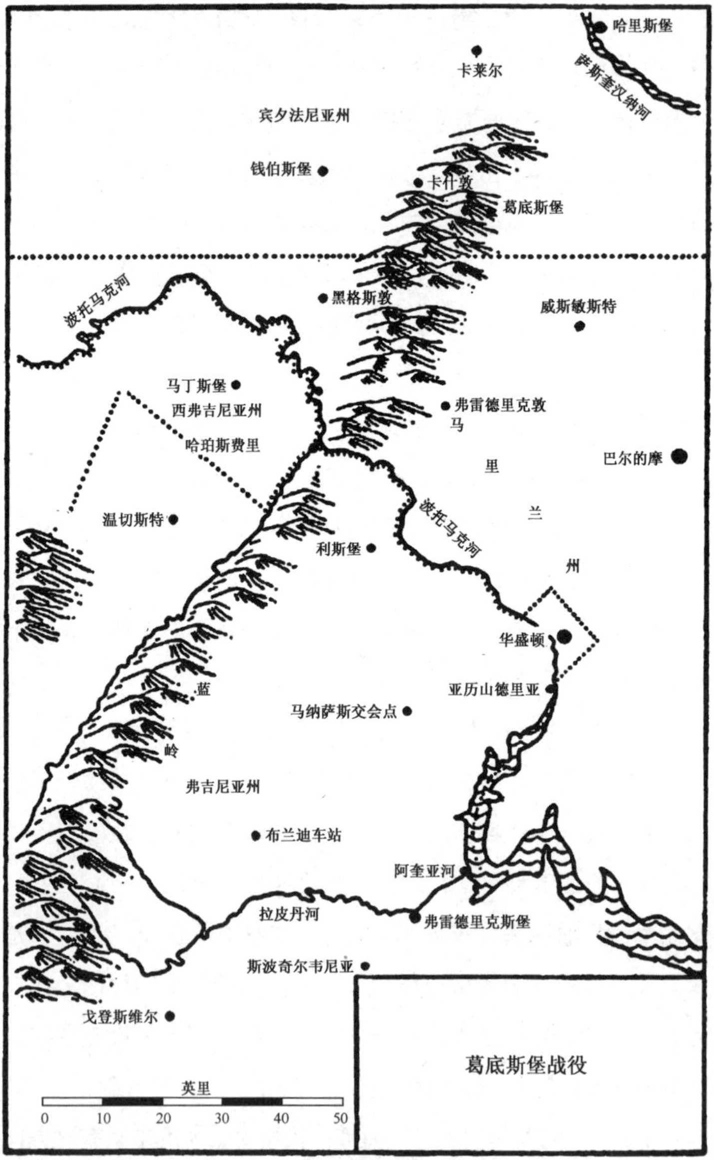
哈里斯堡
卡莱尔
萨斯奎汉纳河
宾夕法尼亚州
钱伯斯堡
卡什敦
葛底斯堡
波托马克河
黑格斯敦
威斯敏斯特
马丁斯堡
西弗吉尼亚州
弗雷德里克敦
哈珀斯费里
马
里
兰
州
巴尔的摩
温切斯特
波托马克河
利斯堡
华盛顿
亚历山德里亚
蓝
岭
马纳萨斯交会点
弗吉尼亚州
布兰迪车站
阿奎亚河
拉皮丹河
弗雷德里克斯堡
斯波奇尔韦尼亚
戈登斯维尔
英里
0 10 20 30 40 50
葛底斯堡战役

葛底斯堡战役

地避难。高地名为公墓岭，倒也名副其实。战斗的第一天有 5 万人交战，南军的 4 个师打败并重创北军的两个军。现在的关键变成了罗伯特 · 李和米德的行军竞赛，看谁集结得比较早。两人都不想在此时此地决战，可是都被拖入了南北战争中这场规模最大、最残酷的战斗。罗伯特 · 李如果不把米德的部队打趴下，部队和辎重就无法脱身。米德也同样守着自认为选错的战场。

罗伯特 · 李打算在战斗的第二天一早派尤厄尔和希尔进攻公墓岭。他认为公墓岭是通往北军阵地的要冲，判断准确，但部将反对，只能作罢。朗斯特里特赶到以后，力主绕到米德的左侧，将李将军置于米德和华盛顿之间。在斯图尔特骑兵不在的情况下，这样行动当然是轻率的，因为我们很难看出，李将军在这样的位置上如何解决给养问题。最后，罗伯特 · 李正式命令朗斯特里特拂晓攻击北军左翼。后者根本不赞成这一任务，直到下午 4 点才开战。就在他等待一个旅的援军时，北军又有两个军赶到。罗伯特 · 李以为北军左翼挨着埃米茨堡公路，便希望朗斯特里特沿该公路进军，可以从左到右横扫北军的阵线。但这时，北军的军长西克尔斯自作主张，占据了前沿阵地，所以他的侧翼不再是北军阵线的尽头了。朗斯特里特发现以后，却固执己见，拒绝放弃执行死板命令，虽然他知道李将军并不了解真实的处境。经过数小时的激战，朗斯特里特只做到了逼迫西克尔斯退回米德的主要阵线。希尔的大部队当天没有参加战斗。尤厄尔奉命一听到朗斯特里特的炮声就向公墓岭的北端进攻，所以到傍晚 6 点才投入战斗。7 月 2 日这一天，南军方面没有表现出任何协作进攻的迹象。李将军的意志没有占上风，南军的进攻不连贯，不过北军仍损失惨重。当天晚上的军事会议上，众人极力劝说，米德才放弃下令全军撤退的念头。

第三天开始了。李将军仍不惜动用重兵，力争胜利。他决定动用 1.5 万人，在 125 门大炮的掩护下，进攻希尔部队曾在前一天攻破的米德中阵左半部。同时，尤厄尔军将从北面进击。如果乔治·皮克特将军突破北军的阵线，南军将全力猛扑上去。命令进攻的时间又是越早越好，然而，第三天主动出击的是北军。他们在东方鱼肚白时夺回了前一天晚上撤出的一些壕沟，经过苦战在上午把南军全部赶下卡尔普山。尤厄尔经此一战精疲力竭，没有采取进一步行动，朗斯特里特仍在极力主张全力包抄米德的左翼。两天内他的那个军蒙受了惨重的损失，再这样行动难上加难。

上午在悄无声息之中过去了。直到下午 1 点，南军才开始进行空前猛烈的轰击。朗斯特里特不愿重整旗鼓，执行他认为会带来灾难的计划，就让炮兵司令亚历山大给皮克特发出信号。两点半钟的时候，南军用有篷马车从里士满拉来的弹药即将告罄。亚历山大对皮克特说："快过来吧，否则我的弹药就掩护不了你了。"皮克特对站在旁边沉着脸一言不发的朗斯特里特说道："将军，现在前进吗？"朗斯特里特勉强点头表示同意。皮克特敬了个军礼，然后率领 42 个团向北军中阵进攻。当年的战场后来受到南北双方精心呵护，我们今日可以看到步兵大队向上冲击的光秃秃而坡度不大的高地，许多大炮至今还保持着射击姿态。南军队形严整，战旗猎猎，孤军深入，冲锋向前。但他们如同老禁卫军在滑铁卢大战之夜那样，面临着非凡人可以抵挡的具有优势的敌军和铁器。北军的线膛炮等敌人冲到 700 码的距离时才开火。又一次轰鸣过后，在稳步前进的队伍中杀出一条条豁口。队伍继续前进，没有退缩，也没有混乱。接着又响起一阵震耳欲聋的炮声，罗伯特·李曾经这样描述道，像纸头撕裂的声音，从炮群中轰然升起。但皮克特的那个师仍在前进，在战壕、石墙或栅栏的前面同数倍于己的敌人近身肉搏，守军即使不是那么生龙活虎，至少准备为自己的事业而献身。皮克特师里的 3 名旅长不是战死，就是身受重伤。阿米斯特德将军终于带着数百人冲入北军核心，他手按着缴获的大炮牺牲了。如今美国的男子汉对其牺牲处崇敬有加。

但是，继续进行这种勇猛攻击所需的预备队在哪里呢？震撼整个阵线的同步进攻又在哪里呢？罗伯特·李在葛底斯堡无法取得优势，如同拿破仑在滑铁卢一样。所向无敌的突击队员战死的战死、被俘的被俘，其余的人则冒着无情的炮火踏着漫山遍野的尸体走回家去。归来的人不到 1/3，李将军骑着战马"旅行者"见他们，只有一句解释："都是我的错。"可士兵们不肯接受。很久以后，朗斯特里特在回忆录中写下了一句话，是对自己的有力辩解："当我策马回到炮兵阵地前，期待着立刻反攻时，炮弹纷纷落在战马的周围，如耕地一般，我不禁呼吁其中的一颗炮弹能使我脱离这种可怕责任的现场吗。"

南军没有进行反攻，葛底斯堡战役结束了。2.3 万名北军和 2 万多名南军吞下了铅弹钢弹。罗伯特·李像在安蒂特姆战役之后那样，第二天又同敌人对峙，准备再战。没有人比他更清楚，这是一场决战。他调动个人的所有资源，把军队集中起来。长龙般的马车没有装弹簧，载着伤员颠簸在 16 英里长的坑坑洼洼的路上。"把我抬回老家弗吉尼亚。""看在上帝的分上结果了我吧。"4 日夜间，罗伯特·李开始撤退。米德听任他离开，追击的力量已经在战斗中耗尽了。波托马克河水已经开始泛滥。罗伯特·李的浮桥被弗雷德里克敦城里杀出的北军摧毁了一部分，南军背对着无法跨越的河在战壕后严阵以待了一个星期。朗斯特里特主张坚守等待敌人进攻，但是罗伯特·李权衡了利弊。米德到了 12 日才出现，计划在 14 日发动进攻。然而，罗伯特·李经过酷烈的夜行军，14 日天亮时，已经带着伤员和俘虏安全到达河对岸。他只丢失两门大炮，但输了这场战争。

华盛顿政府对于米德的消极态度极为不满，但情有可原。假如拿破仑再世，他也许会发动对罗伯特·李的最后进攻，但绝不会如米德这样懈怠追击。林肯只把米德提升为少将，褒奖他在葛底斯堡战役中的功劳。罗伯特·李取道谢南多厄河谷，回到他在拉帕汉诺克河和拉皮丹河以南的旧军营。南方已竭尽全力。

在某种程度上，李将军在葛底斯堡战役中的指挥难能可贵。达成了一些目标，但是，以失败告终，远远抵消了这些。整个战役中，7.5 万人马折损了 2.8 万人，不可弥补的损失，从此再也不能通过在北方土地上取胜来争取南方的独立了。李将军认为，他的军队是不可战胜的，在钱瑟勒斯维尔战斗以后，他几乎开始蔑视波托马克兵团了。他没能区别劣等的军队和劣等指挥下的优等军队啊。在拉帕汉诺克河畔打败的不是北军，而是北军的司令官。假如允许胡克保留军权，罗伯特·李很可能会再次打败他。在钱瑟勒斯维尔，命运女神与他交友，而如今却跟他翻脸了。由于斯图尔特长时间不在身边，罗伯特·李在战役的最关键阶段对敌人的动向一概不知。正是在对手不在的这段时间，李将军犯下了进军南山东麓的致命错误。这一次，罗伯特·李的军事才能没有闪耀光芒。斯图尔特的沉默，让他心慌意乱，他“失魂落魄”，部下觉察到了其心态。主要的是，杰克逊不在身边。朗斯特里特的抗命，破坏了南军在葛底斯堡取胜的可能，南方人因此很怪罪他。

1863 年，东部战场上再也没有开战。入冬，两军在拉皮丹河隔岸对峙。

*　*　*

现在得看看西部战场了。那里也是炮火纷飞，尸横遍野。但是，如果罗伯特·李决胜，他就会所向无敌，可以向纽约和大西洋沿岸的各大城市进行勒索，或者招降。相比之下，西部战场虽然辽阔，却不那么重要，所以不必细述。诚然，粉碎南方的最后进军是从西部开始的，但在 1862 年和 1863 年，西部战场的重要性主要是由于格兰特升为北方全军的最高统帅开始的。目标是扫清或者密集轰炸密西西比河一线。1862 年 4 月，忠于联邦的南方人法拉格特上将率领北方海军建立了殊勋。他率领拥有部分装甲舰的混合舰队，冲过了扼守新奥尔良通路的海岸要塞。南方的最大城市和商业中心新奥尔良，次日便陷落了。然后，法拉格特继续向上游前进，5 月 18 日到达维克斯堡。由于附近没有陆军的支援，他于 6 月 25 日回头再次冲过南军的炮台，到孟菲斯同联邦小舰队会师。因此，1862 年底消息就传开了，南军的炮台无力阻止北军的舰艇。至于人们侈谈的新词“鱼雷”，法拉格特说：“让鱼雷见鬼去吧！”他果然说到做到。从此，北方小舰队可以在整个密西西比河上来回航行，付买路钱即可。这对大河两岸的北军部队是有力的支持。密西西比河流域进行的几乎是另一场战争，邦联的西部诸州要求戴维斯总统和里士满政府给予充分的自治权，同时又大声要求给予帮助。华盛顿对西部战场的看法，同第一次世界大战期间同盟国和协约国对东方战场的看法极其相似：西部战场是次要的，然而也是不可缺少的。不是胜利的必由之路，可是不走这条路，胜利就会姗姗来迟。

1862 年 12 月的河上进击失败后，格兰特把部队集中到密西西比河的右岸。维克斯堡仍是主目标，但亚祖河盆地洪水泛滥，这个季节只能在河上行动。格兰特制造许多假象，骗过防守维克斯堡的彭伯顿将军，在维克斯堡南边 36 英里的大湾炮台下面，将 4.5 万名将士渡过了密西西比河。他奇袭并打退了彭伯顿的军队，5 月 3 日凭高地一个比较安全的阵地在大湾立了足。左侧有宽阔的黑河保护，并同北军小舰队保持着联系。4 天以后，部下谢尔曼的第三军同他会师。然后，他开始小心地朝维克斯堡以及将它和杰克逊城连接起来的铁路前进。约瑟夫·约翰斯顿将军得到戴维斯总统的增援，已经为时太晚，但他抱病奔赴战场。他一心一意要解救彭伯顿的部队，因而命令彭伯顿将军立刻行军与他会合，以免格兰特的 3 个军插入他们之间。可是彭伯顿拒不服从命令，他认为，只要切断北军到大湾的运输线，就能迫使格兰特撤退。他不仅抗命，而且判断错误，因为格兰特就像 1862 年里士满城下的麦克莱伦那样，控制着各条河道，并不依赖任何一个特定的基地。格兰特放弃大湾这条运输线，以右翼部队打退约翰斯顿，然后以绝对优势的兵力扑向彭伯顿。在钱皮恩山死亡 6000 多名军人的一场大战之后，彭伯顿被赶回维克斯堡。格兰特在小舰队的帮助下，在维克斯堡北面建立了新基地。他对该城工事发动了两次猛攻，其中的一次进攻损失了 4000 人。受挫之后，他开始了常规围困。他得到大量援兵，兵力很快达到 7 万多人。约翰斯顿只有 2.4 万人，对彭伯顿爱莫能助。维克斯堡在饥饿中屈服了。城内的南方守军和野战军（总共 3 万多人）在 7 月 4 日投降，这也正是罗伯特·李在葛底斯堡战败之时。5 天后，路易斯安那州哈得孙港的7000名守军迫于饥饿，向班克斯将军投降。密西西比河终于全部落入北军之手了。林肯总统说："河流之父又可以优哉游哉入海了。"这些动作对南方是沉重打击。

*　*　*

此时战火主要转移到西部战场。在维克斯堡的陷落确凿无疑前，能干的罗斯克兰斯将军率领约有6万人的坎伯兰河兵团，在他取得默弗里斯伯勒大捷的地方固步自封地监视着布雷格的部队。此时布雷格的部队横跨在罗斯克兰斯将军和查塔努加城之间的铁路线上。查塔努加是铁路枢纽，北傍面阔水深的田纳西河，南倚阿勒格尼山脉的西部支系阿巴拉契亚山。它不仅是控制密西西比河流域的战略要冲，而且是进攻繁荣、强大而尚未遭到战火蹂躏的佐治亚州的必经之路。在这段等待的时间里，南军的骑兵发动猛烈袭击，企图破坏北军背后的铁路，北军则反击了田纳西州南部的重要钢铁厂和兵工厂。这些战事中，南军占了便宜。6月底，罗斯克兰斯沿着铁路向查塔努加进军，伯恩赛德率领一支4万人的军队攻打东边100英里处的诺克斯维尔。于是，一场意义深远的重大军事行动开始了。伯恩赛德攻占诺克斯维尔，切断了南方的一条铁路干线。罗斯克兰斯使用调虎离山之计，把布雷格引离横跨纳什维尔—查塔努加铁路的防线，在9月4日兵不血刃地占领了查塔努加。

在此之前，罗斯克兰斯都表现出卓越的军事技能。可此时他认为，他面前灵活机动、坚定顽强的敌军胆怯了，这可大错特错了。布雷格是南军里最无能的将军之一，总是做出错误的决定，遭到副官们的怨恨。尽管如此，他很会打仗。在查塔努加以南，阿巴拉契亚山脉像伸开的五个手指。布雷格在拉斐特按兵不动，此时兵力已经增

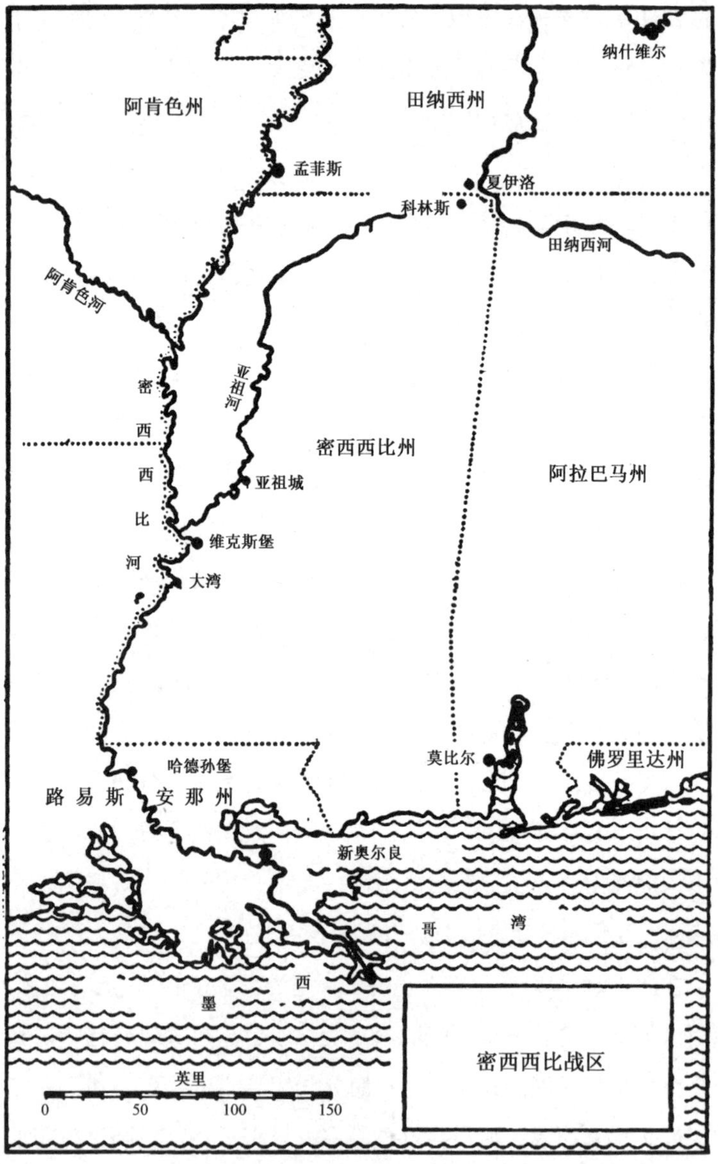
纳什维尔
阿肯色州
田纳西州
孟菲斯
夏伊洛
科林斯
田纳西河
阿肯色河
亚祖河
密西西比河
密西西比州
阿拉巴马州
亚祖城
维克斯堡
大湾
莫比尔
佛罗里达州
哈德孙堡
路易斯安那州
新奥尔良
墨西哥湾
英里
0 50 100 150
密西西比战区

密西西比战区

加到6万人。9月12日，罗斯克兰斯惊讶地意识到，自己的3个军分散在60英里长的战线上，而布雷格的部队虎踞其间，兵力相当于他任何一个军的3倍。布雷格态度专横，部下不听调动，因而失去了这一战机。如果由罗伯特·李或杰克逊来指挥，他们一定会将西部大局一锤定音的。罗斯克兰斯向查塔努加收缩集中，可是哪怕对阵布雷格也为时已晚，不可避免地要在极不理想的地点和条件下同他交战了。

9月18日，布雷格越过佐治亚边界，向奇卡莫加之敌发动进攻。朗斯特里特带着两个师和炮兵从弗吉尼亚赶来增援，其他各路大军也相继赶到。布雷格因此在数量上占了优势。对一名邦联将军来说，这是难得的好运，以7万之众进攻5.5万北军。战斗进行了两天，双方官兵均奋勇作战。布雷格一直试图包抄北军的左侧，并切断罗斯克兰斯同查塔努加的联系。但指挥北军左翼部队的乔治·托马斯将军已经得到中阵和右翼部队的增援。这时，朗斯特里特带着2万名弗吉尼亚老军趁机对北军阵线中兵力不足的地方发动进攻，把罗斯克兰斯的2/3的军队连同他本人和军长们打得狼狈逃窜，只有托马斯除外。朗斯特里特请求布雷格动用全部后备力量从左翼进行猛击，可是，布雷格总司令不改初衷，继续攻击托马斯。托马斯在一夜之间用圆木和铁轨在森林里构筑了胸墙。夜幕降临，尸首狼藉的战场，惨烈度仅次于葛底斯堡战场。获得“奇卡莫加磐石”之称的托马斯，率领他的军队摆脱了敌人，在查塔努加同其他北军部队会师。

这次战斗，双方伤亡惨重。北军和南军的伤亡及失踪官兵分别为1.6万人和2万多人。南军取得了胜利，他们缴获了40门大炮，把敌人赶出战场，暂时摧毁了敌人的战斗力。这次本可以成为拉米伊、滑铁卢甚至坦能堡[①]那样的战斗，而实际上只有莫拉克战斗的效果。

布雷格封锁并几乎包围了查塔努加城内的罗斯克兰斯及其指挥的坎伯兰河兵团，控制着卢考特山和米申纳里岭上的两个制高点。一度切断了通过田纳西河运输而来的全部给养。10月初，饥肠辘辘的坎伯兰河兵团大有投降之势。同时，屯兵诺克斯维尔的伯恩赛德在朗斯特里特的攻势下也奄奄一息了。

华盛顿政府此时开始大力倚重尤利塞斯·格兰特将军了。格兰特的弱点和错误都很明显,但他的声望也同样突出。在联邦方面受挫、困惑、失望、流血和感到厌倦之时，格兰特开始巍然傲立于血雨腥风之中。从多纳尔森要塞战斗到维克斯堡战斗，胜利女神一直跟随着他,他俘获大批南军官兵和大炮,攻占了大片南方领土。除他之外,谁能有这样的赫赫战功呢？10月16日,格兰特获得了俄亥俄河军区、坎伯兰河军区和田纳西河军区的指挥权，他的副官谢尔曼受命为田纳西兵团司令。

罗斯克兰斯被撤职，他打输了一场大仗。华盛顿政府的将军中，打败仗就要下台。然而，他在西部战场曾经战功赫赫，他的军籍也没有污点。早在奇克莫加战斗以前，他就失宠于哈勒克将军了。可怜的哈勒克处于严酷的政治斗争的前哨，试图向军队转达政客们的要求，并尽可能向政客们解释他们所能理解的军队需求。他1863年2月写信给格兰特和罗斯克兰斯，明确了自己的手段，谁先取得大捷，就把空缺的少将军衔给谁。格兰特没有回信。罗斯克兰斯在复信中坚决地驳斥说："爱国者和绅士履行本职工作不需要任何额外的

① 第一次世界大战东线战场的一次战役。

激励。”所以，他摔跤时，摔到了硬石地上。

格兰特通过一系列刁钻古怪的行动，粉碎了敌人对田纳西河的封锁，猛攻米申纳里岭和卢考特山，击溃布雷格的部队，将他们赶出查塔努加。同时，他还解除了伯恩赛德在诺克斯维尔之围。邦联的边界又大大地向南收缩。维克斯堡的陷落使南方的领土沿密西西比河分为东、西两部，而查塔努加的失守又使东部沿着阿勒格尼山脉一分为二。1863 年 12 月，南军被迫退回佐治亚州，密西西比河流域全部为北方收复。假如戴维斯总统在钱瑟勒斯维尔战斗之后任命罗伯特·李为南军最高统帅，或者最好在 1862 年，假如他利用自己的全部权威和能力使南方忠诚、顽强而又不幸地主张各州政治独立的力量支持李将军，那么这种令人痛心疾首的局势或将出现截然相反的变化。1863 年底，一切幻想都破灭了。南方人知道，他们输掉了这场战争，将要被征服蒙羞。但是，他们一如既往地进行抵抗，这是美国人民永放光辉的传统之一。北方人胜利在望，因而有余力进行激烈的内部斗争。失败的一方失去了希望,却反而决心血战到底。他们宁可这一代人全部牺牲，辽阔的土地受到蹂躏，农场统统化为焦土，城市统统被炸毁，战士统统战死，也不愿在历史上留下投降的记载。任何人都可能被更强大的力量践踏。死，不管以什么形式出现，毕竟是一死而已，而人人皆有一死。我们调查 1863 年的军事后果时，似乎难以相信，这场战火的痛苦蔓延到整个 1864 年，一直进入 1865 年。南方人喊道:“有本事就杀死我们,毁掉我们的一切吧。”大多数北方人则坚定地答道：“随你们便。”

第 14 章

合众国的胜利

邦联失败了。战争中相当长的最后阶段，是北方征服南方的阶段。钱瑟勒斯维尔和葛底斯堡战斗、维克斯堡战斗、查塔努加战斗和奇卡莫加战斗之后，同年冬出现了间歇。北军集中优势力量，去执行一次严峻的任务。南方对戴维斯总统的战争领导力提出严重质疑。他不仅亲自掌管维系邦联统一的艰巨事务，处理其政治经济生活，而且控制其军事运作，可一票否决。敌我力量悬殊，只有决战决胜，才能缩小差别，可戴维斯一味推行防守的战略政策，这必然无可挽回地走向毁灭。罗伯特·李和朗斯特里特奉命提出 1864 年的全面计划，于是建议，博雷加德带领南卡罗来纳各要塞撤回的 2 万军队到东田纳西去与朗斯特里特的军队会师，合力进击肯塔基，打击北军主力的唯一补给线路易斯维尔铁路，因为北军可望从查塔努加南下，攻击约瑟夫·约翰斯顿。然后，约翰斯顿和西部的所有南军部队将兵合一处，向北朝俄亥俄河挺进，必要时杀出一条血路。他俩宣称，这样就可瓦解西部的全部北军。至于东部战场，罗伯特·李和北弗吉尼亚兵团可以应对。当这个宏伟的计划在军事会议上提交戴维斯时，偏偏有布雷格极力推崇另一套计划，结果没有确定任何计划。约翰斯顿必须在西部战场独自尽力而为，罗伯特·李将继续保卫里士满。

3 月 9 日，林肯总统任命尤利塞斯 · 格兰特为联邦全军的统帅，提升他为中将。北方的军队指挥权终于统一起来，而且有了能够行使这种权力的将军。格兰特的计划残忍而简单，可以归纳为“消耗”两个字。在性命攸关的激战中，数量上的优势将取得胜利。格兰特对名义上仍然保留波托马克兵团指挥权的米德下令说：“李军开到哪里，你就去哪里。”格兰特对于同他一起升官的朋友谢尔曼则授予西部战场的指挥权，并下达了同样的命令，不过还补充了一句：“靠近约翰斯顿的部队，打散它，尽量向内地挺进，千方百计破坏敌方的战争资源。”约翰斯顿和罗伯特 · 李有内线作战的有利条件，如果他们当中的一个人表现出向另一人靠拢的迹象，北军必须不遗余力追击之。

格兰特还下令进行三个辅助行动：第一，在海军的配合下进攻墨西哥湾的莫比尔；第二，从门罗要塞进逼里士满；第三，破坏谢南多厄河谷，那是南方的产粮区，也是南军进攻马里兰州和华盛顿的惯用路线。临时绕行路线的前两个行动受挫，河谷计划只是在年底派出菲利普 · 谢里登将军指挥的两个军和三个骑兵师以后才获得成功。

初春，格兰特挥师到拉帕汉诺克河和拉皮丹河的旧战场同罗伯特·李厮杀。当时，钱瑟勒斯维尔战斗的遗迹依稀可辨，人们对“石墙”将军杰克逊记忆犹新。5 月初，格兰特带着 12 万大军同罗伯特·李的 6 万人马激战。他在“勇士乔”胡克前一年使用过的渡口跨过拉皮丹河。在怀尔德尼斯的野地里，双方进行了一场残酷的野战。5 月

5日和6日这两天复杂而激烈的战斗中，格兰特被击退，损失了1.8万人马。李损失了大约1万人，大部分伤亡是在一次猛烈的反攻中造成的。格兰特接着向左行动，在8日到19日之间进行了多次混战，企图切断南军到里士满的退路。这次战斗称为“斯波特瑟尔韦尼亚郡府战役”，北军又伤亡了1.8万多人，是敌军的两倍。格兰特没有因惨败而知难而退，恢复向左行动，接着两军先后在南安纳河畔的荒凉地区和帕芒基河畔进行了持久的鏖战。格兰特的部队虽然英勇作战，却始终未能击溃李军的右翼，罗伯特·李和他的忠诚将士们也一直没有制服一倍于己的敌人，只能使之遭受一定比例的伤亡。根据格兰特的战略思想，这个较量过程虽然代价惨重，须持续到一定的时间才能奏效。他给华盛顿的哈勒克写信说：“我建议在此线决战到底，哪怕打整个夏天也在所不惜。”但是，其他无法预料的因素掺和进来了。

在1862年“七日战役”的战场科尔德港，联邦总司令格兰特挥师穿插地势起伏的凋敝林区，杀向饥寒交迫、形容枯槁却士气高涨的邦联战线。李将军与骑马前来观战的邦联邮政部长进行交谈，就是在此战期间，对方问：“如果他冲破你的防线，你有多少后备力量呢？”李说：“一个团也没有，开战以来我的处境一直如此。如果缩短防线搞预备队，就会遭侧翼包抄。倘若削弱防线搞预备队，防线就会打破。”但这一天的战果终止了格兰特不屈不挠的屠杀战术。厮杀一个小时左右，蓝军装的北军勇士死伤7000人，之后，部队不肯继续进攻了。战争对司令官的要求，不只是果断地推着士兵去送死。北军的伤亡将士倒在两军之间，死尸在烈日之下迅速发臭，伤员喊着要水喝。格兰特没有争取到停火，好掩埋尸体。直到战斗以后的第三天，罗伯特·李才给格兰特写信说，倘若北军请求停火，他乐于接受。于是格兰特提出正式要求，实现了数小时的停火。在我们近来亲历的两次世界大战中，却不允许有这种好事，于是令南北战争相形见绌的大量伤员在“无主之地”上死去，在他们倒下的地方无助地受尽长时间的痛苦。在美国那个相对文明的时代，科尔德港战斗的场面被认为是不可言状的惨剧。

30天里，北弗吉尼亚兵团对格兰特部队的杀伤数目相当于自己的总兵力。此时格兰特发现，不得不采取运动战了。他不折不扣地采取了麦克莱伦两年前在同一战场上运用的策略。他大胆巧妙地进军让罗伯特·李无力阻挡，北军全军越过约克敦半岛，再利用海军力量渡过詹姆斯河，在南岸建立新的基地。格兰特遵从麦克莱伦的心愿，开始从“后门”攻打里士满。他在彼得斯堡受挫之后，便利用现在增至14万人的大军围攻掩护该据点的壕沟和里士满东边的防线。他向詹姆斯河以南运动，企图包抄罗伯特·李的右侧，未能成功。于是，他在6月底退而用铁锹、地雷和大炮进行堑壕战。这样并不能封锁死，因为罗伯特·李的西侧仍然敞开着。这种相持状态持续到1865年4月。格兰特的战术虽然最终达到了目的，却是指挥无能的表现。不过，这倒也是一种致命的战争形式。

* * *

同时，在西部几乎占一倍数量优势的谢尔曼，5月开始挥戈南下，沿着查塔努加到佐治亚州腹地亚特兰大的铁路前进。他遭到约瑟夫·约翰斯顿率领的3个精锐军迎击。两位能征善战的将军进行的较量引人瞩目。谢尔曼避免发动正面进攻，而是用迂回战术拔掉了约翰斯顿的一个个坚固阵地。两军的前哨不断激战。在一次小规

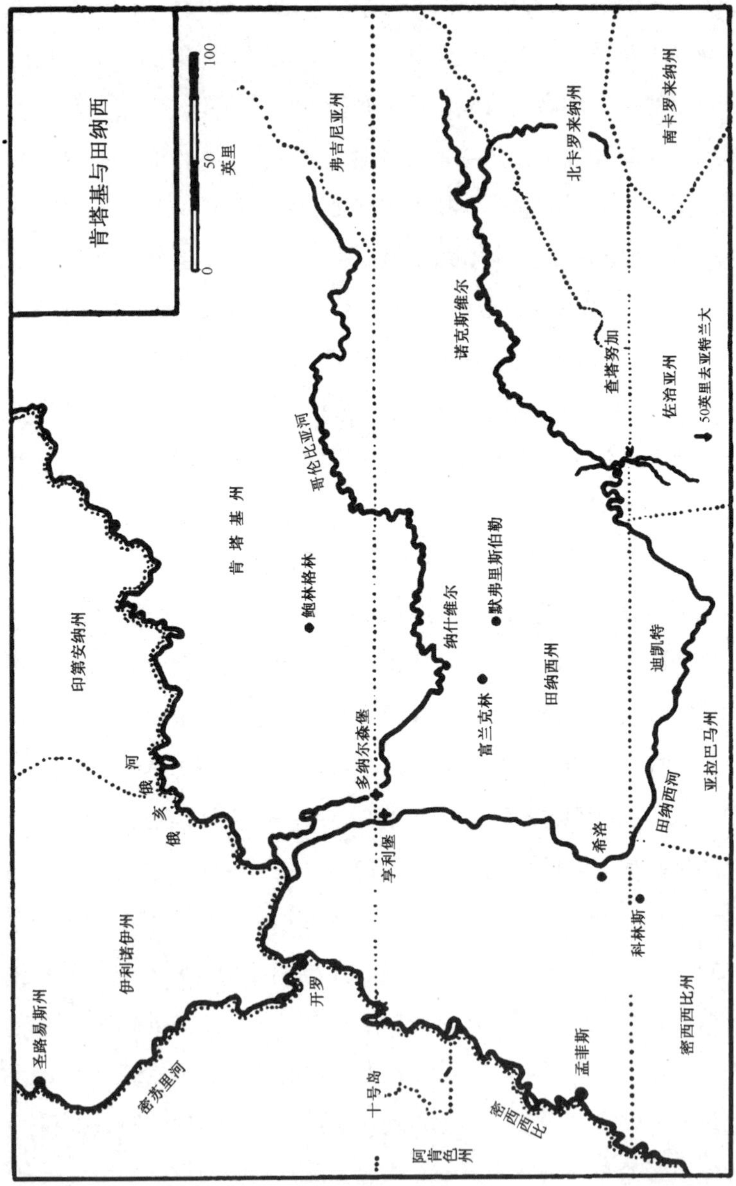
肯塔基与田纳西
0
50
100
英里
弗吉尼亚州
南卡罗来纳州
北卡罗来纳州
诺克斯维尔
查塔努加
佐治亚州
50英里去亚特兰大
哥伦比亚河
肯塔基州
鲍林格林
默弗里斯伯勒
纳什维尔
田纳西州
富兰克林
迪凯特
亚拉巴马州
印第安纳州
俄亥俄河
多纳尔森堡
亨利堡
希洛
田纳西河
科林斯
伊利诺伊州
开罗
密西西比州
孟菲斯
圣路易斯州
密苏里河
十号岛
密西西比
阿肯色州

肯塔基与田纳西

模的交战中，约翰斯顿的一位军长利奥尼达斯·波尔克将军被炮弹炸死。只是在凯纳索山，谢尔曼才发动了进攻，结果被击退，伤亡2500人。但是，约翰斯顿因无休止进军和自己不愿主动请战，而失去了戴维斯总统的信任。当他下决心在桃树溪固守之际,却被约翰·胡德接替了。南军对长途撤退已经不耐烦，这一变动让大家欢声雷动。但军界人士至今认为，撤换约翰斯顿是戴维斯总统在忧虑重重的任期内犯下的最严重的错误之一。胡德觉得，发动进攻是义不容辞，便在桃树溪、迪凯特和东点尽情释放发动攻势的热情，使他所效劳的政府和他率领的军队欢欣鼓舞。南军在保卫自己的家园，所以向进犯者勇猛进攻，损失不可弥补。仅在迪凯特一处，他们就损失了1万人，而敌军的伤亡人数不到这个数字的1/3。在5000名南军士兵倒下的东点战斗之后，西部兵团和里士满政府都相信，约翰斯顿的见解大概是正确的。胡德奉命恢复守势，在受困几个星期之后，被赶出亚特兰大。经过4个月的战斗，谢尔曼将星条旗插入南方境内150英里，部队损失了3.2万人，而南军的伤亡人数超过了3.5万人。因此谢尔曼可谓战果累累。

这一胜利预备了另一胜利。其实，1864年最重要的斗争是选战。在残酷内战的高潮阶段，选举竟然按部就班地进行，实在令人震惊。林肯的第一届任期将满，必须接受仍然在他统治下的美国诸州选民的选举。这段不协调的插曲最好地证明了他所捍卫的一套制度的力量。被他刻薄对待的麦克莱伦将军是民主党的候选人。8月，他在芝加哥提出的口号是“四年来以武力恢复统一的实验连连失败……现在应立即争取停止敌对行为……在恢复各州联邦的基础上实现和平”。这个建议史称“和平纲领”。共和党人毫不迟疑地称之为“不忠纲领”。其实，这个建议只代表民主党内一部分人的意见。充其量只能说它荒唐。尽人皆知，南方只要还有一线生机，就不会同意恢复联邦的统一。林肯内阁里精明能干的财政部部长萨蒙·蔡斯成为同他争夺共和党提名的对手。这是共和党内心怀不满的人策划的行动之一，打算由他们自认为更有活力的总统取代现领袖。林肯的政敌虎视眈眈，对他的活力却视而不见。这一切对殊死的战争都是不利的条件。格兰特让波托马克兵团遭受的惨重牺牲和里士满城外的长期僵局，使北方人产生了不祥之感。但是，攻打亚特兰大以及法拉格特海军上将对南方最后一个通商口岸莫比尔港的进攻，使民众再一次受到鼓舞,政客们知道如何利用被鼓舞的民众。1864 年 11 月，400 万公民进行了投票，林肯仅仅获得了 40 万票。他只有依靠公众的支持，才能推行坚决胁迫南方诸州重返联邦的方针，而支持率却是如此之低。这并不是说，所有的民主党人都要求不惜一切代价实现和平。麦克莱伦在接受提名时明确宣布，要开始停战谈判，南方必须同意回归联邦。但是，美国宪法的制定者设计了间接选举总统的制度，而现在已经建立在最大的男子普选权之上了。林肯在选举团内得到了除新泽西、特拉华和肯塔基之外联邦各州的支持，有 212 名代表投了他的票，而麦克莱伦只得到 21 票。

为了抚慰或迷惑主和的选民，林肯曾经鼓励同南方进行非正式和谈。《纽约论坛报》的霍勒斯·格里利作为他的代表，在加拿大的尼亚加拉瀑布城同南方密使见了面。格里利很快就发现，他们根本无权和谈。无论如何，这一步骤肯定是要失败的，因为林肯的条件中包含了恢复统一和废奴。于是，互相尊重的南北双方以及长期互相敬佩的两支军队在精神和物质方面的无情斗争中迎来了第四个冬天。

尽管亚特兰大丢了，胡德带领的 4.4 万名哀兵仍活跃在战场上，随意袭击谢尔曼的运输线。胡德还有 1 万骑兵，领导者是邦联日薄西山时崛起的新秀内森·福雷斯特。此人几乎是个文盲，公认有顶尖的军事才能。他说，兵法云“以优势兵力先发制人”。这是经典的论述。胡德的这些部队都在谢尔曼部队的附近和背后伺机而动。11 月 12 日，谢尔曼将军说服了天生惴惴不安的华盛顿内阁，干脆放弃了运输线，开始强行穿过佐治亚奔向大西洋海岸行军。北方差不多封锁了南方的棉花出口以后，南方妇女带着服从尊敬她们的黑奴，在地里种上了谷物。所以，佐治亚州在这个黑暗的冬天仍然有丰足的粮食。谢尔曼拉长战线向前推进，就地取食，并且摧毁了途中够得到的所有农场、村庄、城镇、铁路和公共设施。他所到之处，留下的是一片焦土。当地人提起他，仇恨至今未消。他说：“战争就是地狱。”他确实说到做到。不过我们不要以为，他的破坏劫掠可以同 20 世纪世界大战的暴行或中世纪的野蛮相提并论。经过深入的调查研究，至今并未发现有谋杀强奸的案件。然而，美国版图的这一部分有了浓黑的阴影。

与此同时，胡德带领南军西部兵团不仅仅撕破了谢尔曼同北方的交通，使联邦政府一个月里得不到他的任何消息，还率领近 6 万大军杀进北军占领区。他冲进田纳西州，而奉谢尔曼之命留下监视他的托马斯撤出。家乡正在发生的祸事传言激怒了南军将士，他们以近 7000 人的代价将北军赶出了富兰克林，大有再次打到俄亥俄河边之势。但是，前进中的他们 12 月 15 日在纳什维尔战斗中被托马斯击溃，混乱不堪地撤到南方。谢尔曼几经周折赶到大西洋岸边的萨凡纳城,正好以攻克该城的消息作为“圣诞礼物”献给连任的林肯总统。

*　　*　　*

战争胜利在望。谢尔曼制订了 1865 年度计划，准备以比佐治亚州更严厉的惩罚来对付南卡罗来纳州。这个州傲慢地把几年来的艰难困苦发泄在美国人民身上。以前也是这里的人对萨姆特要塞的星条旗射击。林肯内阁的部长们要求抹去查尔斯顿，将盐撒在地基上。于是，谢尔曼斗志昂扬地进军。这时，罗伯特·李在里士满城外耗尽了抵抗力量。格兰特到达詹姆斯河南岸的行动，未曾吓阻他派出厄尔利将军率领一支强大的小分队进军谢南多厄河谷。1864 年 7 月，厄尔利以杰克逊风格打败了北军的指挥官们，华盛顿再次听到敌军进逼的炮声。但是，谢里登率领势不可当的大军扫荡了谢南多厄河。长期以来，里士满前面的彼得斯堡防线挡住了北军的每一次进攻。一颗大地雷在工事下面爆炸，引起了在弹坑里的一场厮杀，结果使 4000 名北方人丧生。然而，罗伯特·李已经承受不住这种压力了。

一直到了 1865 年 2 月初，山穷水尽之中，戴维斯总统才任命罗伯特·李为总司令。同月，戴维斯进行了另一次谈判的尝试。授权邦联副总统 A.H. 斯蒂芬斯到詹姆斯河口汉普顿海峡的汽轮上同美国总统会面。交战双方的领袖在战争期间进行谈判，实为奇观，空前绝后。而且，这位南方代表曾是林肯几年前的熟人。在主要问题上，双方都丝毫不想让步。杰斐逊·戴维斯在斯蒂芬斯行前嘱咐说，可以缔结一个使“我们两国能够和平共处的”条约。林肯在谈判中表现出宽宏大量的气度，但有一个前提：美国必须恢复统一。不出他所料，南方不会自愿地重返联邦，北方也不会主动地让步。

此时，罗伯特·李立即恢复了约翰斯顿的西部兵团指挥权。战争中，国家和军队的统帅部没有一定之规，一切都要视实际情况和人员而定。但是，如果出现了杰出的将军，明智的文职政府应该立刻授予他军事全权。在第二次马纳萨斯战斗以后，最迟在钱瑟勒斯维尔战斗以后，罗伯特·李显然已是南军的总司令。然而，那是1862年春天的事情了。如今已是1865年春。南军的每一次反攻均被粉碎，北军在败局已定的邦联横冲直撞，格兰特终于兵临负隅顽抗的首府里士满城下。

在法夫福克斯战斗和彼得斯堡防线崩溃之后，戴维斯总统在4月2日这个星期天坐在里士满的教堂里。通讯员走上前说："李将军要求立刻撤离。"这样，邦联政府就必须南迁，但纵横千里的土地仍在治下。并不是土崩瓦解，众叛亲离；一切都得分批征服，一人一人地击败，一寸一寸地夺取。李将军仍谋划了一步棋，打算从里士满迅速南下，同约翰斯顿会师，打垮谢尔曼，然后回头迎击格兰特和庞大的波托马克兵团。然而，这一切都是为了荣誉，幸好临死痛苦被饶过了。罗伯特·李从里士满撤出后，被高于3倍的敌军追击。谢里登带着一个骑兵军包抄他的退路，袭击他的辎重队。南军三面受敌，士兵连减半定量的嫩玉米和块根也吃不上了。格兰特此时向罗伯特·李冒险试探，呼吁他承认已处绝境。罗伯特·李在饥肠辘辘下屈服了。他骑着战马"旅行者"赶到阿波马克托斯县政府所在地，去了解对方提出的条件。格兰特用几句话把条件写下来：北弗吉尼亚兵团的官兵必须缴械，凭誓释放回家，只要遵守美国法律，绝不会受到骚扰；李将军的军官可以保留佩剑，由北军粮车供应口粮。格兰特还说："你的部下必须保留他们的骡呀马呀，春耕时会需要的。"这是格兰特将军一生中最伟大的一天，在美国历史上享有重要的地位。长期以来“用刺刀抬着邦联”的北弗吉尼亚兵团尚有 2.7 万人，全部投降。半个月以后，约翰斯顿不顾戴维斯总统的反对，以类似的条件向谢尔曼投降。戴维斯本人被一支骑兵队抓获。南方诸州的武装反抗至此全部偃旗息鼓了。

林肯和格兰特一同进入里士满，返回华盛顿后知道了罗伯特·李投降的消息。林肯成为征服者和主人而独步天下。4 年的稳固权力似乎近在眼前。他面临过各式各样的压力，遇到过以他的学识无解的问题，但他持之以恒，凭钢铁和火焰般的意志拯救了美利坚合众国。他一门心思考虑着如何医治国家的创伤。他具有实现这个目标的精神力量和智慧，并且有至高无上的权力。有些人主张绞死杰斐逊·戴维斯，林肯回答说:“你们不要论断人,免得你们被论断。”4 月 11 日，他宣布了宽厚待人的必要性，要求人们同战败者和解。14 日，他在内阁会议上友善地谈到罗伯特·李和南方的其他领袖，指出了宽恕友好的路径。但在当天晚上，当他在福特剧场的包厢里看戏时，一个暗杀集团中的狂热演员从背后溜进去，朝他的头部开枪。歹徒跳上舞台，高喊着：“暴君的下场就是如此。”他的踢马刺卷进一面美国国旗里，踝骨扭伤，可是他竟然逃到了弗吉尼亚。后来他被抓获，在一个谷仓里被枪毙。国务卿西沃德也在家中遇刺，这是暗杀阴谋的一部分，不过他的刀伤并不致命。

林肯没有恢复知觉，次日逝世。失败的南方因此失去了唯一的保护人。其他人也许想仿效他的宽宏大量，但除他之外，无人能够控制甚嚣尘上的政治仇恨。刺客的子弹对美国造成的伤害，超过南军的所有炮弹。北方人即使在狂怒之中，也没有对南方的领袖进行报复。杰斐逊·戴维斯和另外几个人确实被囚居堡垒了一阵子，但后来获准过着安宁的生活。但是，林肯的逝世使美国失去了舵手，只有他能够解决重建美国的问题，只有他能够在军事胜利的基础上，在人们的心中赢得永恒的胜利。

靠武力征服，
只是征服一半的敌人。

伟大的南北战争结束了。总的看来，在此前有记载的大规模战争中，肯定是一次非常崇高、非常难避免的战争。75 万人战死沙场。北方负债累累，南方沦为废墟，美国的经济发展暂时倒退了。共和国的生活和历史中的许多传统因素丢了，美国人陷入困顿。但是，正如约翰·布赖特[1]对英国劳动者听众说过的那样，“战场上的硝烟飘散之后，笼罩美国大陆的可怕阴影终于消失，而且一去不复返了”。

---

① 英国民主政治家（1811—1889）。

第十二部　维多利亚时代

第 15 章
德意志的崛起

当美利坚合众国即将面临煎熬之时，不甘沉寂的拿破仑三世忙于巩固法国统治之时，莱茵河的对岸发生了翻天覆地的变化。1861 年，继腓特烈大帝后，威廉一世正式加冕成为普鲁士的国王。他在统治初期所做的三大人员任命对整个欧洲乃至现代政治都产生了难以估量的影响：冯・毛奇伯爵任总参谋部首长；冯・罗恩伯爵成为陆军大臣；最重要的是，奥托・冯・俾斯麦伯爵从驻巴黎大使馆奉召回国，任普鲁士首相。俾斯麦先任北德意志联邦的首相，最后成了整个德意志帝国的首相。这位天资卓绝的政治家铁血奔放，推动了德意志的统一与普鲁士化，消灭了普鲁士在欧洲的劲敌，并在 1871 年成功将威廉一世送上了德意志的皇帝宝座。他始终辅佐，或者说控制着威廉一世及其后两任皇帝，直到 1890 年他与年轻的威廉二世发生冲突而悻悻然下台。

俾斯麦体格强健，气质练达，训练有素，早已准备好在未来大展宏图。任联邦议会的普鲁士驻法兰克福代表之前，他就曾做过普鲁士的公务员和波美拉尼亚省议会的议员。他遍游各地，还通过管理波美拉尼亚的大批家族地产积累下了实践经验。出任首相之前，他曾先后任普鲁士驻彼得堡和驻巴黎大使。早期的职业生涯使他对政治目的与手段形成了根深蒂固的见解，并且，他在表达己见时向来直言不讳,有时甚至不乏逆耳之言。他将君主专制视为理想与目标，对自由主义和议会制政体则弃如敝屣。普鲁士必须清除其软弱与自由主义的成分，才能实现其领导控制德语民族的命运。由此，普鲁士势必与奥地利决一死战。

一番精彩绝伦且不择手段的外交交锋之间，俾斯麦深思熟虑，终于敲下最终缔造了德意志帝国的关键三锤：1864 年与丹麦的战争，石勒苏益格公国与荷尔斯泰因公国因此依附了普鲁士；1866 年的七周战争，此战重创奥地利并碾压了其位于德意志的同伙；最后一锤定音的正是 1870 年的普法之战。

俾斯麦始终坚信，只有确保普鲁士的东部边境固若金汤，方能保证在其他方向上的行动自如。他在法兰克福时曾说：“普鲁士不应冷落与俄国的友谊。在整个欧洲大陆，与其达成同盟最为划算。”普鲁士自克里米亚战争开始就袖手旁观，并很快又有机会向沙皇再献殷勤。1863 年，波兰人奋起反抗俄国，这样无望的一腔孤勇在这个不幸民族的历史上并不罕见。俾斯麦对俄国人大加支持鼓励，甚至还允许俄国军队进入普鲁士边境追捕叛军。俾斯麦始终反对并害怕波兰独立，于是，波兰独立的希望再度破灭，而俄国也就此感受到了普鲁士的示好和情愿再行方便的暗示。

同年，俾斯麦伺机向西北扩展版图，取得了对基尔港和丹麦半岛海峡的控制。丹麦国王去世，没有直系继承人，于是，长期以来关于石勒苏益格公国与荷尔斯泰因公国继承权的争论达到顶点。几百年来，丹麦国王都统治着这些公国，将之视作神圣罗马帝国的封邑。罗马帝国灰飞烟灭后，维也纳会议上确立了松散的德意志邦联，两个公国继而成了邦联中不甚明确的组成部分。石勒苏益格半数人口属丹麦民族，而丹麦人希望能将公国并入丹麦王国。荷尔斯泰因全是德意志民族。继位之争进一步激化了民族情感的冲突。出生于另一家族的丹麦国王有权继承公国吗？另一位竞争者也加入了角逐。德意志民族的爱国情绪日益高涨，决心誓死阻止两个公国脱离德意志邦联。

俾斯麦深谙浑水摸鱼之道。因为继位之争，德意志邦联与丹麦人已生龃龉，故而当新任丹麦国王宣布接手两个公国时，汉诺威人与撒克逊人组织联邦军占领了荷尔斯泰因。此时，俾斯麦拉着奥地利一同介入。彼时奥地利仍是德意志邦联的成员国，考虑到还拥有意大利的属地，因而极不愿见民族主义在边远地区获胜。1864 年 1 月，奥、普联名的最后通牒就递交到了哥本哈根，同年 7 月丹麦战败，备受蹂躏，石勒苏益格也被占领。普鲁士强大的新军这把利剑却尚未出鞘，它未来的手下败将们对其威力还一无所知。

这次事件中，英国并未发挥实际作用。首相帕默斯顿主张干预，因为他本人曾亲自参与磋商的 1852 年柏林条约中，英国保证维护丹麦的领土完整。普奥两国联手之前，他在下院发言道："我们坚信，或者说至少我本人坚信，如果任何国家胆敢以暴力手段冒犯丹麦的权利，干预丹麦的独立，他们将发现自己需对战的绝不仅是丹麦一国。"但是，内阁犹豫不决，难达共识，并未准备好为他这番高谈阔论买单。维多利亚女王坚持亡夫的观点，更倾向于支持普鲁士崛起。更何况，帕默斯顿本人也对法国怀有戒心，毕竟他是在对抗拿破仑一世的战争中升任大臣的。他担心一旦战争全面爆发，拿破仑三世会夺取莱茵省，并铤而走险在欧洲扩张势力。实际上，法国也拒绝了英国就联合行动提出的试探，它已觉察到英国只能在欧洲大陆投入 2 万人的军队并以海军控制波罗的海为限，而这一出力在对抗普奥联军的战争中实在无足轻重。比起诉诸战争，拿破仑三世反倒更希望能向普鲁士索取补偿。他的双重外交并未奏效。俄国因为之前欠下了俾斯麦的人情，加之着眼于未来，拒绝介入其中。在这样的情况下，帕默斯顿发觉自己所能做的也只剩下了推动会谈与斡旋。像这样豪言壮语而力有不逮的事，在英国历史上也不乏孤例。帕默斯顿的话给了丹麦人错误的安全感，使得他们更加固执己见，却未发现自己的诉求虽有合理之处但并不完全合法。于是，在英法两国作壁上观的情形之下，“现实政治”的不祥先例就此拉开帷幕。“现实政治”是德国人的委婉说法，指的是在国际事务中只要有物质利益就忽视道德标准的做法。这次，丹麦这个小倒霉蛋并没灭亡，战后的和平条款也不算太过苛刻，这是因为俾斯麦始终清楚，对战败国稍加宽待自有其好处。

普鲁士筹措的下一步极大动作，就是将奥地利逐出德意志邦联并改由普鲁士执掌大权，而这场对丹麦战争的结果，很快就为之提供了借口。石勒苏益格与荷尔斯泰因成了普鲁士和奥地利的共管地。俾斯麦利用了这一尴尬的安排，成为抵挡敢怒不敢言的奥地利人抗议时的挡箭牌。与此同时，他寻求来自其他方面的支持。1865 年，他在法国比亚里茨走访拿破仑三世，会面的具体谈话内容并无详细记录存世，但俾斯麦想必重申了他不断向法国驻普鲁士大使馆传达的立场：如果普鲁士对付奥地利时法国高抬贵手，那么法国在“所

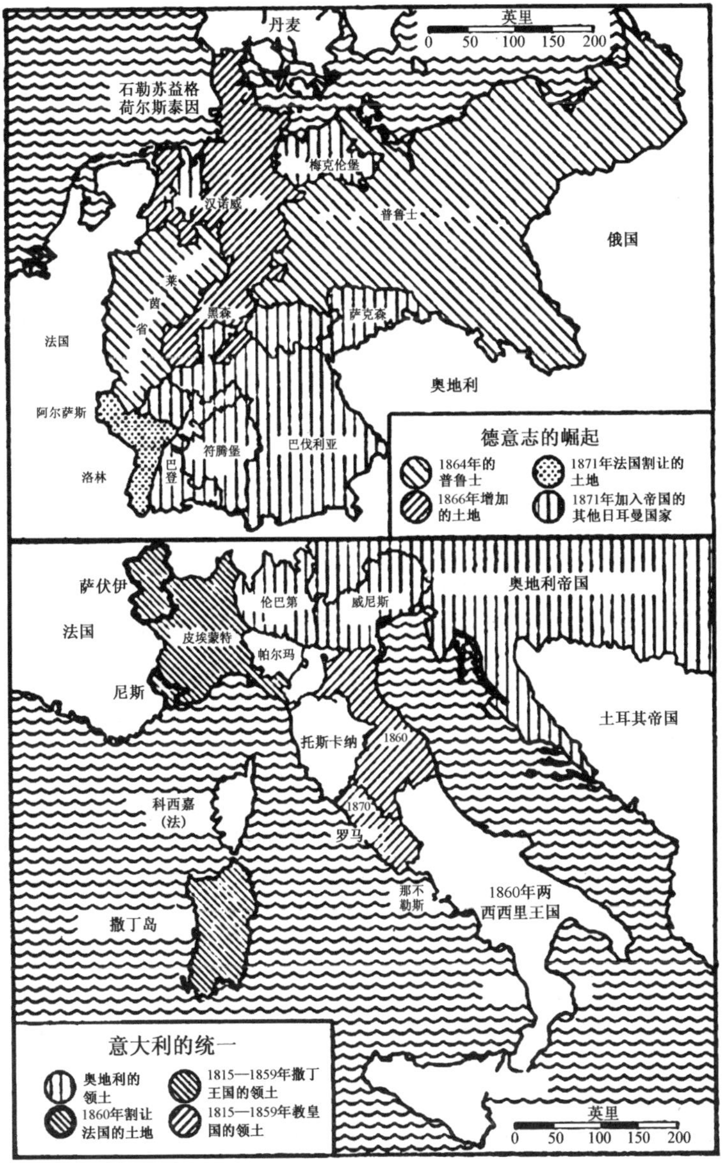

德意志的崛起和意大利的统一

有法语地区”的扩张也可望获得普鲁士的声援。所指显然是比利时。更何况，法国可以在最后阶段介入斡旋，说不定还能在南德意志平白获得一块领土作为回报。拿破仑三世未作承诺，但也并不是油盐不进，俾斯麦得意而归。他的承诺并未付诸笔端，不受白纸黑字的约束。

与意大利的友谊也同样重要，因为意大利也正在争取统一。史书记载，加富尔和加里波第差不多将整个半岛都置于萨伏伊家族的统治之下。但是威尼斯、的里雅斯特和蒂罗尔南部地区仍受奥地利管辖。意大利人渴望收复这些地区。1866 年 4 月，维克托·伊曼纽尔国王与普鲁士签署了秘密条约，若战争在 3 个月内爆发，意大利同意出兵进攻奥地利。

一切就绪：法国中立；俄国友善；意大利已成盟友。在这事上英国无关紧要，但英国总归是支持意大利解放运动的，且多年来与奥地利也并不交好。向奥地利及其在德意志邦联中的盟友们发起战争的行动丝丝入扣地次第展开。

战争爆发 10 天内，汉诺威、黑森和萨克森相继遭攻陷。乔治三世的孙子汉诺威国王逃往英国，其国家也并入普鲁士。汉诺威曾有权选举神圣罗马帝国的皇帝，汉诺威王朝也曾从 1714 年起统治新教的英国，而如今这一古老王国就此消失。之后，汉诺威诸侯国的资金被明智地用到了其他德意志诸侯的统治阶级身上，以缓和他们对普鲁士的怨恨情绪。之后，普鲁士的主力向南进军波希米亚，同时，俾斯麦派出的特工在奥地利的后方发动匈牙利群众。普鲁士的参谋人员巧妙地利用铁路进行军队的战略集结，一周的调兵遣将后，两军在萨多瓦迎来了决战。双方军力均超 20 万人。普鲁士军使用了一种新式后膛装弹枪，其速射能力占尽优势。奥地利军试图通过近战扭转劣势，但是他们和许多国家一样，对拼刺刀的能力盲目自信，而这种迷信毫无依据。毛奇和他的将领们数年来的努力终于开花结果。奥地利大军土崩瓦解。

3 周之后，普鲁士军已经兵临维也纳城下。在俾斯麦的执意坚持下，维也纳作为首都免受被占之辱，这次的和平条约依旧宽容。而此时的俾斯麦已经设想到了自己的下一步动作，因而十分重视未来与奥地利的友谊。“胜利时适可而止，”他说道，“不仅是宽宏大量，更是明智之举。受惠的战败方有足够的利用价值，胜者方能从中获利。”奥地利失去的唯一领土就是被分给了意大利的威尼西亚。但是奥地利最终还是被逐出了德意志邦联，其未来的野心不可避免地转向了东南方向的斯拉夫人。七周战争就此结束，普鲁士在德意志地区获得了 500 万人口和 2.5 万平方英里的土地。欧洲大陆的力量平衡发生了惊天巨变。法国在突如其来的战栗中预感到了不祥之兆。

拿破仑三世试图以他的中立向普鲁士换取报酬，这种政策往往被蔑称为索要小费，但他没能如愿。俾斯麦还断然拒绝了法国获取德意志南部地区领土的要求，甚至将自己与拿破仑三世的往来信函发表出去，由此引发了其他国家对法国的猜疑，却进一步巩固了他本人在德意志其他国家间的地位。法国这才意识到自己处境危急，但为时已晚。根据俾斯麦的严密设计，普鲁士与法国的战争已近在眼前。形势严峻，法国陆军部长阿道夫·尼埃尔元帅火速着手改革法军，拿破仑三世也为即将到来的大战四处物色盟友。但这一切都徒劳无功。拿破仑三世的身体状况江河日下，无力再做决断，法国的议会和媒体反倒任意妄为，狂傲自大，这一切都使法国不可避免地走向其惨淡的厄运。

接下来的 4 年里，形势愈发剑拔弩张，双方不断扩军备战，许多事件差一点触发战争。英国政治家看穿了形势，竭力斡旋。鉴于斡旋时，无论普鲁士还是法国都没做牢不可破的承诺，其失败也在劫难逃。对于英国而言，这形势既不涉及其明显的国家利益，又不存在对某一方的偏爱，其立场不会动摇。伦敦方面怀疑拿破仑反复无常的野心，而依照英国驻柏林大使的说法，俾斯麦似乎倾向于“强盗政治”。

德意志宰相再一次成功孤立了他的对手：尽管法国大献殷勤，奥地利仍选择独善其身；意大利更无理由背叛 1866 年普奥战争中的盟友普鲁士；法国军队仍为教皇镇守着罗马，若法国战败，这些军队就不得不撤回。俄国在俾斯麦的怂恿之下乘机撕毁了限制其进出黑海的条约；俾斯麦对英国不甚在意，他之前就曾说过：“英国对我而言意味着什么？一个国家的重要性取决于其可投放于战场的士兵数量。”但是 1870 年，他还是给《泰晤士报》寄去了 4 年前显然是由法国起草的条约草案，原来法国试图以支持普鲁士换取比利时。作为比利时不受侵犯的担保人，英国由此更无动机掺和法国的事了。

那年夏季，俾斯麦发动了攻势。西班牙的革命推翻了波旁王族，使得王位空悬近两年。西班牙临时政府从欧洲的贵族中四处物色合适的王位继承人，并最终选定了霍亨索伦 - 锡格马林根侯国的利奥波德王子，那是普鲁士威廉家族的长房系成员。王子拒绝了这一邀请，但是在俾斯麦的示意之下，西班牙人再次发出邀请，王子终于接受。法国对此反应强烈。法国议员们发表了极具煽动性的讲话，于是法国驻普鲁士大使奉命要求王子撤回许诺。法国外交部部长将这种行为视作“干扰法国对欧洲现存力量的均衡，是对法国利益与荣誉的危害”。若在当今，他一定会称之为包围。威廉国王耐心十足地接受了这些抗议。私下里，他建议利奥波德王子撤回许诺，48 小时内，王子表示遵从。法国媒体欢欣鼓舞。但法国人犯了胡搅蛮缠的致命错误，法国驻普鲁士大使再次奉命要求普鲁士下保证，绝不会再将利奥波德王子提作候选人。即便是威廉国王也不免认为这一要求太过得寸进尺。他礼貌但坚定地回绝了大使的要求。但是，收到利奥波德王子发出的放弃继承权的正式消息后，他还是传话给法国大使，表示他认为此事已了结。

在俾斯麦看来，主公的外交政策太被动软弱，而自己努力的成果付诸东流，自己的国家将备受耻笑。但有一天，在柏林沮丧地与毛奇、罗恩一同用餐时，俾斯麦收到了国王从埃姆斯发来的电报，描述了最新时事，并授权俾斯麦可以在他认为必要的时候予以公布。俾斯麦抓住了机会，虽然没有篡改字面，却省略了电报中的一些内容，给人一种“法国的要求遭到了断然拒绝，法国大使也备受冷落”的印象。这份公报被俾斯麦视作“对高卢公牛们挥舞的红布”，知道它势必会造成冲突，用餐的三人满意地离席了。罗恩激动地宣称:“我们老底子的上帝仍然存在，不会叫我们狼狈死去。”果然，法国一周之内就对普鲁士宣战了，实际上人们后来获知，法国内阁早已决定开战，只要威廉国王不肯投降便宣布，这一点或多或少破坏了整件事的戏剧色彩。法国人在军事情报方面不足，使一些法国领导人认为本国的战备胜过了普鲁士。而在接下来的 40 天里，残酷的现实将给出截然相反的答案。

普鲁士在战场上投入了 50 万兵力，同时手握 50 万的预备役。

在过去的200年间，巴伐利亚始终在欧洲事务上支持法国，如今却投入15万大军与法对抗。这场战争短暂而激烈。法军士兵作战英勇无畏，步兵武器也足以与敌人匹敌，但是与普鲁士军队相比，他们在新型军事策略、交通运输、供应体系，尤其是战略参谋与人员训练上，都太过因循守旧，以致望尘莫及。

法军从一开始就诸事不顺。皇帝本人亲自修订的动员计划进展缓慢且毫无条理。军官们到处寻找并不存在的部队；阿尔萨斯的后备役军人在加入距离出发地只有几英里的部队之前，却要被送到位于比利牛斯山脉的军营里进行装备；很多人在几周之后才到达自己所属的团部，而那时这些团都已经溃散或撤退了。

德意志军队兵分3路进军，其中两路总人数达35万人，再分多路向法国要塞梅斯进发；普鲁士王储则率领22万大军前往斯特拉斯堡。大批骑兵在大军前方远远地先行，他们既能蒙蔽法军，又能为参谋人员提供准确信息。大部分野外战斗，有普军先头部队急行军赶来参加，几乎是无意中撞见，而因为主力军组织得当，他们总能迅速抓住战机。8月4日，王储在维森堡击败了由麦克马洪元帅率领的部分阿尔萨斯法军，两天后又在沃尔特大战，将法军主力赶往南方沙隆地区。同时，法国皇帝所率领的莱茵河军团被迫撤退到梅斯，拿破仑三世也正是在梅斯将军队的指挥权交给了巴赞元帅，并自行前往沙隆与麦克马洪会合。

8月中旬，第一路和第二路德意志联军成功插入了梅斯与巴黎之间。巴赞元帅带兵历经3场血战，战斗在8月18日的格拉沃洛特之战中达到高潮。在那场战斗中，德军骑兵付出了高昂代价，才终于扭转局面。巴赞撤回到了梅斯，在那里他还有18万人的精锐部队，可惜当毛奇迅速展开作战计划时，他却可耻地消极坐视。拿破仑三世与麦克马洪前往营救梅斯。普鲁士王储却绕开斯特拉斯堡，在色当与法军相遇，迫使法军不得不撤到这个位于法比边界的古老要塞。德意志人的炮兵早早就崭露锋芒，他们将法军阵地团团围住，在火力圈里进行攻击。色当难以胜任现代战争的防御功能，随着德意志人占据城外制高点，法军阵地便不堪一击。一番殊死战斗后，拿破仑三世不得不带领13万大军缴械投降。战争爆发仅仅6周，他就被迫向普鲁士国王献出宝剑，俾斯麦也在场见证。而何曾想，两人上一回见面还是5年前在比亚里茨，那时双方可还是外交官同事呢。

3周后，普军包围了巴黎，几天之内，巴赞就过早地放弃了梅斯这一要塞，这是因为他已经疲于应战，同时愚蠢无知，但很多法国人坚信这一决定的背后一定还有更卑鄙的原因。1876年，法国法庭审判时，坚信他是出于懦弱或叛国才做此决定，因而判处他死刑，但最后并未执行。

*　*　*

战争看似结束了。法国皇帝成了阶下囚，皇后逃亡英格兰，巴黎已成围军的笼中之鸟。“国防政府”仍在首都做困兽犹斗，尽管其成员之一莱昂·甘必大乘着气球逃出巴黎并在外省积极组织反抗，其余法军残部没能在卢瓦尔河畔和瑞士边境取得什么战果。1871年1月，巴黎失守。

停战谈判在凡尔赛宫开始了。这一回，俾斯麦寸步不让，每做一点妥协都要求得到相应的丰厚补偿。当时，人们普遍认为同法国签订的这一和平条约实在太苛刻了。普鲁士要求得到50亿金法郎作为赔款，人们认为，支付这笔巨款足以长期牵制法国经济。后来，法国历时 3 年终于付清了赔款。胜利的普鲁士军队在巴黎的大街小巷招摇过市，阿尔萨斯和东洛林被割让给了德意志。仇恨的种子就此埋下。

几个月后，最终版本的和平条约才签字确认。此时，法国尝到了军事大溃败的诸多苦果。3 月，革命者控制了巴黎，彼时，巴黎驻军因停战协议已大为削减。起初，这场被称为“巴黎公社”的运动是出于爱国之心。耻见胜利的普军耀武扬威，公社号召人们站起来斗争到底。法国临时政府蜻蜓点水般的镇压行动只是敷衍了事而失败，于是他们躲进了凡尔赛宫，任凭红旗在巴黎四处飘扬。俾斯麦释放了法军战俘，让他们协助弹压首都，镇压起义现在成了一场全面的军事行动。

麦克马洪元帅率领的政府军开进时，公社的性质也改变了。公社的支持者们没兴趣再反抗普鲁士入侵者了，反倒变成了日益凶狠嗜血的社会革命者。包括巴黎大主教和许多神父在内的人质被枪杀，伟大的国宝级建筑物被焚为平地。麦克马洪的军队不得不逐一攻克各街垒，在内战的恐怖气氛中逐步接近巴黎市中心。他们对公社成员展开了无情的报复。6 周的战斗后，社会秩序终于恢复，但死亡人数达数万之多。据估计，仅仅在战斗持续期间，就有 2.5 万人被处决。这场运动丝毫未波及法国的其他城市，但国外的共产主义者却对其大加赞赏。当时居住在英国的卡尔·马克思认为，这场运动恰恰证明了他的阶级斗争理论的正确性。

* * *

在停战的那个月，德意志统一的大厦终于落成。从秋天开始，德意志的外交官们就在凡尔赛宫工作；到了 1871 年 1 月 18 日，普鲁士的威廉一世在镜厅接受其他君主加封的德国皇帝的称号。当时针对这个头衔的确切称呼有过争议：俾斯麦一向更看重实质利益而非虚名，因而他选中这个称号更像是为了照顾小国们的敏感神经；但是威廉更愿意被称为德意志皇帝，所以在离开镜厅时，未能得偿所愿的他刻意地无视了俾斯麦这位帝国大业的伟大设计师。

在萨多瓦战役那天，迪斯累里向选民陈述了宁静脱离欧洲事务的好处。后续发展也证明了他确有远见。5 年后，英国在时局中的立场依然如故，仍是满怀济世情怀，忧虑紧张局势，可战争中始终袖手旁观、置身事外。19 世纪 60 年代，皇家海军重整旗鼓，配备上了铁甲蒸汽船，船上膛线炮射出的不是弹丸而是炮弹。木船与帆的航海时代终于结束。英国的皇家海军吸取了美国内战期间的海战经验教训，但其陆军若以欧洲大陆的标准观之，则仍属势单力薄。19 世纪的战争尚算不上旷日持久，还不足以使一个工业化国家充分展现其在军力部署上所能发挥的力量。

在凡尔赛宫，俾斯麦的毕生伟业达到了顶峰。历经国内种种阻碍，不惜挑起三场对外战争，普鲁士终于得以称霸德意志，德意志也终于得以跻身欧洲大陆两大最强国之列。但这一切的代价极其高昂。法国大为愤慨，决意复仇，急于寻找盟友以助其一臂之力。就此，在维也纳结成的四国同盟彻底破裂、分崩离析。尽管人们在接下来的数年里尽力恢复，却只能维持短暂的几段时间。逐渐地，欧洲列强分裂为两个阵营，英国作为中立的旁观者则态度暧昧、忐忑不安。这样的阵营划分渐渐发展为不可逾越的鸿沟，20 世纪的战争就此爆发。英国却迟迟未能认识到形势的变化。尽管迪斯累里有些自夸，但他的确走在时代之前，他宣称普鲁士军队的胜利意味着德意志革命，并预见其是“一场较之上世纪的法国大革命更为重大的政治事件”。武装和平的时代就此开启。而在格莱斯顿和迪斯累里任首相时期，英国埋头于国内事务、爱尔兰问题和大英帝国的事务。可惜，欧洲事务与殖民地事务毫不相干的时代即将很快结束。但只要俾斯麦仍在领导德意志，他就尽量不去做任何激起英国敌意的事情。同时，争夺殖民地的冲突使英国与法国之间的关系日益紧张。直到恺撒·威廉二世皇帝免去了俾斯麦的宰相官职并采取了挑衅政策，英国才完全意识到了条顿人带来的威胁。

第 16 章

格莱斯顿与迪斯累里

现在，我们进入了英国历史中一段不断进步的漫长时期——格莱斯顿和迪斯累里担任首相的时期。1868—1885 年，这两位伟大的议会活动家轮流执掌英国近 20 年，其领导地位无人争议。直到 1881 年迪斯累里去世前，英国政坛都保持着大规模“两虎相斗”的格局。两人位高权重，下院审议时，他们总能巧舌如簧，以雄辩口才而备受公众瞩目，并使大家专注于相关议题。每一番舌战都引起全国舆论哗然。他们在政见上的相左无非就是一般两党制的常态，不足挂齿。真正使得两人冲突如此尖锐、对立如此深刻的是他们截然不同的性格和气质。迪斯累里私信里写道：“格莱斯顿这个原则沦丧的疯子，后人自有公论。他是嫉妒、记仇、伪善、迷信的终极混合体，无论是说教还是祈祷，无论是演讲还是写作，一言以蔽之，他绝对算不上个绅士！”而格莱斯顿评价起对手来也毫不留情。他认为迪斯累里的原则是“错误的，但是他本人比他的原则错得更离谱。……他败坏社会道德，讨价还价时贪得无厌，为了维护自己的影响力而挑起人们的情绪、偏见和私欲。……他赞成王权的违宪偏好而削弱之，他为了在民众间博得民主的美名又不惜一切代价削弱宪法”。因此，两人隔着下院的演讲席唱对台戏：格莱斯顿威严的嗓音、鹰般锐利的双眼能牵动人们的情绪，而迪斯累里则富有浪漫气息，言谈文雅，口才机敏。

1868 年，格莱斯顿成为首相时，被看作是一个谨慎、节俭的执政者和老练的自由党改革家。但这只是他特质的一部分，他不但时常义愤填膺，还善于激发选民的同感。正是这一天赋逐渐使他成为 19 世纪最具争议的人物。在讨伐巴尔干国家和爱尔兰的两场大战中，他的主旨就是：良知与道德法则必须主宰政治决策。但是，他拼命强调的这一要求经常被指作虚伪，因为格莱斯顿的政策往往是“碰巧”明显地有利于自由党。但这样的指责并不正确，格莱斯顿的演讲中有一股布道者的气息，他宁可打击自己所在的自由党也不愿意违背良心。转而支持爱尔兰自治后不久，他对副手威廉·哈考特爵士说：“我已做好准备，要在前路上踽踽独行。”这种精神不利于团结与管理，还会分裂自由党，但也塑造了格莱斯顿在其追随者心中至高无上的地位，整个英国也无人能出其右。

要想抗衡格莱斯顿，迪斯累里必须胆识过人、智谋出众，而这两方面恰好是他最得天独厚之处。很多托利党人对他的改革观点既不欣赏也不信任，但是他仍能以独到的手段来操纵同事们。他在治党艺术上堪称独步天下。他的态度总有些玩世不恭，他的性格里对道义毫无热情。当时，大量的工人阶级因实际利益而依附于教会、王权、帝国和贵族，这能变成党派的优势，或者说，至少迪斯累里是这么认为的。他从未被英国的生活方式完全同化，直到去世时都保持着一种超脱。这种态度使他年纪轻轻就对英国社会做出了自己的分析，依我看，这也使他得以诊断和评估当时深层次的政治潮流。尽管长期受所在政党的束缚，迪斯累里最后却成功领导其在大选中取胜，并在一段时间内获得了自己渴望已久的权力。

格莱斯顿坚信迪斯累里肆无忌惮地利用了个人魅力，将女王笼络到了保守党这边，还使得宪法岌岌可危。实际上，这才是造成两人相互怨恨的最大原因。格莱斯顿当首相时，维多利亚女王仍在为1861年去世的阿尔伯特亲王服丧，处于半隐退的状态。格莱斯顿希望将王室重新带入大众的视野中，甚至出于一片好心，他想将女王的长子任命为爱尔兰总督，但这令女王十分不满。尽管格莱斯顿总是毕恭毕敬，却始终无法为君臣关系注入一丝温情。据说，女王曾说格莱斯顿和她说话时就像是在做公共演讲。迪斯累里就不会犯这样的错误。他宣称："英国宪法原则未预期君主个人影响的缺位。如果预期到了，那么人性原则就会阻止这一套的实行。"他时常给女王写信。自阿尔伯特亲王死后，女王就一直沉浸在孤独与冷漠之中，迪斯累里恳切地劝解她，迎合她参与制定政策的愿望。1877年5月，东方危机愈演愈烈之时，他写了一份记载有内阁各种看法的报告，末尾写道："政策由女王陛下您来定夺，作为首相，我将全力贯彻执行。"维多利亚女王对此无法抗拒。她抱怨说，格莱斯顿在执政时什么也不告诉她。假如他1880年第二次当选首相之后能多向女王汇报，那么女王的不满或许会转向在野的保守党。可惜格莱斯顿并未照做，自那之后，女王对自由党政府就不太友好，她讨厌格莱斯顿，也憎恶自由党日渐张扬的激进主义。但实际上，两人间的龃龉无伤大雅，格莱斯顿一直小心地避免将女王本人卷入政治议论之中，也不让公众知道他们不和。他曾发牢骚说，"女王足以弄死任何人"，但即便他无法理解女王，却仍耐心伺候着。不管怎样，民选政府的发展必定会削弱王权。尽管维多利亚女王偶尔有参政的倾向，但她仍是一位立宪制下的君主。

* * *

格莱斯顿常说，1868—1874 年他的内阁是“史上所设立的最佳统治工具之一”。格莱斯顿精力无限，在他的积极推动下，内阁实行了一系列拖延已久的改革。那一段时间堪称黄金年代，其自由主义仍是一种咄咄逼人的松绑力量，个人主义的信条和放任自由的哲学已经挖出并摧毁了 18 世纪政治制度的残余。公务员队伍、军队、大学和法律都受到冲击，传统地主阶级的利益开始土崩瓦解。公务员队伍逐渐无情地向天资聪颖而勤勉努力的人开放，被詹姆斯·穆勒称之为“邪恶利益”的力量也随之式微。自由主义是基调，放任自由是手段；再也不需要政府权力的过度延伸；中产阶级终于获得了与其经济实力相匹配的政治圈一席之地。格莱斯顿的上台恰逢其时，大选中的压倒性优势和亟待改革的国家给了他机会。难得的均势局面下，自由党的团结成为他的后盾。他实行的政策针对一系列明显的弊端，和其后数十年的所有教育措施一样，在规模与范围上趋向一致。他首先着手的问题就是爱尔兰。他在哈瓦登的乡村住所受到女王的传唤时，曾说：“我的使命就是爱尔兰的绥靖。”尽管遭到强烈反对，并且违背了他自己早期保护财产和捍卫国教信仰的原则，他还是在 1869 年废除了爱尔兰新教教会。次年，他颁布《土地法》，以期保护佃户免遭无理驱逐。但爱尔兰的绥靖并非易事。

即便是在英格兰，需要政府操心的事情也比比皆是。1867 年的选举改革之后，时任财政大臣罗伯特·洛说：“我们必须教育我们的主人。”选民至少应该识字，也应该打开增广知识的途径。于是，得益于选举权的扩大和自由党支持者们对教育价值的普遍认同，全国性的小学教育体制开始起步。1870 年，W.E. 福斯特提出的《教育法案》实现小学普及。但是，由于派系纷争，该法案就像之后数十年里通过的所有教育措施一样模糊笼统。与此同时，政府公务员部门最终杜绝了君主指定制；从此，只有通过竞争激烈且极重知识水平的考试，才能加入新的行政管理阶层。如今，只有能力才是晋阶通道，而非财富或社会关系。次年，牛津和剑桥废除了所有的宗教考试，这些大学向罗马天主教徒、犹太人、不顺从国教者和无信仰青年敞开了大门。长期以来，盘根错节的古老司法系统是诉讼当事人的噩梦和律师们的谋生之处，如今，通过合并普通法法院和衡平法[1]法院，整套体系得以简化和现代化。《司法法案》标志着这一漫长却急需改革的运动终于到达了高潮。几个世纪以来，诉讼的当事人常要为同一件事在两个法院同时提起诉讼。如今，唯一的最高法院建立起来了，法院合理地分为几个法庭，诉讼程序和上诉方法也规范统一了，那些自爱德华一世统治时期沿袭下来的官职也在改造中被彻底清除。在改革实施期间，政府的管理基本到位，而最符合格莱斯顿心意的，大概是这期间政府奉行了节俭和低税的政策。

克里米亚战争带来的苦难和耻辱使人们清楚地意识到，伟大的威灵顿公爵的战略战术在庸碌之辈的手上已然失效。普鲁士在法国大获全胜，极大地震撼了英国军民，舆论哗然。英国陆军部亟待改革，而最终操刀的正是格莱斯顿的国务大臣，伟大的军事

① 衡平法，是英国自 14 世纪末开始与普通法平行发展的适用于民事案件的一种法律。

改革家爱德华·卡德韦尔。总司令剑桥公爵坚决反对任何形式的改革，女王不情不愿地签发枢密令要求其服从国务大臣的命令之后，改革的第一步才得以迈出。鞭刑被废。《兵役法》引入了短期服役制度，有效地扩大了预备役队伍。1871 年，与军方人员一番舆论苦斗之后，卡德韦尔彻底禁止了买卖军衔的做法，改革再进一步。步兵部队重新装备上了马提尼－亨利步枪，军团制度也以郡为单位彻底重构。全面改组陆军部，但是总参谋部仍未建立起来。

短短 6 年间，忙碌的改革取得了辉煌成就，但就像英国历史上常见的那样，钟摆很快又晃了回来，一切故态复萌。重大的改革触犯到了庞大的利益集团：国教教徒受到了几项措施的打击；非国教教徒们则认为《教育法案》中他们受益不多；卡德韦尔的穷追猛打激怒了军界与王室；而除了受《选举法案》的允许可以不受胁迫地秘密行使刚刚获得的选举权之外，工人阶级别无所获。其间，政府以 1500 万美元的代价同美国解决了“亚拉巴马号”争端。虽然政府的这一举措合乎情理，但引起民众不满，他们长期受帕默斯顿政府节俭政策的灌输，怀疑格莱斯顿没有尽心尽力地捍卫国家利益。自由党中的禁酒派提出的《售酒特许条例》虽未获通过，却造成了其与酒业利益集团的隔阂，促成了后者与保守党的联盟。格莱斯顿随即抱怨道，自己是“被杜松子酒和啤酒的急流”冲下了台。迪斯累里如今的雄辩之术已是登峰造极，他这样描绘格莱斯顿内阁的场面：“女王陛下的新任大臣们履责就像一群人中毒后一样：他们造成了爱尔兰的劫掠和无政府的贪得无厌，甚至开始攻击国内的每一项制度、每一个利益团体、每一个阶级乃至各行各业。……随着时间的推移，不难发现，政府并非是在励精图治，而是在铺张浪费。而这种人为的刺激逐渐衰微，病情发作，最终虚脱倒下。当中有些人沉迷抑郁症，他们的英明领袖则时而虚张声势，时而唉声叹气。我坐在国务大臣席对面时，这些大臣们让我想起了南美洲并不罕见的一种海岸景观，就像注视着一座喷发过的火山：山顶上了无生气，连一点火星也无，可是那里仍旧危险，偶尔会发生地震，还会时不时听到大海的隆隆怒吼。”

尽管如此，格莱斯顿领导的首任政府在英国史上仍占据着崇高地位；但 1874 年议会解散时，自由党方面能陈述的理想已然不够新鲜。格莱斯顿竞选时曾提出要废除所得税，当时的所得税是每英镑缴纳 3 便士，但他弥留之际仍将未能实现这一目标视为终生遗憾。可是此刻整个国家都跟他作对，他落选了。于是，他认为自由党的伟大改革已然完成，遂进入了半退休的状态。他的辉格党朋友们大多同意，而激进派看法相反。可他们全都错了，“这位伟大的老人”很快将在一场风暴中重返政坛，而彼时将以他们从未想过的激烈程度将英国公共生活的忠诚对象彻底撕裂搅乱，并颠覆传统。

*　　*　　*

格莱斯顿闲居哈瓦登，将时光用于伐木和著书论述荷马；而与此同时，他的劲敌迪斯累里抓住了机会。他为这至高无上的权力等待已久。25 年来，他一直是下院的保守党领袖，如今他已年逾古稀。他的身体一向不是很康健。晚年丧妻，他孑然一身，又时常为痼疾痛风和其他小病所扰。“权力——它姗姗来迟。……过去有段时间，我醒来时常觉得自己能改朝换代，可这样的日子早已远去。”可他面临的问题总是极为棘手。1841—1846年，托利党的皮尔曾短暂掌权，可这几乎成了托利党的噩梦。除此之外，这个党派在近50年间都未曾上台执政。它被称为保守党，其党员被讥讽为埃尔登、西德默斯等托利党老顽固的继承人。如今，它不得不面对民主化的选民了。虽然迪斯累里作为托利党领袖倡议扩大选举权，可是这一举动仍然像是“在黑暗中纵身一跃”。但迪斯累里深信不疑。他依然信奉自己20多年前发起的“青年英格兰运动”精神，并且从不认为英国的工人阶级是激进分子或现有秩序的潜在破坏者。他清楚地意识到，尽管很多新选民会被传统、延续性、有秩序的社会进步等理念吸引，但是在下院托利党议员们消极的保守主义影响下，这种吸引力还不足以被转化为选举上的优势。他不仅要赢得选民的支持，还要改造他所属的党派。

早在格莱斯顿下台之前很久，迪斯累里的政治活动就已展开。他着力于社会改革和新的帝国构想，而这两者都直击格莱斯顿的致命要害。格莱斯顿对帝国毫无兴趣，他极力捍卫工人阶级的政治权利，却对他们的物质要求不屑一顾。迪斯累里却宣称：“大臣的重中之重应当是人民的健康。”自由党人对此一笑置之，认为这不过是“污水政策”。但在迪斯累里上台后的第一次国会会议期间，他就着手兑现自己的承诺。他很幸运地拥有一些不错的同僚，其中内政大臣理查德·克罗斯能力尤为出众。《工会法》赋予工会几乎绝对的行动自由；《工匠住宅法》则是处理住房问题的首项举措；《食品与药物出售法》和《公共卫生法》最终确立了合理的卫生法案。迪斯累里成功地说服了许多保守党人，不但使他们相信选民确实需要更健康的生活条件、更好的住房和组织工会的自由，还使他们相信保守党完全能够为选民提供以上条件。矿工领袖亚历山大·麦克唐纳宣称“保守党在近5年内为工人阶级做的贡献比自由党执政50年间做的还要多”，这话也没错。格莱斯顿为之后的重大发展奠定了行政基础，但迪斯累里真正迈出了提高社会福利的关键一步。

保守党新纲领的第二部分即帝国的强化，在迪斯累里上台前也已发布。格莱斯顿热衷在军事上过度节减、在欧洲事务上过度谨慎和他对大英帝国的漠然态度，都令英国公众心生不满，他们越发看重大英帝国的荣耀。迪斯累里的呼吁正好迎合了这种新的公众情绪。“在我看来，”他说到了殖民地，“若允许殖民地自治，也应当将之纳入巩固帝国的大政范畴。若要实行自治，那也要同时实行帝国的关税政策，还要保证英国人民能作为受托人享有属于君王的无主地，此外还应制定军事法规，确切定义保护殖民地的手段与职责，必要时，英国可以要求殖民地与母国自己互相援助。另外，还应在首都建立一个具有代表性的委员会，使得殖民地与母国政府间保持持续密切的联系。但是这些要求都被略去了，因为那些提议者们（尽管我相信他们本意真诚）将英国的殖民地，甚至是英国与印度之间的关系，都视作加诸英国身上的负担；他们仅仅从经济的角度来看待一切，而完全忽略了道德与政治上的考量。可正是这些考量造就了伟大的国家，也正是这些影响使人区别于动物。”

“可是，在自由党的领导下，他们分裂帝国的企图有何下场呢？彻底失败。为何失败呢？因为这些殖民地支持宗主国，他们认为帝国不应被毁灭。在我看来，如果英国的首相忽视大力重建殖民帝国的机会，对这些来自远方殖民地的支持不予回应，因此错失英国这一无限力量与欢乐的源泉，那么这个首相就是在尸位素餐。”

一开始，迪斯累里大获成功。苏伊士运河开通了6年，改造了大不列颠的战略地位；好望角再也不是前往印度和远东的必经之路。但令人莫名的是，英国外交部迟迟没能意识到这一情况，因此不止一次地失去了控制该水道的机会。1875年，迪斯累里代表英国政府以400万英镑买下了埃及总督伊斯梅尔的运河股票。这位拥有运河近半股份的土耳其裔总督已破产，因而很乐意抛售股票。前往印度的水路就此得到保障，影响英国海军霸权的潜在威胁也就此消除。但此次事件使得英国不可避免地卷入了埃及的政治事务中，这才是影响未来命运最为深远的一点。第二年，维多利亚女王万分愉悦地被宣告为印度女皇。对于格莱斯顿来说，事实上，对于下一代帝国主义者来说，根本就想不到有此妙计。可是迪斯累里以东方式的思维，或者说近乎神秘主义的手段，建构起了帝国。他强调帝国的身份象征，坚信对外展现实力的重要性，这一切都使得他的政策带上一种继任者们望尘莫及的遐想色彩。他的目标就是要使那些一度被他斥之为“脖子上挂的磨盘”的殖民地能像钻石般光彩夺目。但是欧洲爆发的新风暴令世人注意不到这一光辉前景。

* * *

1876年，东方问题再次爆发。克里米亚战争中英国军人指挥不力，和谈期间外交人员的表现也不尽如人意。巴尔干地区的大多数人仍处于土耳其的统治之下，奥斯曼苏丹冥顽不化，要想改善其对基督教省份的统治难如登天，多次尝试最终都以失败告终。出于对土耳其人的痛恨，斯拉夫人、罗马尼亚人和希腊人团结在了一起。要想通过叛乱实现持续胜利几乎无望，他们始终寄希望于俄国沙皇能前来解放。这就造成了英国政府的两难处境。虽然坎宁曾在较小的希腊王国做过榜样，但英国尚未认真考虑过建立独立巴尔干国家的可能性。对于英国政府而言，可行的方案要么是支持土耳其政权，要么就是允许俄国势力渗透巴尔干，甚至借道君士坦丁堡[①]深入地中海。隐患长期存在，叛乱再度爆发，迪斯累里不得不面对自拿破仑战争以来英国经历的最为艰难、危险的时局。

波斯尼亚和黑塞哥维那爆发了叛乱；40年后，引发第一次世界大战的子弹也正是在这里射出。德意志、奥地利和俄国组成的“三帝同盟”提出，应胁迫土耳其做出重大改革。迪斯累里和他的外交大臣德比勋爵反对这样的计划，认为这“必将很快导致土耳其的瓦解”。为了表明对土耳其的支持，英国还将一支舰队派往达达尼尔海峡。可惜土耳其在保加利亚犯下暴行的消息，很快就使英国的外交努力付诸东流。但是，英国驻君士坦丁堡大使极为欣赏土耳其人，他提交的错误报告蒙蔽了迪斯累里，使他没能权衡事件造成的汹汹民意到了何种程度。7月份回应英国议会质询时，他冒昧地质疑“一个东方民族是否大规模地实施了酷刑，因为我认为他们极少诉诸酷刑，而更倾向于直截了当地了结与罪犯的干系”。这种戏谑的口吻使格莱斯顿震怒，将他强烈的道德观念煽情成了愤慨而狂暴的行动。后者的眼睛里容不下半粒沙子，随时会拍案而起的。

格莱斯顿在著名的《保加利亚的暴行与东方问题》一书中，猛烈地抨击了土耳其人和迪斯累里政府。“让那些土耳其人中止自己的暴行！换言之，唯一的可行方式就是让他们滚！我希望，他们的警

① 1453年，奥斯曼土耳其帝国攻陷此城，将其改名为伊斯坦布尔，可西方国家仍称此地为君士坦丁堡，此处用丘吉尔的原文。

察和地方官们，少校和船长们，副长官和帕夏们，全都卷铺盖，彻底滚出他们曾玷污和摧残的省份。为了纪念那些森森白骨，对于那些被玷污了清白的妇女、少女和儿童，只有这样彻底的驱逐，这样神圣的超度，才是我们所能做的唯一补偿。……即便是欧洲监狱里的罪犯和南太平洋诸岛的食人魔，只要提起这样的所作所为都会义愤填膺。这样的暴行才刚刚经法庭讯问，至今尚未报仇申冤；暴行留下了邪恶的渊薮以及引起暴行的戾气，或许还会在鲜血浸透、散发出血腥气的土地上，在充斥着所能想象的各类罪行和耻辱的空气中，卷土重来，再来一次更为凶残的肆虐。……没有任何政府曾如此罪孽深重；没有任何政府是如此不可救药——同样地——也如此不知悔改。”在这样的言语攻击过后，两巨头间的关系越发剑拔弩张，以至于比肯斯菲尔德勋爵（迪斯累里的封号）公开宣称，格莱斯顿的可恶更甚于保加利亚的暴行。

年底，列强在君士坦丁堡召开了一场会议，英国代表索尔兹伯里勋爵首次展现了他的外交才能。他是伊丽莎白女王的得力助手威廉·塞西尔和詹姆斯一世的大臣罗伯特·塞西尔的直系后裔，与祖父同名。20 多年来，他在英国上下两院都强烈谴责自己的上司迪斯累里。在极力自我反省后，他才最终加入了迪斯累里政府。在执政共事期间，两人却逐渐志同道合。索尔兹伯里知识广博、判断力敏锐，与迪斯累里的思维敏捷、高瞻远瞩相得益彰。索尔兹伯里勋爵曾先后担任负责印度事务的国务大臣和外交大臣，因而注定将成为托利党下一任领导人。君士坦丁堡那里草拟了一份土耳其改革计划，但土耳其人拒绝了，其中部分原因是他们认为索尔兹伯里勋爵的改革激情并不能完全反映英国首相和内阁的意见。代表们回到各自的首都，整个欧洲都在等待俄国与土耳其之间爆发一场大战。但等到1877年的夏季开战，英国的气氛却急剧转变。一开始，格莱斯顿对土耳其人的鞭挞抨击很得人心，可如今，他却被谴责为亲俄分子。几个月来，土耳其人英勇抵抗，在保加利亚的普列文作战[①]时更是如此；可俄国大军仍向达达尼尔海峡徐徐挺进，英国公众的情绪越发高涨。最终，1878年1月，俄国大军兵临君士坦丁堡。英国的社会舆论彻底沸腾，那时音乐厅里的歌曲都是这样的：

我们不想打仗。耶稣啊，假如我们不得不战，
我们有船舰，我们有士兵，我们还有军费！
我们曾跟北极熊作战，我们是真正的布立吞人，
决不让俄国人把君士坦丁堡拿下。

2月，一番推诿搪塞后，一支英国铁甲舰队终于驶往金角湾。他们在马尔马拉海上与俄军紧张对峙了半年之久而未交战；这情形就如俾斯麦所说，是鲸鱼直面大象。

3月，土耳其与俄国订立了《圣斯特凡诺条约》(the Treaty of San Stefano)。奥地利外交大臣安德拉西将之怒斥为“正统的斯拉夫式布道”。条约允许俄国实际控制巴尔干地区，这对于其他列强来说显然是无法接受的。战争再次一触即发，一向反对所有军事战备的德比勋爵辞职了，继任外交大臣之位的正是索尔兹伯里勋爵，立刻着手召开列强会议。列强们6月和7月先后在柏林国会开会。场面

① 普列文战役，俄土战争（1877—1878）中的一次战役。

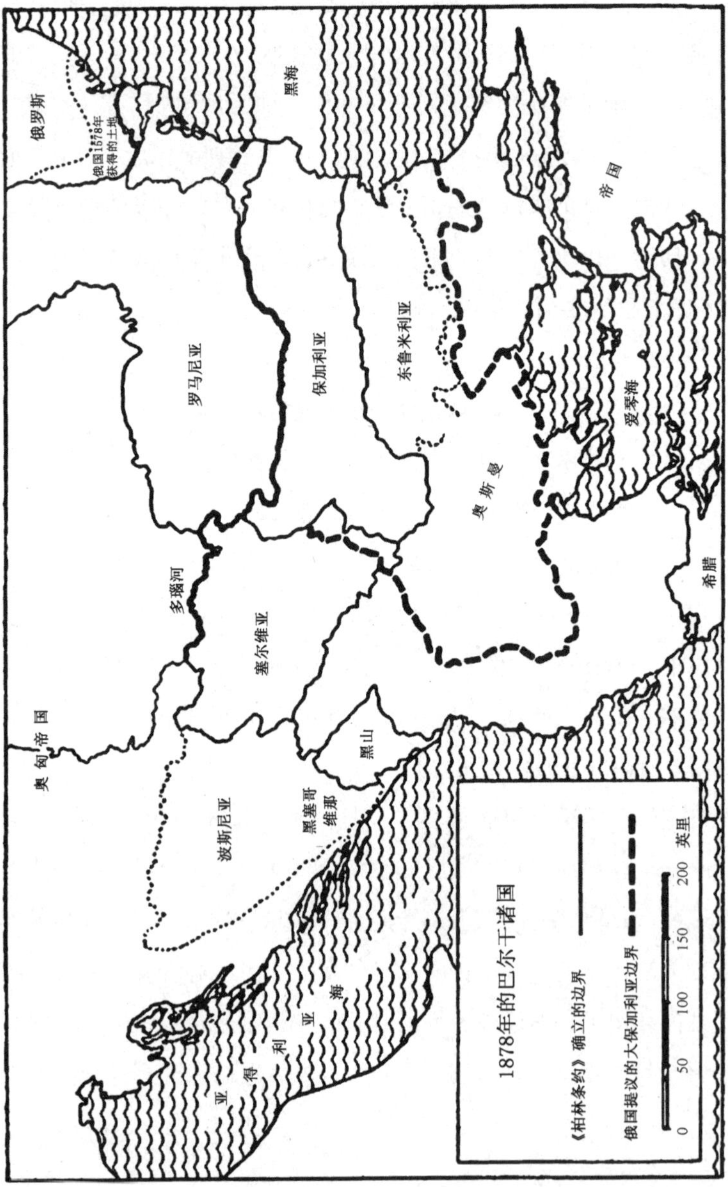

1878 年的巴尔干诸国

完全被安德拉西、迪斯累里、俾斯麦和俄国大臣戈恰科夫主宰，四人小组共同展现出的外交才能令人望尘莫及。结果，俄国放弃了在圣斯特凡诺暂时获得的大部分利益，但得以保留罗马尼亚的比萨拉比亚，领土遂伸至多瑙河河口。俄国曾打算占领的大保加利亚被瓜分为三部分，只有一部分实现了实质性独立，其余部分则被归还给土耳其的苏丹。作为补偿，奥匈帝国，也就是现在所称的哈布斯堡帝国，有权占领并统治波斯尼亚－黑塞哥维那。通过与土耳其人单独订立协议，英国得到了塞浦路斯，同时承诺确保土耳其在亚洲部分的领土完整。作为回报，土耳其苏丹又许诺将进行真正的改革。迪斯累里从柏林归来，曾宣称他带回了“光荣的和平”。实际上，他只是暂时避免了战争爆发。俄国受阻于巴尔干地区，转而将目光从欧洲转向了远东。柏林约定受到抨击，认为是为 1914 年第一次世界大战铺平了道路，但当时各国面对的东方问题几乎是无解的，所有的解决方案都只能是临时性的。实际上，柏林会议为欧洲确保了 36 年的和平岁月。

接下来的几周里，迪斯累里迎来了职业生涯的巅峰。可惜，幸运女神很快就不再眷顾他了。1879 年，他在南非和阿富汗奉行的政策过于激进，导致英国一个营在伊散德尔瓦纳被祖鲁人歼灭，驻喀布尔的英国公使馆人员惨遭屠杀。尽管英国政府及时予以报复，但这些小事件还是给格莱斯顿提供了新的把柄，得以继续对迪斯累里政府发动猛烈抨击，而攻击在 1879 年秋的苏格兰的中洛锡安选战中达到高潮。格莱斯顿谴责道，“这激进的，或换言之，狭隘、浮躁、狂乱、自作主张的外交政策，……吸引的都是利己主义者和自以为是的人。”他认为英国应该追求道德与正义，摆脱利己主义的污点。

英国应帮助受压迫的人民建立自治政府，并促进真正的“欧洲协同体（Concert of Europe）”。格莱斯顿一贯的主旨就是国家政策要符合道德规范。“记住，”他在达尔基斯说道，“在上帝的眼中，冬雪里阿富汗山村里的生命和你们一样，享有同样不可侵犯的尊严。”这样的道德感召激怒了保守党人，他们最看重的就是捍卫并拓展英国在世界各地的利益并加强英国的责任。他们坚称迪斯累里的政策已将英国的国力和威望推向了新高。

但是格莱斯顿的伶牙俐齿让已经精疲力竭的迪斯累里政府无力招架。更何况，他们执政的最后几年恰逢经济萧条初起，对工业影响足够严重，农业更惨遭毁灭性打击。1880 年 3 月，迪斯累里解散议会，随后的选举结果是决定性的。在给私人秘书亨利·庞森比爵士的信件中，女王曾将格莱斯顿形容为“那个半疯癫、很快会毁了一切的煽动者”，可她还是不得不接受此人再度出任首相。

*　*　*

迪斯累里和格莱斯顿在政治舞台中央进行角逐之时，一场更为深远的运动正在议会政治下暗流涌动。1867 年的《改革法案》几乎赋予了自治市的每一个成年男子以选举权，废除了 1832 年后实行的 18 世纪政体改进版。新选民大量出现，这就要求一种新的政治形式能出现。大城市里，选民人数庞大，陈旧的竞选手段发挥不了作用。有两件事迫在眉睫：能说服选民来投票的党派政策和能确保选民来投票的高效组织。两位政治领袖中，格莱斯顿对于新时代的影响反应更迟缓，党派的每日琐事让这位伟大的政治煽动家不胜其烦；相反，迪斯累里则推出了这样的政策和组织。12 年前，他曾任命约翰·戈斯特为党务管理，在后者的指导下，保守党改头换面，还建立起了中央党部和地方联络网，并且还结合构成了一个全国联盟。过渡进行得极为顺利。尽管在 19 世纪 80 年代初还将面临一些风暴，但迪斯累里创建的体系基本上得以保留至今。

自由党阵营的情况则截然相反。格莱斯顿的冷淡态度和辉格党的敌意阻碍了中央集权的党组织的建构。自由党内的这股改革推动力并非来自中央，而是地方。1873 年，约瑟夫·张伯伦成为伯明翰市的市长。有了助手施耐德霍斯特作为能干的政治顾问，张伯伦建立起了政党机器。尽管这个组织是基于民众的参与，却还是很快被他的政敌们诋毁为“议会党团”。在公共设施建设、贫民窟清拆和其他便民设施方面，伯明翰市都广泛受益于“市政社会主义”政策。这一政治运动迅速传播到了其他市镇，自由党全国联盟也就此诞生。联盟的发起人意在将联盟打造成自由党运动的“议会”，以此制定出激进派的行动纲领，并最终从自己的阵营中选出新的领袖以取代辉格党人。这是一个新奇的现象：不像过去的宪章运动和反谷物法同盟，如今的改革运动无需再依靠党内的极端分子来推动。激进主义如今已强大到足以争夺控制权的地步。到 1880 年，各党派早就抱团，形成对立的社会两极，这一过程也在很大程度上助长了激进主义的崛起。格莱斯顿在竞选过程中也承认了这一点。他宣称：“我很抱歉地告诉你们，我们不能指望贵族。我们不能指望拥有土地利益的地主阶级。我们不能指望英格兰或苏格兰的国教教士。……我们不能指望这个国家的富人或显贵。……总的来说，这些势力都与我们敌对。……我们要将他们视为最顽固的敌人。”

在竞选运动中，张伯伦和支持者们提出了自己的改革纲领，它对于辉格党人，尤其是格莱斯顿来说，都是无法接受的。但张伯伦一方的成功也彰显并宣告了普选制给政党体制带来的巨变。

* * *

在缩小贵族统治与民主的差距上，格莱斯顿和迪斯累里功不可没。他们都坚信政府应该积极活跃，1868—1876年的《法令大全》中，改革措施不胜枚举。逐渐地，人们用选举来评断时任政府的所作所为，也用选举来评估两党承诺的未来图景。到了1880年，两党采取的竞选手段和如今已相差无几。格莱斯顿的中洛锡安选战尤其彰显了竞选形式的变化，因为在英国史上，首相候选人向广大民众争取支持，这尚属首次。他居然透过火车的车窗进行外交政策的演讲，这使女王万分震惊，可她的抗议也只能和已经过去的旧时代产生共鸣。格莱斯顿只有这么做，才能成为“人民的威廉”。

迪斯累里一年后离世。带领保守党走出1846年后的绝望境地、说服保守党直面民主到来的必然性，以及为其制定能适应新时局的政策，这些几乎就是迪斯累里一人承担起的伟大使命。他的成功充分说明了他在一切政党事务上的高超技巧。他使得保守党成了民主政治中的一支强大力量。“政党轮替如钟摆左右摇摆”的大规模两党制正是从他开始的。托利党式的民主成了决定性因素，而保守党成功赢得了来自工薪阶级的百万张选票。人们曾担心扩大选举权会威胁到过去的辉煌成就，但实际上它却推动着未来民主的发展。辉格党已经退下了历史舞台，托利党却重新焕发生机，影响倍增，前程似锦，尽管托利党人自己没能马上意识到这一点。这是迪斯累里的功劳，他的美名也将因此传扬。

第 17 章
美国的“重建”

大西洋彼岸，北军的胜利维护了美国的统一。但是，有许多问题亟待解决。最紧迫的问题是将战败的南方恢复秩序和繁荣。谢尔曼军队所经之处和弗吉尼亚河谷等南方大片地区一片焦土。亚特兰大、哥伦比亚、查尔斯顿、里士满等城市饱受炮弹和火灾的严重摧残。南方的生活陷于停顿。尽管南方妇女和忠实黑奴为不让耕地荒芜做出了英勇的努力，但农业由于北方的封锁而没有市场，进入不景气状态。北方的封锁还造成了日用品的奇缺。邦联境内运输的瘫痪使人们食不果腹。南方的整个金融系统已经崩溃了，邦联的纸币和有价证券一文不值。整个南方沦入赤贫。在阿波马托克斯缴械之后，衣衫褴褛、饥肠辘辘的南军士兵纷纷回家，一路上满目疮痍，破败至极。

重建南方是此刻最贴切的字眼。可重建南方的主要困难是黑人的前途问题。虽然林肯在 1863 年的《解放黑奴宣言》中名义上解放了叛乱诸州的奴隶，数百万黑奴在整个战争期间仍然忠诚于旧主。战争结束以后，他们许多人以为，“解放”意味着不必再劳动了。他们纷纷前往附近的城镇或军营，种植园失去了劳动力，于是联邦当局告急。黑人问题需要处理的另一个原因是，在某些地区，他们在法律上仍是黑奴。林肯的宣言仅仅废除了邦联控制地区的奴隶制，既不适用于已被联邦占领的邦联地区，也不适用于始终忠于联邦的4个蓄奴州。其中只有马里兰和密苏里两州废除了境内的奴隶制。必须采取进一步行动，尤其因为许多地区表示怀疑林肯的宣言和1862年废除西部新区奴隶制的国会法案是否符合宪法。于是,《宪法第十三条修正案》提了出来，禁止在美国管辖的一切地区实行奴隶制。

这里有个错综复杂的问题。美国宪法规定，修正案必须经过3/4的州批准，方能生效。美国这时有36个州，所以，前邦联11个州中至少要有某些州予以批准，第十三条修正案才能有效。而且，曾经脱离联邦的诸州之地位必须明确下来。既然它们脱离了联邦，是否应该以同征服者平等的地位返回呢？如果应该，有哪些条件呢？

战争还在进行的时候，林肯把恢复叛乱诸州合法地位的问题斥之为“有害的抽象问题”。他只关心这些州恢复“同联邦的适当实务关系”。1863年12月，他制订了吸收这些州重入联邦的计划。除个别人之外，所有拥护邦联的人只要宣誓忠于联邦，便可得到赦免。任何州如有10%的选民发誓忠于联邦，只等待建立赞成废奴的州政府了。然后，它们将被重新接纳加入联邦。林肯的“百分之十计划”并没有得到执行。北军占领的3个叛乱州在1864年重建政府，但是国会拒不接纳它们派驻华盛顿的参众两院议员。

* * *

国会认为，战后重建工作是它的职责，不应由总统来管。占国会多数的共和党激进派不想为南方回归联邦铺平道路，欲采取严厉的报复性政策，尤其希望立刻授予黑人选举权。激进派的报复态度有多方面的原因，其中最值得称道的是对黑人利益的人道主义考虑。不过，有这种意愿的人只是少数。扎卡赖亚·钱德勒和撒迪厄斯·史蒂文斯等激进派领袖则抱着卑鄙的动机。这些不讲原则的人与其说爱黑人，毋宁说恨黑人的主人，以此羞辱自傲的南方贵族。他们向来不喜欢南方贵族，把内战责任全部归咎于他们。激进派还有一个着于眼前的目的。他们看出，如果黑人得到选举权，就能粉碎南方农场主的力量，并使北方实业集团保持 1861 年赢得的对联邦政府的控制。激进派认为，如果让结盟北方民主党人的南方诸州恢复在国家事务中的发言权，那将是不合适的，甚至是荒唐的，也将危及北方资本家在战争期间促成的关于关税、金融和公共土地的大量立法。为了保护这些法律，激进派发出了授予黑人选举权的呼声，打算利用它来保持本党的执政权。

哪怕林肯活着完成总统第二任期，也会在党内遭到强烈的反对。他于 1865 年 4 月在白宫的一次精彩演说中宣布的宽大政策，被几天后杀死他的那颗子弹葬送了。来自田纳西的新总统安德鲁·约翰逊在重建问题上赞同林肯的意见，但明显缺乏政治天赋。不过，在林肯遇难到年底这段国会休会期间，约翰逊执行了同前任极其相似的重建计划。南方各州根据忠于共和国的选民的选举结果成立议会之后，只要废除《脱离联邦法令》，拒付邦联欠下的战争债务，废除奴隶制，便有资格重新加入联邦。南方急于"尽快恢复在联邦内的自治地位"（格兰特将军语），迅速照办了。于是，南方人开始选举州议会，确定官员，选举国会参议员和众议员，批准了《宪法第十三条修正案》。修正案于 1865 年 12 月生效。

国会于同月复会，拒绝接受南方选出的众议员，还不顾约翰逊的努力，开始推行自己的政策。采取的第一个措施，是建立重建事务联合委员会，负责搜集南方状况的情报。新年伊始，激进派控制的这个委员会报告说：为了保护解放了的黑人，必须采取大刀阔斧的措施。国会立刻行动。首先颁布了《被解放黑奴事务管理局法案》，以前建立的帮助黑人过渡到自由人的机构延长活动期限并扩大权力。接着，国会通过了《公民权法案》，授予黑人公民权，给予法律面前的平等待遇。约翰逊认为这两个措施侵犯了各州的权利，不符合宪法，因而予以否决。可是国会再次通过了《公民权法案》，压倒了总统的否决，使之成为法律。同时，激进派意在把该法案的规定写入《宪法第十四条修正案》，以使自己的目标有双保险。

此时，约翰逊和激进派的争吵公开化。1866 年的国会选举中，双方斗争激烈。激进派更善于说服选民，他们把新奥尔良的一场严重种族骚乱当作南方虐待黑人的证据，指责不久前颁布的《黑人法规》是企图重新奴役黑人的明证。激进派领袖在北方选民中比约翰逊更有信任度，总统在巡回演讲中常常有失尊严地大发雷霆，失去了很多支持者。结果，激进派大获全胜，在参众两院都获得 2/3 的多数席位。影响他们执行自己的重建计划的道路已经清除，因为他们足以推翻总统的否决权。1867 年颁布了许多报复性的、严厉的重建法案。南方被划分为 5 个军区，各由一名联邦少将管辖。以前的邦联区将实行军管，同克伦威尔当年对英国实行的一样。为了重新加入联邦，南方诸州被要求批准《宪法第十四条修正案》，在制定州的宪法时要规定黑人有选举权，而罔顾一个事实：至此北方只有个别州给予了黑人选举权。

激进派领袖并不满足于此，他们继而企图弹劾约翰逊总统。这样最合他们的心愿，根据当时的法律，如果约翰逊下台，将由参议院议长接替，这位议长本人就是大激进派。根据宪法，总统如有叛国、受贿等其他严重罪行，可被解职。可是，约翰逊反对激进政策的行为从未违宪，因此政敌难以给他扣上罪名。他们极力寻找叛国罪和腐败罪的证据，均未如愿，于是提出约翰逊在 1867 年 8 月试图将陆军部长埃德温・斯坦顿撤职一事，作为弹劾他的借口。斯坦顿是个寡廉鲜耻的政客，早该撤职。他惯于把内阁的秘密泄露给激进派领袖，同时却表示坚决忠于总统。约翰逊要求他辞职，他表示拒绝。在以后的几个月，他继续主持陆军部的事务，后来干脆把办公室反锁起来。不久以前，国会推翻总统的否决，通过了《任期法案》，这是激进派削弱总统权力的部分努力。斯坦顿援引这个法案为自己的行为开脱，因为法案规定，未经参议院认可，不得解除内阁成员的职务。不争取参议院的同意便是应该惩罚的严重罪行。

1868 年 3 月，激进派领袖说服众议院通过了要在参议院法庭弹劾安德鲁·约翰逊的 11 条罪状。其中唯一具体的罪名是所谓违反《任期法案》。其实，这个法案是否符合宪法还值得怀疑，而且，违反这个法案的罪行只是激进派信口雌黄而已。罗织的罪名尽管证据不足，却差一点成功。给约翰逊定罪，必须在参议院赢得 2/3 的票数，结果仅差一票。共和党的 7 名参议员长期顶住巨大的压力，不许将弹劾手段用于党派斗争的卑鄙目的。他们投票总统无罪。

于是，美国宪法中三权分立的基本原则，极其勉强地得以幸存。假如弹劾成功，美国宪法的整个发展过程就会改弦易张，权力就会从此集中于立法机构一方之手，总统在国会遭到多数反对时就无法保住职位。不过，激进派在国会有足够的力量，能够在约翰逊任期的余下时间里不买他的账。1868 年的总统选举中，共和党再次获胜；尤利塞斯·格兰特将军入主白宫。激进派这次完胜，因为这位凯旋的北军总司令不能胜任总统职务，从而沦为他们的工具。

南方的政治重建工作严格地按照 1867 年的法案亦步亦趋地进行。在联邦军事长官的监督下，举行了第一次有黑人参加的选举。选民册上登记了近百万黑人的名字。同时，有 10 多万南方白人因参与叛乱而失去了选举权。黑人选民在 5 个州里占多数。然而，黑人只是不讲原则的白人领袖愚弄的对象。在这些白人中，有北方的冒险家，俗称“地毯行囊”[①]，他们到南方的主要目的是自己发财，并在黑人中为共和党拉选票，此外还有“南奸”，他们为了谋取一官半职，甘心同大多数南方白人所憎恨的政权合作。在 1868 年到 1871 年之间，“地毯行囊”和“南奸”领导的政府在黑人选票和联邦刺刀的支持下，相继在南方各州建立起来。激进派认为这些州达到他们的要求时，便允许其回到联邦。

激进派统治者对南方采取了欺诈、夸张和侮辱性的种族政策。只有利用联邦政府的权力采取铁腕手段，才能维持这种统治。为了支撑“地毯行囊”政府，国会通过了《宪法第十五条修正案》。规定不许以“种族、肤色和以前的奴隶地位”为由剥夺任何公民的选举权。国会接着又通过了一系列法律，将议会选举置于联邦的指导之下，并且授权以武力镇压南方诸州的暴力行为。这些措施的起因，是南

---

① 地毯行囊（Carpet bagger）指在美国重建时期（1865—1877 年），一些北方的政治家、商人或冒险家搬到南方，他们携带的行李袋通常由地毯制成，因此得名。

方白人积极活动，企图以合法途径和利用三 K 党之类的秘密社团威胁黑人选民的方式，来推翻“地毯行囊”政府，恢复白人的统治地位。镇压一度奏效，然而，白人选民渐渐在各州夺回了优势。他们之所以取得成功，一是由于顽强的抵抗，二是由于北方人的看法有变。70 年代初，一些普通北方人充分注意到了南方的政治缺陷，并对各州“地毯行囊”政府的腐败行为感到愤慨。北方商人希望结束不利于贸易的动荡局面。更重要的是，北方人对于武力维持腐败的少数派政府感到厌烦，开始抛弃激进派纲领。

到 1875 年，共和党激进派的控制大势已去，只有南卡罗来纳、佛罗里达和路易斯安那 3 个州还留在“地毯行囊”手里。次年，3 个州恢复自治之路打开了。1876 年总统选举以后，3 个州在选举结果是否有效的问题上发生了纠纷。这个问题极端重要，因为尚无归属的 19 张选票足以决定大选的胜败。民主党候选人塞缪尔·蒂尔登获得 184 张选票，只差一票就是多数。所以，共和党候选人拉瑟福德·海斯必须通吃尚在争夺的 19 票。分歧提交众议院讨论时，共和党的多数议员显然会支持海斯。于是，为了抚慰广大民主党人的情绪，尤其是南方人，海斯的支持者许下诺言：海斯一就职就从南方撤军。南方人得到这一让步之后，放弃了反对海斯的立场。1877 年 4 月，即海斯就任总统一个月以后，亦即罗伯特·李在阿波马托克斯投降 12 年之后，最后一批联邦驻军撤离了南方。其余的“地毯行囊”政府立刻瓦解，白人在各州恢复了统治地位。激进派的重建时期告终。

这段时期并非十恶不赦，“地毯行囊”议会促进了若干拖延已久的改革，在架桥铺路方面做了些好事。但总的说来，这是一段玷污声誉的插曲。有美国史学家评论道：“黑人和‘地毯行囊’组成的政府，是所有的英语国家里最坏的政府之一。”重建时期在南方留下的辛酸仇恨遗产，远超4年内战引起的伤疤。南方白人把共和党视为扶植黑人政权的党，因而在此后50年里几乎人人投民主党的票。黑人本身在重建中没有获得长期利益，其地位的进步只是玩世不恭的自私者的玩物，倒退了不知多少年。

* * *

从重建时期结束到19世纪的最后10年，美国的政治生活了无生气。内战记忆犹新，尤其是南方人。战争煽起的激情仍然可以复燃。确实，共和党的小动作屡见不鲜，他们在竞选期间搞“挥血衫”[①]的手段，谴责民主党对手是乱民叛徒。但战争问题本身已经结束，无法死灰复燃。没有出现足以分裂党派的重要问题，没有制定新政策，法令书里也没有值得列入史学家注意的措施。当时的政治人物也不比他们参与的事件更令人兴奋。一连串可敬的平庸之辈先后登上了总统的宝座，他们执政的主要优点是，没有发生当年曾令不幸的格兰特将军两次任期蒙羞的腐败现象。国会里也坐满了史学家所说的“一本正经的可怜虫”，少有例外。

既然当时的政治乏善可陈，那经济发展便是头等大事了。南北战争以后的一代人时间里，经济突飞猛进，现代美国的轮廓显现。1860—1900年，美国的人口从3100万人猛增到7600万人。人口激增部分是欧洲移民大量涌入造成的，40年里总计有1500万人。城市在迅速发展。发现并开发了丰富的矿藏，庞大的新兴工业应运而生。有人说，“美国历史上其他任何一代都没如此天翻地覆过，林肯和李

---

① wave the bloody shirt，意为挑起冲突。

将军的乡村共和国，就此变成了麦金利和罗斯福的工业化城市帝国”。

经济变化不仅把一些地区变成为巨型的工业中心，而且也让整个国家改头换面了。甚至南方也开始了一场革命。由于战乱和废奴带来的瓦解作用，南方农业的变化是不可避免的。南方大种植园主由于兵燹而贫困化，被重建时期的苛捐杂税压垮了，差不多全部被迫将种植园分割出售，价格之低往往令人咋舌。成千上万的小农户由此扩大了地产，更多的南方白人首次成了土地所有者。昔日无序拓展的种植园消失了，无数的小农场取而代之，种植的农作物同战前大同小异。不过，黑人同蓄奴时代一样，仍是棉花种植的主要劳力。由于没有资本，没几个有色人种自由民买得起农场、付得起地租。于是，所谓“分成制”佃农的新形式出现了。黑人（后来还有无地的白人）使用农场主的土地农具，出劳力，换取收成的 1/3 为酬劳。南方农业就此慢慢复苏，可是将近 20 年后，昔日邦联诸州的棉花生产才达到 1860 年的水平。从此，生产迅速扩大。到 1900 年，战前产量数字已经翻了一倍以上。

这个时期，南方的大规模工业也启动了。1860 年以前规模很小的南方纺织业及时复苏，然后扩大了。19 世纪末，原料、廉价劳动力丰富的南方总共有近 200 万个纱锭，敢于在国内市场上向新英格兰的地位挑战。同时，北卡罗来纳和弗吉尼亚的烟草工业繁荣起来，而田纳西和亚拉巴马发现了煤矿和铁矿，南方的钢铁工业崛起。然而，南方仍以农业为主，工业增长同北方相比无足轻重。

南北战争大大促进了北方的生产。联邦军队需要大量的武器装备和衣服靴子。北方制造商在政府合同的刺激下，开始了大规模生产。而且，国会因南方议员缺席，以法律形式确立了北方工业家和金融家所要求采取的保护贸易措施。然而，这种支持只不过加速了美国工业革命的到来。美国的矿藏自始至终是极其丰富的。在世界已探明的煤炭储量中，美国约占 2/3。它拥有大量的高品位铁矿石和十分丰富的石油资源，西部还有巨大储量的金、银、铜矿藏。美国人凭自己的发明能力和改进他人发明的能力，掌握了将本国原料制成各种商品的力量。此外，他们还建立了宏大的铁路网和运河网，为工厂运输原料，输送产品。而且，美国可以从欧洲得到劳动力和资本，其大部分工业资本来自英、荷、德的投资者。建设国家所需的大部分体力和智力也是欧洲的伟大移民运动提供的。

如此得天独厚的美国工业正狂飙突进。匹兹堡地区的钢铁厂，俄亥俄、宾夕法尼亚等州的炼油厂，明尼阿波利斯、圣保罗的面粉厂，芝加哥、辛辛那提的肉类加工厂，新英格兰的服装厂和鞋厂以及密尔沃基、圣路易斯的酿酒厂，每隔 10 年，产量都创新高。这里只列举美国的最大工业企业。在上述各个领域，都出现了工业巨头，实力最雄厚的是石油大王洛克菲勒和钢铁大王卡内基。这些人以不知疲倦的精力、高超的技能，绝不顾忌竞争者，建立起一个个经济帝国，给他们带来了巨大的财富，还有对社会生活产生可怕的影响力。卡内基和洛克菲勒，还有金融大亨摩根、铁路大亨范德比尔特和哈里曼成为该时代的代表人物，与政治舞台上那些黯然失色的演员们形成鲜明的对比。这些人办企业方式方法的道德性虽然常常遭到质疑，但他们在混乱中开创了工业秩序，使贫寒家庭享受到大规模生产的好处。由于他们的奋斗，到 1900 年，美国工业集中到若干巨型公司的手里，实际上都是本领域的垄断组织。这种局面不久便受到联邦政府的挑战。另一方面，美国再也不依赖欧洲的制成品了，甚至反客为主打入欧洲市场。美国就这样度过了一个黄金时代，百万富翁们似乎是这个时代的典型代表，至少在欧洲人眼里是如此。同时，这个时代也是动荡不安的时代，为严重的成长烦恼所困。大城市里贫民现象多多，特别是新来的移民。时常发生突然而剧烈的金融恐慌，造成经济损失和破产。罢工盛行，有时发生暴力行为。工人开始组织工会，以强硬的谈判筹码同实业家对抗。这种形势将在 20 世纪初推动维权和改革。大规模工业生产带来了巨大而持久的收益，而发展过程中伴随的弊病只是缓慢地得以纠正。总之，这一切预示着未来充满着活力与信心。

第 18 章

美国成为世界强国

当美国逐步走向世界领先工业强国时，美国人民正忙着全面定居美洲大陆。南北战争之初，始于大西洋海岸的西进运动已经进行了 250 年之久，定居的边界线大致到达西经 97 度线，贯穿内布拉斯加州、堪萨斯州、俄克拉荷马州和得克萨斯州。在这条边界线和太平洋沿岸的城镇之间 1000 英里是广袤无垠的荒野。这里就是面积达百万平方英里的北美大平原，许多印第安部落出没其间。此外，除了他们赖以生存的成群野牛，再无他物。大平原上降水稀少，木材紧缺，看似不适合耕作，更不会有人居住了。然而，在不到一代人的时间里，白人在这片大地上的诸多地方定居，自然的边界也随之消失。这 30 年内，密西西比河以西的人口从 1860 年的 500 万人左右增至近 1800 万人，美国从 33 个州增长到 44 个州。到 1890 年，西部只剩下 4 个州还没有被瓜分，即犹他、俄克拉荷马、新墨西哥和亚利桑那。这些州到 1912 年都加入了联邦，意味着美国的政治版图趋于完整。

先是贵金属的发现激发了大平原的拓居。1859 年，落基山脉东坡的派克峰上发现了黄金，于是，淘金者向科罗拉多州蜂拥而上。当新金、银、铜矿现形后，大批的人又涌向了内华达、亚利桑那、爱达荷和蒙大拿，最终奔赴南达科他的黑山。这种以寻求财富为主的突发性迁徙不一定会形成长久的定居点，因为眼前的诸多繁荣只是昙花一现。贵金属矿石濒临枯竭时，采矿营地的人都会搬向别处，留下一座座鬼城来纪念他们的“挖掘之处”。然而，金矿、银矿的发现加速了西部地区的政治整合，刺激了铁路的兴建，因而对大平原的开发作出了大贡献。

促进大平原拓居运动的众多因素中，铁路至关重要。那时是美国铁路建设的伟大时代。南北战争结束之时，美国已经拥有了约 3.5 万英里的铁路，不到 10 年，这个数字就翻了一倍，到 1890 年又翻了一番。最惊人的成就是建造了若干横贯大陆的铁路。联合太平洋铁路公司的铁路从艾奥瓦州向西延伸，中央太平洋公司的铁路从加利福尼亚向东延伸，两者在犹他州汇合。于是，第一条横跨大陆的铁路在 1869 年 5 月建成了。这项工程是凭国会授予这两个公司百万英亩的公地而开展的，这种资助方法在其他地方也被采用。19 世纪末，又有 3 条横贯大陆的铁路建成，还有一些线路完工，开拓了国土。很多铁路公司直接参与到向西移民的队伍中来,因为他们意识到，只有人们都定居铁路两侧，铁路才能赢利。于是，一场声势浩大的增加西部人口的运动在东部各州及欧洲展开。那里交通成本低，购买土地也可以赊账；成千上万的移民者闻讯而来，渴望在大平原上开辟新的家园。

由于各州政府已从联邦当局手中得到了大片公有土地，到西部的移民也可以从州政府低价购买土地。移民也可以根据《宅地法》

获得免费的土地；该法案规定，所有在西部定居的白人成年男性可以获得 1/4 平方英里（160 英亩）的公共土地。尽管该法案有漏洞，让土地投机者从中渔利，但它还是使大批移民无偿地得到了农田，大部分在密西西比河以西。据估计，1890 年拓居者的总数超过 100 万人。

只有扫除印第安人这层阻碍，西部拓居运动才能顺利进行。美国南北战争时，面临白人的进攻，印第安人不得不撤退到大陆西半部。而此时，印第安人已被赶出最后的避难所，他们的历史又增添悲惨的一页。文明世界的扩张威胁到他们的狩猎场，更威胁到整个民族的生存，这促使大平原上的游牧部落野蛮决绝地抵抗外来入侵。从北部的苏族人和克罗人到南部的科曼奇人和阿帕契人，个个是健壮的骑手和勇猛的战士。他们的弓箭比联邦部队起初装备的前装枪更有效力。然而，他们还是不可避免地遭遇惨败。白人已在组织上、数量上和战略上优于印第安人，而温切斯特连发枪和柯尔特左轮手枪的引入使其在装备上更胜一筹。但是，东部皮革加工商雇佣职业猎人并展开对野牛的大屠杀，这才是对印第安人的致命一击。到 19 世纪 70 年代初，每年有两三百万的野牛被猎杀剥皮。10 年后，一支博物馆的考察队去采集标本，在广袤的西部只发现了 200 头野牛。对于大平原上的印第安人来说，他们赖以生存的野牛不仅可以充饥，还能做衣服、生火等。野牛濒临灭绝，游牧生活举步维艰。印第安人不得不遵守政府的安排，被赶到印第安人居留地上。

西部半干旱土地上，人们还需要寻求其他途径让农业有利可图。淘金者离开后，首先迁来的不是农场主，而是牧场主。在南北战争之后的 20 年里，他们将大平原当作牛群的牧场，从得克萨斯州一路放牧到中西部。尽管路上必须经过印第安人聚居地，这些很不友善的人总是把牛群赶得东奔西逃，然而，每年都能把大批牛群从西南地区的牧场赶到堪萨斯和内布拉斯加的养牛中心。牛在那里长膘到可以上市时，便装船运到堪萨斯城或芝加哥的牲畜围场和罐头厂。农场主仍然不肯来到大平原。在这片广袤的草原上，树木稀少，没有木材造房屋、谷仓和栅栏。更严重的是，98 度经线到落基山脉之间的年降雨量往往不足 20 英寸这个农作物所需的最低限量。

科学技术适时介入，一项叫旱地深耕法的技术研究出来了。深耕法充分翻松土壤，使得水分向上渗透，又避免水分蒸发。从俄罗斯引入了新的小麦抗旱品种，也能抵御大平原上常见的小麦锈病。可是，发展农业的真正基础是大规模的工业化。琳琅满目的农业机械农具来了，收割机、联合收割机、脱粒机和改良的铧犁等，西部农民可以在足够广阔的土地上耕地，以补偿单位面积的低产量。此外，带刺铁丝网的发明结束了长途运送畜群的活动，也解决了围栏的问题。

19 世纪的最后 25 年里，大批农民外迁到了大平原。到 1890 年，“边境”已经消失。按照官方说法，边境是指每平方英里只有 2 到 6 人的地区。人口普查官说，之前的无人区现在“被各自为政的定居点所占，几无边界可言”。近 300 年前开始的弗吉尼亚的詹姆斯敦拓殖运动如今已经结束了。到目前为止，这条边界一直是美国的安全阀，从这里排出了勃勃的野心和时刻不歇的大胆精神。如今，安全阀已经关闭，美国迅速发展带来的问题和压力来势汹汹。

* * *

美国政治在重建时期结束后，沉睡了一段时间后突然醒来了。平民主义就是唤醒它的闹钟。由于根深蒂固的不满情绪在农民中蔓延，这场新运动进展迅猛，并于1896年达到高潮。当时，已经同民主党合并的平民党尽全力参与投票。那年的总统大选在美国史上最为激烈也最为壮观。人们只注重于一个议题：金币和银币是否能同时流通，即实行单本位制还是复本位制。这场斗争被称为“本位制之争”。农业利益集团一跃而起，力图从银行家和实业家手中夺取联邦政府的控制权，这些掌权者从南北战争起就控制政府了。

同美国其他行业一样，农业自南北战争起就开始飞速发展。40年间，农场数量和耕作面积扩大了3倍。小麦、玉米、棉花等农产品的产量也等比增长。但农民的生活越发举步维艰。由于产量增加，农产品价格节节下跌。同时，农业生产成本持续走高，大批农民面临困境。许多人被迫成为佃农，地产抵押现象激增。

造成这种衰退的原因不少。首先，部分地区，尤其是最初13州中的南方和中西部，掠夺性耕种方式导致土壤大量流失。此外，在大平原地区，农民面临着特殊的自然灾害。然而，这些困难对他们来说见多不怪了，造成这种困境的实际原因在其他方面。尽管人口在增长，城市迅速发展，粮食需求大增，但农产品还是生产过剩了。加拿大、南美洲和澳大利亚都在经历着同样的农业繁荣，他们可以在世界市场上与美国农民自由竞争。但是，美国农民只能在国内受保护的市场里购置生产设备及生活必需品。联邦政府的关税政策以及垄断企业与托拉斯的强大实力，人为地不断提高农民所需制成品的价格。不只是制造商剥削农民，铁路公司也是如此。西部农民向市场运送农产品时，只能依靠唯一的铁路，被迫去补偿铁路运送工业品方面的亏损。农产品的运费高得惊人，有段时间里，把谷物当燃料烧掉都比卖掉更划算。铁路公司采取的诸如此类的做法都遭到人们的强烈反感。最后，似乎农民最受不了的压力来自贷款的高成本，因为大部分的农民阶级都负债累累，偿还同一笔钱需要支付越来越多的农产品。西部地区的金融机构不发达，农民不得不向东部的银行家借钱，利息为 8% 到 20% 不等。联邦政府采取通货紧缩的财政政策，更加激起农民心中的怒火。在经济空前发展的时代，为应对企业利益集团对稳健的货币政策的需求，联邦政府决定减少货币流通，停止铸造银币，撤回南北战争期间发行的部分纸币。

联邦政府历来忽视农民及其家属的利益，着实令人惊讶，因为农民依旧占据了国家总人口的一半。但是，他们在政治上并不团结，由于南北战争产生的偏见，西部人与南部人之间存在着很大的隔阂。南部人坚决拥护民主党，而西部人大多为共和党的支持者。如果不把土地问题从其他政治问题中剥离，农民们很难让联邦政府注意到他们的要求。他们只有像“大企业”和工人那样，建立了自己的组织，才能摆脱强势经济集团的剥削。

因此，全国性的农民组织如雨后春笋般涌现。其中最先出现的社团成立于 1867 年，叫作农人协进会（Patrons of Husbandry），百姓们称为“格兰其”（Grange）。刚开始的几年，会员数目不多，但是 1873 年的经济大萧条过后，组织发展迅猛。两年后，格兰其几乎涵盖了各个州，全国上下有 2 万个分会，80 万名成员。这个时候，格兰其不再是当初的纯社会组织，很多州的格兰其分会成立合作经营企业，销售农产品、购买制成品。通过联营的乳品厂、谷物仓库、货栈、信贷机构甚至是工厂，削减中间商的利润指日可待。格兰其在许多州都发展了政治分支机构，密西西比河上游流域出现了名目繁多的农民党。这些看似无关上层政治领域，但是美国是世界上率先在其国内事务上公开表明，国家的重大决策必须取决于局部小利益的对接协调。控制了若干州的立法机关后，格兰其颁布了一些法案，来限制铁路公司的不法行为。然而，这些所谓的格兰其法律效果不大。限制铁路公司绝非易事。法规实施举步维艰，因为司法部门与铁路公司沆瀣一气，而且最高法院在 19 世纪 80 年代做出一系列裁决，严厉限制了各州的立法权。

19 世纪 70 年代末，农业生产条件明显改善，格兰其便迅速衰落。农民们联合行动的初次尝试宣告失败。形势没过多久又开始恶化，新的农民组织先后在西北部和南部兴起，叫作农民联盟。联盟组织的社会经济活动与格兰其做的类似，事实上，农民联盟就是按照格兰其的模式组建的。但是，与格兰其不同的是，联盟一开始采取的政治纲领就是在呼吁减少关税，增大通货膨胀，严管铁路公司。随着时间的流逝，此项运动的政治焦点愈发尖锐，最后形成了平民党。

农业大萧条始于 1887 年，平民党运动由此爆发，并日益壮大。严峻的干旱，粮食大面积歉收。紧接着，大批的抵押品被依法拍卖，大批农民社群破产了。农民们此时很清楚，两大政党都指望不上了。因此，联盟运动广泛展开，自动转型成了平民党。

农民的不满情绪是平民党创立的起因，其追随者主体也是积怨较深的农民，但平民党还囊括了许多其他群体。绿背纸币党（Greenback）和联邦工党（Union Labour Parties）等短命政治组织的残余分子所组成了“劳动骑士团”（Knights of Labour），后来这个挣扎中的工会组织和各种各样的狂热者都加入了平民党，其中有人倡导妇女参政，有人支持单一税制。这些群体为平民党运动带来很多怪人，但农民中本身也有不少标新立异的奇才。其中，有人称“干草叉”的本·蒂尔曼（南卡罗来纳州人），有喜欢别人叫他“不穿袜子的苏格拉底”的杰里·辛普森，还有奉劝大平原的农民“少种粮食多闹革命”的复兴运动分子玛丽·埃伦·里斯。平民党起义的这些领袖是美国政治舞台上史无前例的一类。

平民党在1890年各州的选举中取得大胜，在两年后的总统选举中获胜的概率更胜一筹。他们的竞选者詹姆斯·韦弗曾是现已解散的绿背纸币党的领袖。尽管生活困难重重，很多农民还是不愿背弃他们历来的党派信仰。虽然韦弗得到了100万张选票，但是民主党候选人格罗弗·克利夫兰还是以微弱优势打败了他的共和党对手本杰明·哈里森。

克利夫兰的第二届总统任期伊始（在1885年到1889年已任一届总统），经济危机从天而降。金融恐慌，不计其数的企业纷纷倒闭，大城市的失业率愈发严重。罢工运动猛烈爆发，农产品价格几近崩盘。面临经济萧条，克利夫兰束手无策，不满情绪在支持者之中蔓延。很多人不赞同他实行的关税政策，也不认可他动用联邦军队去镇压1894年芝加哥的普尔曼大罢工，那次罢工使美国一半的铁路停运。但是，正因为他拒绝采取通货膨胀政策，才逼迫失望的民主党人加入平民党的行列中。支持通货膨胀者认为，他错在擅自强行废除1890年的《购银法案》（Silver Purchase Act），该法案将银币铸造数量增加一倍，去提高货币流通量，提升农产品价格。而复本位制论者认为，该法案无法达成两个目标中的任何一个，说明法案没有贯彻执行，唯一的补救措施是不限量地铸造银币。然而，在克利夫兰看来，法案激起了 1893 年的大恐慌，因此必须实行金本位制。

此前，银币的自由铸造问题已经争论了好些年，但是《购银法案》的废除令其再次置于众目睽睽之下。1893—1896 年，该问题逐渐让其他话题都黯然失色。我们知道，农民一直以来热衷将通货膨胀作为治疗农产品价格低迷的良药。一些人之前还与绿背纸币党明来暗往，对方答应会多印钞，制造通货膨胀。如今，支持平均地权的人希望，利用矿山生产的所有白银铸造银币，来恢复经济繁荣。对于企业界来说，这是破产的必由之路。他们指出，通货膨胀开启容易制止难；金本位制对社会经济稳定来说必不可少。于是，低息贷款政策是下一届总统选战的话题。

起初，平民党还不能确定，是提名自己的候选人，还是与民主党合并。民主党 1896 年 7 月在芝加哥召开代表大会时，便做了决定。由于低息贷款派控制着党的组织机器，大会采取自由铸造银币的政纲，提名内布拉斯加的威廉·詹宁斯·布赖恩为候选人。大会上，布赖恩大谈“黄金十字架”（Cross of Gold），对金本位制支持者猛烈抨击，这是美国最负盛名的演讲之一。平民党对这样的候选者及其纲领满意，便认可了布赖恩。尽管他们没有完全放弃单独竞选的计划，却与民主党并肩对抗共和党的候选人，金本位制的支持者威廉·J.麦金莱。党内已经分崩离析，布赖恩面对可怕的劣势，还需面对新闻界、企业界和金融界的反对。他竭尽全力投入选战，将他的雄辩术发挥得淋漓尽致，可种种努力都无济于事。整个竞选过程，深居简出的麦金莱以超过 50 万张的选票胜出。

平民党孤注一掷，支持布赖恩竞选，所以败选后很难东山再起。平民党又过了很久才正式解散，但这场选举让他们的崩盘进入了倒计时。党徒要求的大部分措施，之后被 20 世纪的新改革运动解决了，几乎统统立法通过。银币终究没能实现自由铸造，但是农民们另辟蹊径，实现了目标。加拿大克朗代克地区和南非发现了金矿，世界黄金供应量在 19 世纪末迅猛增长。货币流通量也随之增加。1900 年，国会通过了一个货币法案，美国实行金本位制，几乎无人反对。自由铸造银币的骚动也差不多被淡忘了。

*　*　*

布赖恩又一次在总统竞选中与麦金莱徒劳地对阵时，人们 4 年前的那种热情已荡然无存。经济大萧条过去了，又是一片繁荣。美国人开始忽视国内事务，眼界转向开阔的国际市场。两次竞选间，美国开始在世界事务中扮演与其实力相称的角色。

自拿破仑垮台以来，美国人埋头拓殖美洲大陆，开发自然资源，而对外交事务漠不关心。如今，拓殖进程已经完成，经济发展稳步进行，就开始寻找可资劳作的新土地。到 19 世纪 90 年代，在所有的工业强国中，建立帝国的想法已经深入人心，英、法、德尤其积极获取新殖民地、开拓新市场。欧洲的表率让美国看在眼里。出于种种原因，美国人滋长了强烈的任性精神，这初次体现在 1895 年与英国争委内瑞拉边界问题。

南北战争过后，英美关系一直处于明显的冷淡状态。虽然格莱斯顿政府解决了关于“亚拉巴马号”仲裁案的纠纷，但是英国在南北战争中对南方的支持令美国积怨已久。两国之间在很多问题上纷争不断，如白令海峡的捕钓海豹问题，美国渔民在加拿大海域的权利问题，以及如何解释 1850 年就拟议中的巴拿马运河签订的《克莱顿—布尔沃条约》(Clayton-Bulwer Treaty)。但是，委内瑞拉边界问题让上述所有问题都不值一提。这个南美共和国和英属圭亚那地区之间的边疆一直动乱不定。尽管美国频频提出斡旋，可其善意示好始终被英国冷眼相待。1895 年夏，美国国务院在照会中再次出招，克利夫兰总统称为“二十英寸大炮式的照会”。照会指控英国已违反门罗主义，并要求其明确给出答复是否接受调停。索尔兹伯里勋爵没有立刻回复，等待美国人冷静下来。12 月，他回应说拒绝仲裁，并指出美国政府对门罗主义的理解有误。于此,克利夫兰向国会表明，美国将独立解决边界问题，强迫争议双方接受其决定。

几天下来，美英两国看似有可能交战，甚至马上开战[①]。但是，美国人迸发的爱国热情很快趋于冷静。而英国人的舆论却没这么激动。危急时刻，有消息传到英国，说德国皇帝给南非总统克鲁格发电报，祝贺他击退了詹姆森的袭击。错综复杂的帝国纠纷（容后文详述）分散了伦敦方面的注意力，英国的怒火从美国转向德国。由于英国政府在欧洲和南非的事务中难以脱身，无暇顾及与美国争吵，便同意参加仲裁。仲裁法庭上，英国基本让渡了对圭亚那的声索。从此，英美关系平稳改善，主要是英国意识到了陷入孤立的危险。它愈发恐慌德国的海军扩张，便反复示好，美国则立马回应。

美国人强烈的自尊心不可能一直被遏制，便在古巴反抗西班牙统治的起义中找到了发泄口。从 1895 年起义开始，美国民众就对这

---

① 那时我结束了古巴的访问，回程会经过美洲。我清晰地记得，看着船只从英国海岸驶离，我纳闷哪艘会送我们去加拿大。——作者注

场争取独立的起义深有同感。大家对西班牙暴政的传言怒不可遏。韦勒将军将平民赶到集中营，造成数以千计的人病死，这一政策遭到强烈谴责。纽约两家报社争先恐后对这些暴行大加渲染，人们因此要求美国进行干涉。1898 年，群众对与西班牙交战之事呼声很高。同年2月,美国“缅因号”战舰被派去古巴保护美国人的生命财产安全，却被哈瓦那港的水雷炸毁，大多数船员不幸遇难。此后，西班牙政府急忙对美国做出让步。麦金莱总统起初打算接受和解，可群众的呼声实在强烈，便于 4 月 11 日向西班牙宣战。

这场冲突只持续了 10 个星期，以美国压倒性的胜利收尾。在古巴的美国远征军虽然对陆军部的战场指挥不当和领导无方牢骚满腹，但还是取得速决战的胜利，迫使岛上所有的西班牙军队投降。5 月 1 日，海军准将杜威在马尼拉湾的海战中将西班牙的主力舰队击垮。西班牙海军的加勒比海舰队在古巴的圣地亚哥港外沉没。西班牙于 8 月提出和平请求，12 月在巴黎签署协议，古巴由此独立。美国获得了波多黎各、关岛和菲律宾。

这场战争大大治愈了美国内战留下来的创伤。爱国主义的热潮席卷全国，北方人和南方人都为他们共同的国家所取得的成就倍感骄傲。两方都有年轻人争先恐后加入远征军，在攻打圣胡安山时并肩作战。著名的原南军骑兵队长乔·惠勒感慨地说，为美国国旗打这一仗，等于多活 15 年。这场战争还说明，美国人已经清楚地了解到自己作为世界强国的力量。由于 1898 年到 1900 年的不断扩并，他们新晋的殖民者角色也更加根深蒂固。在此期间，他们不仅夺取了西班牙的领地，还占领了夏威夷、萨摩亚群岛的一部分和太平洋上无人居住的威克岛。美国虽然尚未放弃孤立主义，但从此对国内事务的关注愈发减少。他们开始在世界舞台上扮演重要角色。西班牙战争促使他们与英国建立新型友好关系，因为英国是战争中唯一支持美国的欧洲国家。美国人对此深表感激。19 世纪即将结束时，两国人民在世界事务的进一步合作中建立了亲密的关系。写到这儿，我们要放下有关美国璀璨未来的话题，回到大西洋东岸英国的议会党派斗争。

第 19 章
爱尔兰的地方自治

格莱斯顿于 1880 年再次当上了英国首相，然而坐着这个位子可不如 12 年前那么舒坦。那时，内阁坚决果断，政党团结一致，他操刀制定一系列重大的改革。如今由于格莱斯顿在竞选中大获全胜，领先其保守党反对派 137 票，人们对他的期望不低。可议长在下院一开始却称格莱斯顿有一支“很难带的团队”。后来事实证明，确实如此。政府换届很少让人如此满怀期待，其结果也很少让人如此心灰意冷。

主要问题出在自由党的组织架构上。一直以来，自由党因其党内成员多样性而自豪，但是它很快发现，辉格党和激进派、左翼和右翼之间有着不可逾越的鸿沟。第一届格莱斯顿政府里,很少闹别扭，但是辉格党的老派认为改革早就进行得差不多了，格莱斯顿本人颇有同感。他极度厌恶激进派核心人物的做法，藐视他们制定的社会经济改革政策。他写道，“他们最中意的想法是他们所说的建设性行动，即把个人事务交给国家处理”。此外，他发现辉格党比约瑟夫·张伯伦之流的激进派新来者更适合合作。外交大臣格兰维尔勋爵等人已经是格莱斯顿多年的朋友和同事。格莱斯顿一直坚信，贵族中有一小部分人举止从容，知书达礼，是自由党事业的天然领导者。

组阁时，格莱斯顿不得不抚慰这些辉格党人。在他长官下野期间，领导下院自由党的哈廷顿侯爵从不赞成格莱斯顿攻击迪斯累里的东方政策。哈廷顿和他的朋友们忧心忡忡，搞不清楚首相会心血来潮，下一步将把矛头指向何方。结果，激进派中只有张伯伦一人进入内阁，他被分配到一个当初不起眼的职位——贸易大臣。这是格莱斯顿铸下的第一个大错，不仅是因为辉格党内阁根本不适应自由党日益激进的时代，同时，首相将在重要的政治和内外事务中与其同僚发生直接冲突，在爱尔兰问题上尤为突出。内阁四分五裂，不可能作为有效的行政工具。格莱斯顿的传记作者约翰·莫利写道，内阁不仅是个联合政府，还是“让人困扰的联合，持不同意见者有时竟会欣然地接受对抗，仿佛斗争就是和谐”。高高在上的是那位“老大人”，格莱斯顿年已71岁，当得此称号，激情洋溢，精力不减当年，在同僚之间犹如鹤立鸡群。有阁僚写道，他不在内阁时，“我们简直像没有猫管束的老鼠”。

但是并不是说只有自由党人，或更确切地说只有辉格党人，才会面临困难和烦恼。面对民主主义的攻击和其对既有利益的威胁，托利党领袖颇为震撼。他们开始忘却迪斯累里长期以来对他们的劝诫。托利党在下院的领袖是斯塔福德·诺思科特爵士，此人曾是格莱斯顿的私人秘书，对这位伟人依然充满敬畏之心。他在前座议员席[1]上的伙伴们害怕普选制度的出现，执着于年轻时的信仰和实践，

① the Front Bench，为反对党领袖保留的座位。

依然如履薄冰。有一支短小精干的团队介入了两党的龃龉，他们在议会中打游击战的本领少有人能敌，人称“第四党”——伦道夫·丘吉尔勋爵、贝尔福、亨利·德拉蒙德·沃尔夫爵士和约翰·戈斯特。他们无情地奚落格莱斯顿，不把他放在眼里。但是伦道夫爵士很快提升到特殊地位，他为己方的领导者预留了最猛烈的批判措辞。他给《泰晤士报》写信，指责这些人“错失良机，胆小如鼠，莽撞出击，摇摆不定，逃避责任，压制勤劳的属下，勾结政府内阁，渴望搞联合政府，嫉贤妒能，老生常谈，缺乏远见”。这些指控不只是针对议会，他还打着“信任人民”的座右铭和“托利式民主”的口号，绕过名存实亡的领导，向普通大众发出呼吁。他取得了戏剧性的成功，不久便拥有了不亚于索尔兹伯里的权力。

这些年的党派斗争有点怪异。新的激进势力和托利党民主势力的兴起，给传统的议会制度带来大混乱。各种事务错综复杂，党派界线被打破。斗争异常激烈，但往往自相残杀。虽然张伯伦和伦道夫爵士有时争得不可开交，但往往更认同对方的想法，而非己方领袖。后来格莱斯顿利用爱尔兰自治这把利斧，迫使人们对这个重大提议做出果断决定，清楚地划分了政治界限，两党的混战才得以解决。

*　*　*

自由党人常常抱怨，每当他们接替托利党掌权时，总是要继承帝国主义手里的烂摊子，而卷入与他们反帝情绪格格不入的勾当。1880 年就是如此。他们面临的第一个问题来自南非。在那里，布尔人建立的德兰士瓦共和国早已难以为继，国内面临破产动荡的威胁，东部边界还受军事王国祖鲁的侵犯。为了避免其走向亡国灭种，迪斯累里政府将其吞并。这一举措起初没有引发任何反对。迪斯累里期待以加拿大为模式建立一个自治联盟，旨在将南非所有的白人社群联合起来，但时机还不够成熟。德兰士瓦的布尔人又产生恢复独立的强烈愿望，他们在寻找摆脱英国统治的时机。英国军队终于在1879年将祖鲁族人镇压下去，他们认为抓住时机是万无一失的。他们指望自由党政府带来自由，也许理所当然。格莱斯顿曾谴责吞并德兰士瓦这一行径，但其党内实权派则更同情非洲土著居民，而非布尔人。他深信联盟是解决南非混乱的唯一方案，不愿做出任何临时的变动。1880年底，布尔人爆发起义，在马如巴山，将小股英军打散。南非驻有足够强大的英军，可以击垮布尔人，但格莱斯顿不愿屈从复仇的呼声，继续进行马如巴战役之前就已经开始的谈判。最终，双方于1881年签订了《比勒陀利亚和约》，并于1884年加以修订，德兰士瓦由此获得了实际上的独立。自由党原则的应用为布尔人在南非掌权奠定了基础。假如不发生两件事，前途一切都将进展顺利。但兰特地区发现了极为丰富的金矿，于是，布尔人的农业共和国顷刻间出现了大批矿工，熙熙攘攘，挤满世界各地的人。同时，塞西尔·罗得斯在开普敦进入了政界，决心创建一个庞大的，兼容并包的南非自治领，而他天生就有让梦想实现的精力。这两个事件引发的后果，影响至今尚未结束。

* * *

正如格莱斯顿所预见的，迪斯累里购进苏伊士运河股票虽然是一步妙棋，但随后带来了诸多埃及问题。在他就职时，埃及名义上由从土耳其来的总督统治，实则受英法联合控制。出售运河的股票只能暂时救总督脱离破产之灾。不久后，英法就派了债务专员来掌管他的财政事务，其他事务也都染指。英国来的债务专员是艾弗林·巴林，后被封为克罗默伯爵，是大英帝国最杰出的殖民地总督之一。他将掌握埃及命运达 30 年之久，中间只有一小段间歇。然而，英法的控制在 1881 年末被阿拉比帕夏领导的民族起义粉碎。起义有军队支持，迅速蔓延到整个国家。格莱斯顿企图实行欧洲协同体的原则，但无济于事。国内政治的突然变故迫使法国靠边站，其他欧洲大国则袖手旁观。1882 年 6 月 11 日，50 名欧洲人在亚历山大的暴动中被害。阿拉比开始在该城设置防御工事，威胁到英国在海港的船舰。英国先是发出警告，在一个月后炮击堡垒，炸哑其大炮。几天之后，内阁决定派吴士礼爵士率军前往埃及。此决策迎来了军事胜利，并于 9 月 13 日在泰勒凯比尔彻底打败阿拉比的军队。格莱斯顿为胜利感到高兴，同时也受到良心的谴责。自由党的本能是先撤退，可是也不能在埃及留下执政真空。吞并埃及即使顺理成章，也为其他欧洲列强所觊觎，可自由党良心上过不去。于是，格莱斯顿两头不讨好。侵略的恶名英国仍然赖不掉，但债务专员继续大权在握。在这样的情况下，所有欧洲列强都可以进行干涉。然而，当巴林在 1883 年担任总领事之后，成了事实上的国家统治者，一个新时代出现了，迎来了亟需的变革。

干涉埃及使英国卷入更为复杂的苏丹事务。这片辽阔的领土纵深 1000 多英里地，从埃及的边界沿着酷热的尼罗河两岸向南延伸，直到接近赤道的地方，都属于土耳其驻埃及总督的领地。来自开罗的长官帕夏不顾英国顾问的劝阻，实行苛政滥政。埃及人反抗英法起义的同一年，苏丹人也起来反抗埃及人了。领袖是穆斯林“狂人”马赫迪，他很快消灭了埃及军队，不久就控制了苏丹的大部。格莱斯顿称苏丹人是“合理争取自由的一群人”。这样描述对马赫迪部队是极大的恭维，因为他的杀戮欲给他进军之地散布了恐慌。要么再次征服苏丹，要么从苏丹撤出，而英国政府选择了撤出。埃及人也只好同意。1883 年底，英国决定撤回远在南苏丹的驻军，而英国作为埃及军队的导师，卫戍南方是基本职责。做出决策易，执行决策难。1884 年 1 月 14 日，因在中国征战成名的查尔斯・戈登[①]将军离开了伦敦，肩负着内阁从苏丹撤兵的任务。

戈登本人曾在苏丹服役，是镇压奴隶贩卖的主力军。戈登 2 月到达喀土穆后很快意识到撤防是错误的，是让国家任由马赫迪的穆斯林控制。因此，他向政府请求增援，提出反攻的计划。英国政府对前线突如其来的变故大为震惊。他们也许早就预料到，一个出自英雄模子的指挥官不会轻言撤退。戈登是永不言退的那种人。他决心驻守在喀土穆，直到他完成自己布置的任务。他意志坚定，往往表现得任性，决心反抗格莱斯顿不辟新殖民地的决定。伦道夫・丘吉尔勋爵是下院中第一个提出关注戈登人身安全问题的人。3 月时，他直截了当地向政府发问，“还要继续见死不救吗？政府指望戈登来摆脱困境，却偏偏对此人的命运如此冷漠，任其自生自灭，而不给予一点点帮助吗？”然而政府闪烁其词。尽管戈登紧急求援，巴林在开罗发急件支持，当时首屈一指的军事家吴士礼爵士也建言支持发援军，可援军仍然遥遥无期。5 月，戈登在喀土穆遭截断。然而内阁仍然坚持索尔兹伯里勋爵所说的“出逃政策”，不愿派遣援军解围。

整个春夏，英格兰民意高涨，人们组织集会，要求拯救戈登。

---

① 戈登曾组建的常胜军在上海参与镇压太平天国运动。文中作者对戈登的评价显然带有帝国主义的傲慢和偏见。——编者注

他坚守宗教信仰，恪守圣经教义，谴责奴隶制，做慈善关怀穷苦儿童，英勇驰骋沙场，使他成了广受欢迎的人物，是位如亚瑟王圣骑士般高贵的英雄。而格莱斯顿心有旁骛。一个是选举权的改革，另一个是激情洋溢的无神论者查尔斯·布雷德洛的情况。此人当选为议员却放弃了席位，此事在下院引起轩然大波，首相6年多来都良心不安。5月，伦道夫勋爵在下院提及格莱斯顿："我对比过他为戈登将军和布雷德洛先生所做的努力。他对蛊惑人心的亵渎者表现出太多珍贵的道德人格，如果将其百分之一用于支持一位基督徒英雄，戈登使命的成功就可以确保了。"

陆军大臣哈廷顿勋爵强调，这是有关民众对内阁的信心问题。最终，在他的不懈努力下，英国政府被迫出兵拯救戈登。9月，吴士礼赶去开罗，不到一个月就聚集到一支万人突击部队。他深知，对拥有大规模长枪兵的马赫迪来说，突袭无济于事。速度固然重要，但不能冒死前进。至少半年稳扎稳打的作战是他能指望的最快方式。10月，他从埃及边界出发，向着喀土穆挺进800英里。一路上大多是人迹罕至的尼罗河流域，满是急流险滩和瀑布，天气闷热，士兵疲惫。在苏丹北部，尼罗河大转弯东去。吴士礼意识到时间非常急迫。他感到，整个英国将目光锁定在戈登和他身上，并对他们之间的距离忧心忡忡。他的主力部队必须向上游稳步前进，直到攀上所有瀑布，就可以居高临下扑向喀土穆了。同时，他派遣赫伯特·斯图尔特爵士手下的努比亚突击骆驼兵团径直穿过150英里的沙漠，奔向戈登首府喀土穆城北的尼罗河畔。斯图尔特于12月30日出发，行动果断。次年1月17日，在离其目的地还有120英里的阿布科里，斯图尔特遭到一支穆斯林军队的攻击。他的纵队不到2000人，对阵至少

5 倍的敌军。在马赫迪狂热的游牧部队的疯狂进攻下，英国方阵遭打散，但还是取得了胜利。两天之后，斯图尔特率领的先头部队冒着敌人的频繁骚扰，到达了尼罗河，可是他受伤了，已奄奄一息。接替的指挥官面临了危险的局面。1 月 21 日，戈登从喀土穆派出的汽艇顺流而下赶到那里。进行侦察，照料伤员，难免耽误些时间，这真是令人悲哀。24 日，一支 26 名英国人和 240 名苏丹人的军队乘两艘汽艇南下，沿岸的穆斯林军队用滑膛枪拼命射击。28 日，他们终于到达了喀土穆，可惜为时已晚。戈登的旗帜已不在其官邸上空飘扬。他死了。喀土穆在保卫者的浴血奋战之后，于两天前陷落了。他独自倒下了，没有得到同胞的丝毫援助。差不多全国一半人看来，格莱斯顿是个凶手。维多利亚女王痛苦万分，她在致格莱斯顿的通电中表明了自己的心情。戈登成为民族烈士。正如他在日记中承认，自己确实违令了，但是派遣他出征的内阁实质上扔下他不管，这也是不争的事实。眼看要成功的救援部队撤回埃及。为戈登复仇之事历经 13 年。格莱斯顿后来坦言，政府曾派遣一位“英雄中的英雄”前往喀土穆，此人优缺点均很明显，而政府为此付出了代价。

*　*　*

自由党在国内的活动也同样地动摇了其地位。举国只关注戈登，政府却在力推其唯一重大的立法《改革议案》。该法实现了郡级选举权的民主化，几乎每一个成年男性都享有投票权。另外一个法案取缔了尚存的小自治市，把全国划分为单个议员选区，个别地区除外。这些举措都是对 1867 年法案的合理延伸，却也使本来就复杂的形势弄得一团糟。选区单一代表制废除了辉格党议员和激进派议员并列的惯例。自由党人和激进派乘机得寸进尺。张伯伦对那个“不劳作不织布”阶级发动一连串的攻击。他还提出所谓的“未授权的计划”（Unauthorised Programme），并向人民做了那个著名承诺，让每个大自然之子都可以获得“三英亩地一头牛”。至此，他将主要攻击目标从城市转向农村。辉格党无法忽视这一挑战。他们与激进派之间的分歧已经根深蒂固，无望再次合作。1885 年秋，上院曾经的托利党领袖，如今已是首相的索尔兹伯里说，格莱斯顿“对团结的呼吁实则是要人们阳奉阴违”，此话有一定根据的。

格莱斯顿突然宣布转向奉行爱尔兰自治政策，突然掐断了对于英国政治前途的进一步空谈。要理解此事的意义和影响，我们必须回顾爱尔兰那段令人伤感的历史。自 19 世纪 40 年代的大饥荒起，爱尔兰人一直处于水深火热之中。农民穷困潦倒，家徒四壁，西部农民境况尤甚。戈登将军在给《泰晤士报》的信中曾这样描述他们：“据说，我自己也看到，必须说，在我提及的很多地区，我们同胞的境况比世界任何国家的人民都差,更不用和欧洲人相比了。”他们“生活在牛马都养不活的地方，徘徊在饥饿的边缘”。爱尔兰过去是个贫穷的国家，如今依旧是。经历了饥荒和移民美国之后，爱尔兰仍然人口过剩。由于英国政府的政策，眼下的灾祸就越发严峻了。爱尔兰农民深受土地制度的压榨，他们不仅痛恨将几乎绝对的权力交到地主手中，还痛恨其基础是国家征收了农民认为法律上属于他们自己的土地。这种敌意强烈且根深蒂固。不是单纯的物质贫困问题，也不是吃土豆、住草棚的生活问题，而是农民们感到自己的传统被掠夺了。19 世纪的大部分时间里，英国政府的回应是，对农民的不满情绪置之不理,并镇压由仇恨产生的罪行。1870 年之前的 40 年中，国家通过了 42 项强制法案。同期，却没有一条法规保护爱尔兰农民免受租地驱逐和高额租金的压迫。这是英国政府故意为之，目的是让爱尔兰农民成为英格兰式的短工。然而，爱尔兰不是英格兰，爱尔兰农民对其土地紧抓不放，他们会想方设法打倒外族地主。

我们不要认为，从不列颠岛上就能把爱尔兰局势看得清清楚楚。爱尔兰地主大多是英格兰的殖民客，在爱尔兰经营已久。他们把自己视为原始地区的文明势力，在很多方面也确实如此。他们往往需要为自己的生命财产而奋斗。罗马天主教会对迷信的农民的控制力根深蒂固，无论在政治上还是宗教上，都会敌视英格兰。自伊丽莎白女王上位后，爱尔兰曾几次险些成为欧洲大陆入侵英格兰的垫脚石。烧毁干草，刺杀地主，各种恐怖主义行为使得英格兰人普遍接受了爱尔兰地主的说法。只有消除爱尔兰人的根本性不满，才能打破动乱、暴虐镇压和反抗的恶性循环，但这一点很难为大家所理解。

自格莱斯顿首次就任首相之时起，就特别关注爱尔兰事务，直到最后他只关心爱尔兰的问题，顾不了其他了。然而，他为爱尔兰所做的那种圣战行动，却遭到强烈反对。英国政界对爱尔兰问题漠不关心，其实许多上层人物是爱尔兰的贵族。格莱斯顿在第一次任期里废除了爱尔兰新教教会，成功地缓解了爱尔兰人对外来教会的排斥。为避免无偿地收回租地，他采取了第二项措施，于 1870 年颁布了《土地法》，然而该法案以失败告终。又过了 10 多年之后，他终于认识到，爱尔兰农民的租地保有权必须得到真正的保障。

1873 年，艾萨克·巴特建立了自治联盟，目的是通过和平的立宪手段实现自治。这位领袖精明能干，彬彬有礼，是一位可敬的下院议员，他相信辩论过程足以说服人。但是，英格兰不响应他的主张，爱尔兰不相信他的方法。这场运动的实际领导权很快交至查尔斯·斯图尔特・巴涅尔手中。这是一位地主、新教徒，也是议会的新成员。他母亲是一位美国海军上将的女儿，该上将在同英国的战争中获得名望。因此，他对英国的传统和体系深感憎恶和不屑。他在爱尔兰自治党人之中是贵族,是天生的领袖。凭借规训的权力和高明的策略，他很快使爱尔兰自治问题从一个争议性的话题变成当下最主要的问题。他为自己的事业奋斗可以冷酷无情，不顾下院的传统，很快地获得了崇高地位。一位英格兰政治家评价他说:“同他打交道如同对付一个外国列强。”

巴涅尔得以成功的根源，在于爱尔兰自治运动和农民骚动爆发产生的合流。19 世纪 70 年代后期，世界农产品价格大幅下跌，庄稼接连歉收，穷困农民交不起租子，加速了大量土地租约的取消。这一进程才刚刚开始时，因叛国罪判了 7 年的迈克尔・达维特于 1877 年刑满获释。达维特热爱爱尔兰，富有人道主义的同情心，是杰出的人才，这与巴涅尔形成鲜明的对照。达维特认为，自治问题和土地问题不可分割。无论极端的爱尔兰民族主义者如何反对，他还是在 1879 年成功建立了土地联盟，目标是减少高额租金，推进农民土地所有权。在此之前，达维特确保了侨居美国爱尔兰人的物质支持。当巴涅尔表示支持土地联盟时,农民对土地的渴望、自治的政治要求，以及美国移民对压迫者忘不掉的憎恶终于凝聚到一起，形成一个强大的联盟。

*　　*　　*

那时，格莱斯顿对这一切并没有马上清醒，他一心想着能让他官复原职的那些外交和帝国大问题。对此，他的政府首先推进了一项临时性《骚乱补偿法案》(Compensation for Disturbance Bill)，遭上院在1880年7月否决后，爱尔兰立即用恐怖行动予以回应。当年最后一个季度，爱尔兰发生了近2000起暴力事件。当时巴涅尔告诫他的支持者，“像过去隔离麻风病患者一样”，让违反农民法律和习俗的任何人生不如死。这是一件新式武器。第一批受害者之中有一个地产经纪人杯葛上尉，他的名字逐渐变成了英文中的单词，抵制的意思。土地联盟在此期间大获全胜。资金从美国和澳大利亚涌来。由于联盟有效地控制了大部分爱尔兰地区，超出了都柏林城堡的政府当局所控，土地退租现象几乎绝迹。

此时，政府决定打击恐怖主义，同时改革土地法规。1881年3月，大刀阔斧的《强制法案》赋予爱尔兰总督大权，“可以随意拘留任何人，刑期随意”（莫利语）。在围绕《强制法案》辩论的同时，巴涅尔的阻遏政策也迎来了高潮。由于议会程序只依靠惯例，而不是成文法，他在下院的目标就是利用这一点使政府工作处于停顿状态。1月31日到2月2日，下院整整开了41个小时的会议，最终议长武断地决定把问题“搁置”，下院暂时“休会”，会议方才结束。根据他的提议，会议通过了停止辩论的决议，从而初次打破了传统的议会程序。

继《强制法案》之后，政府立刻颁布了《土地法》，对爱尔兰人的要求，几乎统统退让。该法案的内容主要有三点（英文中为“3F”）——土地法庭确定合理的地租，纳租者对土地有固定占有期，佃户有自由买卖权。这些规定，远远超出了爱尔兰人的期望，可是巴涅尔认为可以逼格莱斯顿做出更大的让步，因而在爱尔兰裔美籍极端主义者的驱动下，着手阻遏新建立的土地法庭的运作。根据《强制法案》，政府别无他法，只能将其逮捕。这是10月的事情。问谁接替他，他回答说“月光上尉”（Captain Moonlight）[①]。他确实一语成谶。由于犯罪凶杀案件频发，到 1882 年春，格莱斯顿确信，强制政策以失败告终。

与此同时，巴涅尔渴望获释。爱尔兰的极端主义势力越来越大，重新获得领导权对他来说至关重要。于是，4 月份，和政府搞了所谓“基尔曼汉姆条约”（Kilmainham Treaty），双方达成谅解，他将用其影响制止暴力和恐怖行动，而作为回报，政府将颁布《欠款法案》（Arrears Bill），帮助因欠租而无法受益于《土地法》的佃农。强制法案的支持者、爱尔兰的布政司福斯特，以及爱尔兰总督考珀勋爵双双辞职，取代者是弗雷德里克·卡文迪什勋爵和斯宾塞勋爵。5 月 2 日，巴涅尔和两名追随者获释，和平的实现似乎出现了一线生机。然而，一个可怕的事件让美好的愿景破灭了。5 月 6 日，卡文迪什勋爵登陆都柏林。数小时后，他和副总督伯克在凤凰公园散步时双双被刺杀。杀手来自一个叫“不可被战胜者”（the Invincibles）的团体。暗杀对象本来是伯克。他们不认识勋爵，杀死他只因他企图保护同伴。消息令整个英格兰震惊不已，强制派的手腕加强了，立即和解的希望也烟消云散。格莱斯顿竭尽全力挽救他破产的政策。此时他坚信，巴涅尔是爱尔兰有约束力的人物，与他合作是实现长久和平的唯一希望。内阁里只有一两名大臣同意这个想法。对于巴涅尔来说，他乐得等待时机。于是，接下来的 3 年，爱尔兰处于相对和平稳定的时期。

---

① 本名司各特（Andrew George Scott），爱尔兰裔澳大利亚丛林居民，民间故事中的人物。

* * *

我们来回顾1885年的事情。6月8日，政府的预算修正案未能通过，格莱斯顿立即辞职。这是自由党内争议分歧的结果，但直接的原因是，爱尔兰议员投票支持反对派保守党。伦道夫·丘吉尔勋爵让巴涅尔明白，如果保守党组阁，一定会停止强制政策，这足够左右爱尔兰人的立场。犹豫折腾过后，索尔兹伯里勋爵建立了下院占少数的保守党政府。伦道夫勋爵出任印度事务大臣，他的宿敌诺思科特升为上院议员，迈克尔·希克斯·比奇爵士成为财政大臣和下院领袖。最重要的是，卡那封伯爵受命为爱尔兰总督。众所周知，卡那封赞同自治政策。8月1日，他在格罗夫纳广场的一所宅子里与巴涅尔会见，让巴涅尔感到政府在考虑一项自治措施。选举迫在眉睫，巴涅尔不得不做出抉择。通过情妇奥谢太太做中间人，巴涅尔向格莱斯顿透露出其保守派的本性。格莱斯顿回答说，"没错，我要说明，对于任何针对丘吉尔勋爵的还价，我都不赞成。"事实上，当时格莱斯顿已经转而赞成爱尔兰自治，但没有准备好与巴涅尔交易，而是就此打住，让索尔兹伯里走下一步。

选举在11月开始时，巴涅尔由于无法得到格莱斯顿给予支持的明确承诺，便命令所有在不列颠的爱尔兰人为保守党投票。在这次选举论坛上，爱尔兰不是重要问题。选战的焦点是旧政府糟糕的政绩。张伯伦的激进派"未授权的计划"是唯一引起人们分心的原因。选举结局实在是很不幸。自由党在自治市丢失了一些席位，但在郡里有所斩获，从刚获得选举权的工人那里争取到了支持。在新的下院里，自由党的席位比保守党多了86个。但巴涅尔实现了他的梦想，由于《改革法案》在爱尔兰各郡广泛实行，巴涅尔的追随者队伍也壮大了，正好拥有 86 个席位。形势就是索尔兹伯里所说的那样，“处于低潮点，即：保守党＋巴涅尔派＝自由党”。

在此情况下，格莱斯顿仍然希望巴涅尔派与保守党组成的联盟抱团，自治政策能以各方商定的措施得到通过，而不必面临上院过多的反对。他对很多先例仍记忆犹新，比如：天主教解放运动、废除《谷物法》以及颁布第二部《改革法案》。对于巴涅尔通过奥谢太太提的问题，格莱斯顿回答道，自由党在政府宣布其政策前，任何行动都是错误的。12 月，他见到了索尔兹伯里的外甥贝尔福，并于 20 日给他写信说：“我深信，这个问题只能由政府解决。我是特别出于公共政策起见，要求现政府处理这个问题。”保守党对这封信不屑一顾。几天前，格莱斯顿的儿子赫伯特公开披露格莱斯顿对自治的态度，政局由此转变。此事史称“哈瓦登风筝”（Hawarden Kite），它使得当时公众视野下看不见的深层次缠斗的全部政治势力浮出水面。格莱斯顿极力避免的自由党分裂局面，而今已覆水难收。辉格党人早已因激进派势力日益壮大而萌生离心倾向，他们坚决反对爱尔兰自治。保守党感觉到，格莱斯顿突然的转变将为他们带来好处，他们的态度也愈发强硬。他们与辉格党人可能联盟的消息早已四处流传。对于巴涅尔来说，这种结局简直是场灾难。他的支持为保守党带来了 30 个席位，这成了资敌行为。

格莱斯顿的希望是否有实质意义，这点值得怀疑。卡那封只代表他自己，不能代表所属党派或内阁。他同巴涅尔的接触只是试探性的，政府并没有因此承担任何义务。对于索尔兹伯里来说，在关键的大选中有爱尔兰人为其投票，自然是心满意足。然而，他笃信新教，热烈拥护国家统一，忠于地主和那些支持保守党的爱尔兰少数派，所以他不会认真考虑自治的问题。作为一个领袖，索尔兹伯里身上比谁都欠缺皮尔和格莱斯顿拥有的气质，他天生不具有分裂党的热情。

1885 年圣诞节的时候，一切终于尘埃落定。卡那封在新年辞职，索尔兹伯里的政府 1 月 26 日宣布，推出一个最严格的《强制法案》。格莱斯顿几乎没有和同事商议，就毫不犹豫地在“女王演说”修正案的表决中挫败了政府。毋庸置疑，新政府将推行爱尔兰自治，哈廷顿和其他辉格党的领袖拒绝加入。这可能是不可避免的，但格莱斯顿对张伯伦的态度使自治成功的一线希望破灭了。在国人眼中，张伯伦在自由党内的地位仅次于格莱斯顿。然而，格莱斯顿严重低估了他的价值，不让他担任殖民大臣，而把他派到了地方管理委员会。张伯伦对爱尔兰的态度在过去一年中迅速转变。爱尔兰人转变到保守党一派，他认为是背信弃义，对巴涅尔的信任因而打破了。两人的私人关系也为中间人所毒害，他就是巴涅尔情妇的老公奥谢上尉。张伯伦反对关于自治的任何宏伟计划。要想争取他，格莱斯顿需要用尽各种策略说服他，可格莱斯顿不打算这样做。他起草《自治议案》时没有同张伯伦商议，也不理睬张伯伦的地方政府改革计划。3 月 26 日，张伯伦辞职，成为格莱斯顿最强劲的对手。

1886 年 4 月 8 日，格莱斯顿做了长达 3 个半小时的演讲，将《自治议案》提交下院。他讲到，自治是爱尔兰实现正义的事情，是爱尔兰人民自由的保障。演说令人印象深刻，在格莱斯顿光辉璀璨的议会生涯中留下浓墨重彩的一笔。他呼吁人们支持自由党的自由原则和自治原则，激起了强烈的反感。他在政策方面突然转变，为了继续执政而依赖爱尔兰人的投票，还有人们对爱尔兰暴行的惨痛记忆，这一切加深了政敌的恐惧和偏见。由于掺杂了种族、宗教、阶级和经济利益集团的感情，格莱斯顿的自由主义论点让人难以理解。一石激起千层浪。格莱斯顿强烈的道德情感在敌对一方引起反响，对方认为他是伪君子，甚至伪君子都不如。他突然着手进行一个破坏性的改革运动。“为什么呢？”伦道夫·丘吉尔勋爵问道，“只是为了尽快满足一个迟暮之人的野心而已，别无他图啊。”

议案提交议会两个月后，再次遭否决。93 名自由党人投票反对政府。格莱斯顿面临艰难的抉择。他可以辞职或解散国会。他选择了后者，单就爱尔兰自治问题进行新的竞选。但是，他的热情和干劲不足以对抗反对他的强大势力。新的下院里，保守党有 316 个席位，自由党统一派成员有 78 个席位，而格莱斯顿派只控制 191 个席位，加上巴涅尔派有 85 个席位。格莱斯顿立刻辞职，索尔兹伯里再次就任。

在接下来的 20 年中，除了一小段时间外，都是保守党执政。1830 年开始的自由党和辉格党联盟的长时间统治已告一段落，其原因是辉格党厌恶社会改革，而且格莱斯顿突然转变为自治政策支持者。自由党的前景一片黑暗。由于奉行英格兰选民不欢迎的政策，自由党不仅失去了其右翼，还失去了年轻改革领袖中一位最杰出的人才。保守党人曾在 1880 年过着暗无天日的日子，而今幸运女神向他们走来。他们曾害怕的敌人，视为民主制度中的中流砥柱，如今已经由他们掌控了。

第 20 章

索尔兹伯里勋爵的政府

1886 年夏，人们还没有马上察觉到，爱尔兰地方自治问题上的争议给英国政党的政治分野带来了极大的影响。索尔兹伯里政府依靠哈廷顿领导的自由党反自治派的支持，他们在议会和整个国家中最厉害的人物属约瑟夫·张伯伦。他们坚持表示，自己仍是自由党人，10 年里始终站在下院自由派这边。这激怒了格莱斯顿的追随者，其中许多人都公开恶狠狠地将张伯伦比作犹大。1887 年初双方举行的领导人圆桌会议失败以后，大家都默认，隔阂太深，难以弥补。这种果断的决裂催生了一批奇怪的同床异梦者。索尔兹伯里不得不与他几个月前还称之为黑帮老大和“杰克·凯德”[①] 的人共事。他为了获取对方的支持不得不部分赞同张伯伦的计划。张伯伦现在和保守党马车绑在一起，被迫收回很多过去的政策和意见。在自由党这边，格莱斯顿失去了辉格党的支持者，被迫向党内激进派妥协，而他们的观点比他自己的要超前很多。

---

① 杰克·凯德（Jack Cade），1450 年农民起义的领导者。

索尔兹伯里政府与前一年的政府大同小异，除了希克斯·比奇坚持从下院的议长位置下来以外。他称“当领导应该要做到名副其实”。因此，伦道夫·丘吉尔勋爵 37 岁就成为下院的领袖，并且做了财政大臣。他的职业生涯达到了顶峰。在 6 年期间，他的辩论技巧和政治策略让他所向披靡。尽管许多人不相信他的方法，也不喜欢他的政策，他在下院的地位在党内无人能够撼动。内阁中很少有和谐的声音。伦道夫勋爵关于托利党民主原则的看法，无法与索尔兹伯里的传统保守主义擦出火花。首相对于通过立法来改善现状没有太大的信心。他认为政府的首要任务是管理现存的秩序，保守党首先要对依靠他们保护自己利益的阶级负责。伦道夫勋爵在 1886 年 11 月给他写信说，“恐怕认为托利党人会立法是小学生无聊的梦想吧——正如我那样愚蠢而做的梦。他们会当官，制造战争，以及巧妙地增加赋税和开支，但是在民主宪政中立法并不在他们的能力范围之内。”索尔兹伯里回复说，“我们必须赶在对手前减速降温。我们的法案必须先试行，审慎而行，而不是一窝蜂似地搞一刀切。”这种冲突因伦道夫干涉外交事务而激化了。10 月，他公开攻击亲土耳其的现行政策，并且宣布自己支持巴尔干人民的独立。两位人物的性格和政策方面存在根本性的差异。最后的冲撞是围绕一件琐事展开的。伦道夫勋爵要求削减陆军和海军预算。他因为这个不恰当的问题，在 1886 年平安夜这个不恰当的时间辞职了，没有寻求任何支持。他之后活了 9 年，疾病缠身，仕途也毁于一旦。

这一戏剧性的倒台，标志着一年的政治闹剧曲终人散。对于保守派而言，就相当于辉格党背叛格莱斯顿。索尔兹伯里任命乔治·戈申为财政大臣，这是持有无懈可击的辉格党观点的自由党反自治派人士，由此宣告“托利民主”现在被视作没有用的累赘。因此索尔兹伯里政府在立法方面的作为也是少之又少。主要的措施就是1888年的《地方政府法案》，建立了郡议会且为未来的进步打下了基础。3年后，小学生的学费免交了，《工厂法案》（Factory Act）进一步打击了雇佣妇女儿童的弊端。这并不是什么伟大的成就。即使是些小的措施都是在向张伯伦妥协的前提下颁布的。在政府工作之外，他一直在说教，说反自治的斗争可以通过积极的改革政策得到最好的解决。

* * *

索尔兹伯里以及大部分公众舆论的兴趣都放在国外。帝国主义运动的海外探险、征服和殖民达到了高潮。利文斯顿、斯坦利、斯皮克等旅行家已经打开了非洲最落后内陆的大门。他们探险的功绩为欧洲列强获取殖民地铺平了道路。这一时期最大的一项成就，就是非洲的瓜分是和平进行的。其中索尔兹伯里功不可没，他1887年成了首相兼外交大臣。他在描绘非洲殖民图的时候念念不忘和平布局。1870年，法国由于被普鲁士人打败而另寻安慰，首先入场；德国在80年代初紧随其后。手中握有海军和经济大权的格莱斯顿和迪斯累里要是愿意的话，本可以吞并国人测绘探险的大片非洲领土。但两人对于前往热带非洲冒险都不感兴趣。扩大英国利益的任务大部分是由塞西尔·罗德斯、威廉·麦金农爵士和乔治·戈尔迪爵士等人完成的，尽管国内政府不闻不问，一个伟大的新帝国还是开创了。

索尔兹伯里上任时，他本人并不提倡大规模的帝国扩张计划，但他已经准备好支持那些在国外奋斗的人。他借鉴伊丽莎白的模式，将巩固和实行政治控制的工作委托给了3家特许公司。皇家尼日尔公司在尼日利亚运作，不列颠东非公司控制着现在的肯尼亚和乌干达，不列颠南非公司获得了罗得西亚的多块领土。这些都是在1886年到1889年之间成立的。英联邦的自治成员国中，只有罗得西亚是以建立者的名字命名的，这个创始者预见了它的未来。首都索尔兹伯里是纪念首相的。英国与其他的殖民国家发生了不少边境冲突，但索尔兹伯里一贯奉行谈判解决问题的政策，最终以和德、法、葡在1890年签订协议而给此事画上圆满句号。德英协议是3个协议中最重要的一个，划定了两国在中非和南非的殖民地边界线。英国将赫尔果兰割让给了德国，作为其承认英国桑给巴尔保护国的补偿。德国将未来计划做海军基地的一块领土给了英国，以换得一个产香料的岛屿。到了1892年，索尔兹伯里已经完成了他的大部分目标。实施英国对尼罗河谷的控制权以及解决西非殖民地边界争端是其唯一未解决的问题了。

索尔兹伯里的外交政策主要受这些殖民地事态的左右，他原则上热衷于欧洲协同体的理念，自然而然地更加倾向于俾斯麦的德、奥、意三国联盟。英国或多或少地和法国在西非存在冲突，也和俄罗斯在近东和远东存在矛盾。索尔兹伯里成功的关键在于，在国际逐鹿激烈之时能够娴熟地处理列强之间大大小小的难题。他曾经说过，“英国的政策就是从容地顺流而下，偶尔伸出船篙以避免相撞。”从来没有哪个英国外交大臣能像他一样敏捷地挥舞着船篙。

*　　*　　*

愤懑不平的爱尔兰是一个旷日持久的问题，给国内政治笼罩着一层阴影。索尔兹伯里在竞选活动中说，“爱尔兰想要的是执政不退缩不多变。”他的外甥贝尔福1887年成了爱尔兰事务大臣，首相认为此人有能力落实“二十年有力执政”就能够解决一切问题的理念。贝尔福面临的问题是非常棘手的。农产品的价格逐年下降，但是政府已经拒绝了帕内尔的论点——防止大规模收回租地的唯一办法就是重新定租金。爱尔兰的农民在威廉·奥布赖恩和约翰·狄龙的组织下，通过发动“战役计划”，把事情掌握在自己的手中。计划的基本内容就是佃户应该联合起来要求减租。假如地主拒绝的话，他们就该抗租，把这笔租金上缴作为战役基金。爱尔兰人用恐怖主义方式推行这一计划，现已经成为爱尔兰土地纠纷上不能化解的特征。政府的回应是做出一些妥协，同时颁布了《镇压犯罪活动法案》（Crimes Act），给了行政当局绝对独断的专制权力。贝尔福将自己的权力发挥到极限，行动之坚决完全可以与爱尔兰敌人手段之残暴相提并论。他在下院为自己的行动辩护时，表现出了惊人的口才和才智，因此很快就升到了议员当中的排头。

帕内尔置身事外，没有卷入风波当中。他现在感觉到，只有顺从英格兰大部分民意才能够赢得自治。但是他坚持谨慎合法行动却受到了报刊的攻击。1887 年 4 月 18 日《泰晤士报》刊登了他的一封据称亲笔签名信的副本，信中说他容忍爱尔兰首都凤凰公园暗杀事件。帕内尔谴责这封信是伪造的，却拒绝去英国法庭起诉。帕内尔的容忍，以及像索尔兹伯里这类显赫人物在公众场合表示这些信是真的，令大多数英国人相信他有罪。但次年，政府成立了一个由 3 名法官组成的特别委员会，调查整个爱尔兰犯罪的情况。等到了 1889 年 2 月这个委员会成立半年之后，他们终于开始调查这些信。他们发现，信件是一名叫作理查德·皮戈特（Richard Riggott）的爱尔兰年迈记者伪造的。皮戈特拼写错误的致命弱点暴露了他，并且

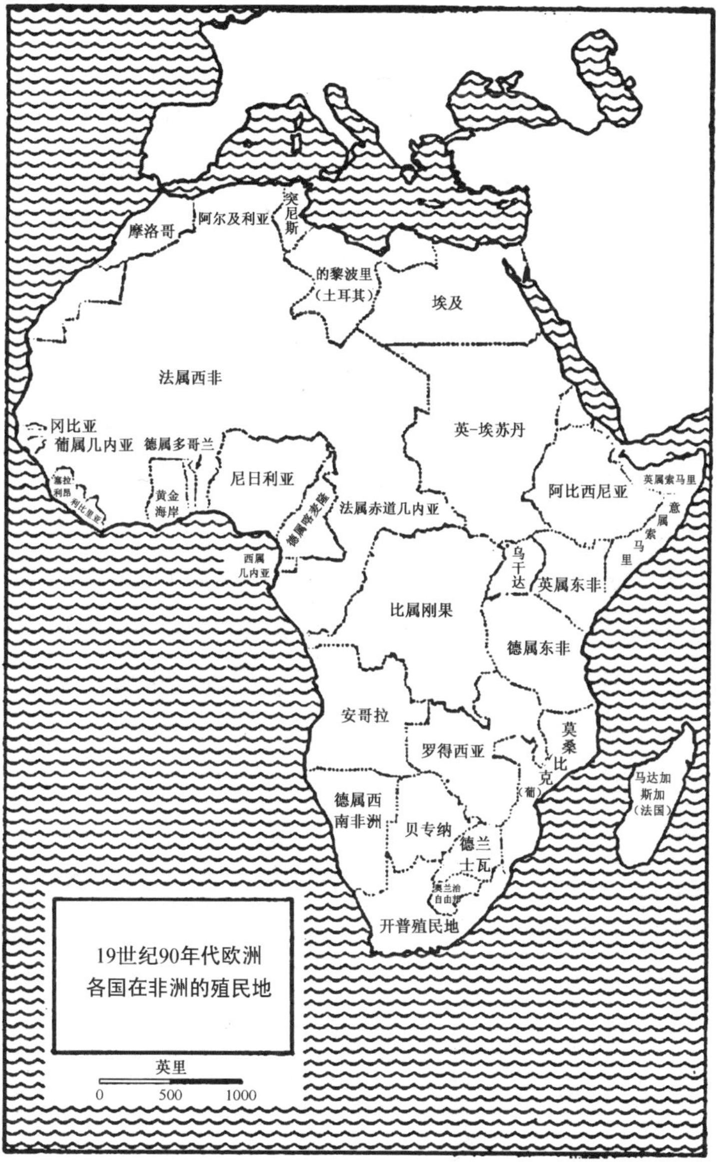

19 世纪 90 年代欧洲各国在非洲的殖民地

在查尔斯·拉塞尔勋爵的机智盘问之下崩溃了。他在证人席上撑不住，最后供认了。几周之后，他在马德里一家宾馆吞枪自杀。此事在社会上引起了轰动。帕内尔几个月里一直处于风口浪尖之上。对于帕内尔而言，长期的诅咒变成了突如其来、奇怪短暂的爱戴。下一场大选已经临近，现政府失去了民心。似乎没有什么可以阻碍格莱斯顿和自治政策的胜利。

但是案情生变。1890 年 11 月 13 日，以奥谢上尉为一方，奥谢太太和帕内尔为另一方的诉讼在离婚法庭开庭。法庭做出了中期离婚判决[①]。帕内尔是共同被告，没有提出辩护。他和奥谢太太已经同居 10 年了。后人了解到，情况对于帕内尔而言并不是当时看起来那样不光彩。但那时公众舆论予以严厉谴责。自由党内比较强烈的不信奉国教意识又开始抬头。格莱斯顿一心想着要争取自治，拒绝加入这场道德批判中去，但他确信，阻止保守派继续利用帕内尔婚外情的唯一办法，就是让这位爱尔兰领导人下台，至少引退一阵子。“那样做没有好处，”是他对于帕内尔应该留任这一建议始终如一的回应。该爱尔兰领导人面临着巨大的压力。他的朋友和仰慕者塞西尔·罗德斯发来电报，“辞职—结婚—回归”。那是妙计。但是帕内尔不为所动；他冰冷的外表下一直酝酿着的激情火苗，现在燃起了熊熊火焰。他因自尊心爆棚而反抗。他拒绝向“英格兰式伪善”低头，不管本人的事业还是故乡要付出多大的代价。

作为最后的一着，格莱斯顿写信给帕内尔说，除非他退休，否则的话他拒绝领导自由党。他还没有把这封信送出，爱尔兰党就确

① 在指定日期内不提出反对理由即生效。

定了帕内尔的领导地位。格莱斯顿失望透顶，就把信发给了新闻界。这是不可挽回的一步，公开的最后通牒。第二天早上，格莱斯顿写道，“我可以说，在那 5 年当中我们天天在费劲把西西弗斯的石头反复推上山[①]。帕内尔先生的决定……意味着石头将会从我们手里脱离，再次滚到山下。往事不堪回首。”这个故事的下部分是个反高潮。帕内尔对格莱斯顿恶毒攻击之后，天主教教会宣布与他为敌。大部分党员也不再效忠于他。他还垂死挣扎着想东山再起，但是徒劳无益。不到一年就死了。

自由党的前景在 1889 年的时候还一派光明，现在已经阴影重重。1891 年，他们并没有因为采纳了面面俱到的“纽卡斯尔项目”而有所改善。为了满足党内每个派别的需求，该项目做出的努力都得不偿失。在次年夏天的选举中，主张自治的势力只多了 40 个席位，多亏了爱尔兰议员的投票。在下院中，自由党有 275 个席位，爱尔兰民族党人有 82 个席位，与之相对应的是 269 名保守党人和 46 名自由党反自治派。这个多数席位对于格莱斯顿的宏图大志而言微不足道，但是组成的内阁成员中包括一些像哈考特、罗斯伯里、莫利、坎贝尔－班纳曼这样的才子。其中最出色的明星是阿斯奎斯，他是 19 世纪最有能耐的内政大臣。

格莱斯顿心意已决。立刻启动了新《自治法案》的制定工作；1893 年 2 月，他亲自介绍了法案。84 岁高龄的他，在议会 85 场会议上舌战例如张伯伦和贝尔福这样的精英辩手率领的反对派，引领

---

① 希腊神话故事，西西弗斯被罚推石头上山，但到山顶后石头就滚下来，比喻做着无用功。

法案顺利通过。在议会史上，几乎找不到比这更伟大的成就了。但是一切努力都白费了。该法案在下院以很小的优势得以通过，但是在上院二读的时候，以419票反对、41票赞成的结果被否决了。因此一个有关统一、自治、忠于英国皇家的爱尔兰的梦想破灭了。二三十年之后，内战、割裂以及爱尔兰南部从世事主流中分裂出去，成了爱尔兰的宿命。英格兰对此第一反应就是无动于衷。上院受此胜利的鼓舞，不断地与政府作梗。政府只在一个重大问题上取得成功——出台新的《地方政府法案》，建立了城镇、农村和教区市政局。《自治法案》出局之后，格莱斯顿和同事们越来越不合拍了。他们拒绝支持他提出的解散和攻击上院的方案。而格莱斯顿本人则痛恨同僚增加税收和军备开支的计划。他评价一份建议说，“该计划简直是一派胡言。到底是谁提出来的？是我当任公职很多年后才出生的那个家伙提出来的吧。”1894年3月3日，他辞职了，此时距离他加入枢密院已经过去了52年半了。他与同僚们的分别感人至深。哈考特抹着泪做了一个告别演讲，充满真情实感。格莱斯顿不为所动，后来称这场聚会为“哭哭啼啼的内阁”。他死于1898年。他的政治生涯是19世纪最令人瞩目的，在史册上留下了浓墨重彩的痕迹。他是那个时代最伟大的人民领袖，在大是大非问题上，对于公众的影响是无人能敌的。他也走在了下院众多人物的前列。他的大部分想法都是有价值的。格莱斯顿的丰功伟绩和他的失败，都是波澜壮阔的。

* * *

1893年1月，独立工党在布雷德福的一次会议上成立了，苏格兰矿工领袖J.基尔·哈迪任主席。独立工党的宗旨，顾名思义，就是传播社会主义的信条，倡导议会选举中设立独立的工人阶级候选人。英国的工业化地区涌现出了新兴力量，虽然只是初现苗头，还没有被广大政界注意到。宪章运动失败之后的沉默，已经在数年前就被突如其来的社会主义宣传和一股工会运动浪潮打破。1881 年成立的民主联盟就是首个证明。阶级斗争和革命原理的阐述者海因德曼很富裕，他凭着干劲和金钱让这一组织信奉了马克思主义。但是工人阶级发现马克思主义即使由有钱人宣传也并无吸引力，这项运动收效甚微。

约莫同一时期，更重要的事件是，英国出现了费边社（The Fabian Society），是由一群默默无闻但是极具才华的年轻人创办的，其中包括西德尼·韦布和萧伯纳。他们诅咒一切革命理论，并且开始宣传一种实用的社会主义信条。他们对于组织新的政党不感兴趣。社会主义的目标可以通过“渗透”到现存政党而实现。主要由于西德尼·韦布和比阿特丽斯·韦布的活动，他们取得了一些成功。由费边社写手源源不断推出的一系列出版物，特别是 1889 年《费边社论文集》为工党政治道路的成型作出了很大的贡献。其世界观从总体上来看是实用的，也是试验性的，与教条思想关系很小，与马克思无关，它着重强调变革走向社会主义的缓慢性和复杂性——“逐渐性不可避免”。

大多数工人阶级对于这些高级知识分子的活动知之甚少。他们都埋头提高生活水平。在维多利亚中期，工会组织大多局限于工人阶级里面掌握技术和相对富裕的人员当中。但是在 1889 年，收入低得可怜的伦敦码头工人为了争取 6 便士时薪而举行了罢工。约翰·伯恩斯是罢工的组织者之一，他以“勒克瑙解救事件”[①]激励这些工人。他说，“工友们，这次罢工是劳工的勒克瑙。本人在天尽头看到了亮闪闪的——那不是浸透工人兄弟鲜血的刺刀，而是码头工人手里圆圆的6便士钢镚。”这次罢工的确是劳工的勒克瑙。码头工人的胜利，依靠公众的大力同情和支持，紧接着工会组织在无技术的工人当中迅速地发展了。

社会主义小团体虽然在全国各地纷纷成立，但在政治上还相当薄弱。他们唯一的选举成功是在1892年基尔·哈迪作为西哈姆地区代表进入议会当议员。由铜管乐队相送，他戴着鸭舌帽第一次去下院，在社会上引起了轰动。这些社会主义团体面临的最大困难在于，他们狂热的信仰并没有在工人群众、工会领导人当中产生反响，其中大多数人还是继续信任自由党人和激进派。但是基尔·哈迪耐心地游说，想说服工会脱离自由党。他在码头工人罢工后已经扩张的新工会中取得了一些成果，他们愿意支持政治行动。由于自由党不愿意赞助工人阶级候选人进入议会，他的工作也就大为受益。除了一小批叫作“自由党工党”之外，其余的工人都是矿工。

结果，1900年2月27日，一个由社会主义社团和若干工会发起的会议在伦敦法灵顿街纪念堂举行。正是这次会议上，与会者决定建立工人代表委员会，拉姆齐·麦克唐纳任书记。这个委员会的宗旨就是建立“议会中单独的工党组织，有自己的党鞭，商定政策”。工党建立起来了。在20世纪，麦克唐纳将成为第一任工党首相。他在国

---

① 发生在1857年印度民族起义期间，英国殖民者解救位于奥德首府勒克瑙英国守军的事件。

家面临危机的时候把工党搞得四分五裂，并且在社会主义分子的唾骂中郁郁而终，而他之前却为集聚社会主义政治财富做出了很大的努力。

*　*　*

罗斯伯里勋爵接替格莱斯顿做了首相。在16个月的任期内，罗斯伯里幸运地赢过两次赛马。除此以外，他就没有那么好运了。罗斯伯里学识渊博，不屑于政治生活中在所难免的权谋、妥协。他当外交大臣时游刃有余，掂量着国际大事，审慎地斟酌英国的行动。他是女王钦定的首相，他的帝国主义观点令他在自己党内不受欢迎。上院不断地为难他。而此时此刻，财政大臣威廉·哈考特爵士在预算提案中提出了大量加征遗产税的方针。这一点在牵扯到的资产阶级当中掀起了轩然大波。内阁由于成员性格冲突而撕裂，帝国主义者与"英国小民"不停争吵。正如罗斯伯里后来所说的那样，"我从来没有真正拥有过权力"。他继承的权力希望渺茫、岌岌可危且徒劳无功。1895年6月，在议会的一次突然表决中，政府的提案遭到否决，内阁趁机辞职了。内阁中自由党领导人之间的争吵现在不再遮遮掩掩了。自由党接下来面临的日子是黯淡无光的。在大选的时候，保守党和自由党反自治派赢得了决定性的胜利。它以绝对的优势获胜了，比包括爱尔兰民族主义者在内的反对派多152票。

索尔兹伯里勋爵随即组建了一个强大的政府。他再一次身兼两职，既当首相又当外交大臣，他在党内和国家的地位都是无人能及的。他处理事务的方式现在已经不够正统。据说他在难得的社交场合见面都认不出来他的内阁成员。他喜欢去到哈特菲尔德的塞西尔大别墅里，通过大批量亲笔写信来日理万机。他的闲暇时光是在他的私人实验室里做科学实验度过的。他也喜欢在他的花园里面驾驶着一辆漂亮的三轮车。他的权威和声望部分源自他在公众演讲和行动中表现出来的贵族自信气质。在性格方面，他将贵族政治传统表现得淋漓尽致。他很少在意公众的赞扬，这种无私正直在民主时代被大众接受和赞颂。他的助手和最亲近的幕僚是外甥亚瑟·贝尔福，担任财政大臣。但是在公众眼里，主政者却是自由党反自治派领袖约瑟夫·张伯伦，现在正处于权力的顶峰时期，向往那个因 1886 年事件长期与他无缘的职位。张伯伦自己选择当殖民大臣。他的直觉是稳妥的。人们对于国内事务越来越不感兴趣。在 5 年的任期内，政府仅仅通过了一项实质性的改革措施，那就是 1897 年通过的《工人补偿法案》。从政的一大乐趣就在于帝国主义势力在非洲和亚洲大陆上的碰撞。张伯伦下定决心在那里干一番大事业。

张伯伦凭着他以前当激进派时的改革热情着手自己的任务。他已经脱胎换骨：他在伯明翰的时候是一名主张市政设施公有的社会主义者和共和主义者，现在成了大英帝国的设计师。他说，“对于世界上那么广阔的土地，仅仅只是占领是不够的，除非你可以充分利用它们——除非你愿意开发它们。我们是一大片房地产的地主；地主应该承担起开发自己土地的职责。”尽管取得了一些进展，尤其是在西非，张伯伦没能够如愿履行他的承诺。他一就任，与扩张政策相伴而生的问题持续爆发，改革计划也就推到后台了。第一个问题不大，阿散蒂人通过奴隶劫掠持续对黄金海岸实施恐怖活动。派遣了吴士礼[①]统兵讨伐他们，到了 1896 年 1 月，阿散蒂王国被灭。尼

① 加尼特·约瑟夫·沃尔斯利（Garnet Joseh Wolseley，1833—1913 年），又译吴士礼，英国陆军元帅。

日利亚的局势更加艰难，因为另一个列强卷入了进来。法国通过陆上进军到撒哈拉沙漠南部，试图依靠优势兵力将英军限制在沿海地区。张伯伦就像索尔兹伯里所说的那样，不愿意将土地拱手让人，组建了由亨利·卢加德爵士领导的西非边防军找法国人复仇。娴熟的外交手段再加上果断的行动，他的措施大获全胜。1898 年 6 月签订的英法条约，在西非画了英国人非常满意的一条边界线。

几个月之后，英法两国之间就尼罗河上游领土控制权争得不可开交。自戈登去世以来，穆斯林在苏丹行使着绝对的统治权。他们的先知马赫迪也去世了，但继任者也叫哈里发，紧紧地掌握着他们松散的军事帝国。他也有牺牲埃及和阿比西尼亚来扩张领地的野心。同时，埃及军队由英国军官重组改编后成功地抵御了穆斯林对于尼罗河下游领域和红海沿海的入侵。1896 年是在埃及的英军司令部反击南面不肯消停的狂热分子的绝佳时机。法国军队已经开始向着尼罗河的源头进军,必须加以制止。红海地区的意大利殖民点需要支援；穆斯林重新兴起的奴隶贩卖必须打压。在国内，索尔兹伯里政府并不反对帝国的挺进。3 月，埃及军队将领赫伯特·基钦纳爵士发起了为戈登复仇以及重新征服苏丹的行动。非洲大片土地再也不能成为野蛮统治的牺牲品，或是成为欧洲敌对国之间的香饽饽了。

沙漠和恶劣的热带气候给基钦纳远征军带来了巨大的挑战，他绝不存侥幸心理。他的出色能力现在要让大家见识一下了，就是组织作战上的深谋远虑。尼罗河河岸发生的尼罗河战争是一场鏖战，基钦纳小心谨慎，计划周密，领导有方。一星半点的失利都会激起英国国内的批评声，只有小心盘算过后，才能冒一下风险。给养成了首要问题，为了满足基钦纳部队在非洲内陆纵深的需求，500 多英里的铁路竣工了，横穿没有勘探过且气候干燥的区域。这简直就是工兵战，其中夹杂着许多短暂激烈、英勇无畏的作战。基钦纳以1.5万人的部队开战，最后领导着2.5万人，其中有8000名英国人。哈里发的军队至少3倍于他，忠心耿耿，勇敢无畏，擅于沙漠作战。两年后的1898年9月2日，喀土穆城外的恩图曼战役中，穆斯林军队终于在对阵中被消灭掉了。这事正如一位亲历了战争的年轻骑兵描述的那样，“是科学武装战胜野蛮的标志性胜利”。哈里发和残余副将们被逐一抓获，苏丹的统治此后进入了一个建设性阶段。

恩图曼战争发生5天后，有消息传到喀土穆，称白尼罗河上游的法肖达要塞发现了欧洲人。法军少校马尔尚和手下带着一个排的西非士兵，他们用了两年时间，从大西洋沿海出发，穿越了2500英里的丛林，目的是在刚果和阿比西尼亚之间横跨尼罗河发源地建立法国势力范围。基钦纳亲自坐船溯流而上去见马尔尚。两人都以礼相待，但是谁的兵力更胜一筹显而易见。向伦敦和巴黎汇报的时候，法国国旗和英国、埃及国旗一起飘荡在法肖达要塞的上空。在两国首都,街头巷尾都在谈论战争。但是鉴于英国在尼罗河战争中的胜利，法国想要声索南苏丹地区很难得逞。法国人作了让步，根据1899年3月公约，刚果河和尼罗河的分水岭勘定为英法两国势力范围的分界线。这实际上是英法两国近几十年来最后一次由于殖民地争端而关系恶化。自那以后，随着德国的威胁加大，两国的关系变得越来越和睦了。

这些并不是政府关注的唯一外交事件。1895年底，英美关系发生危机。前文提到，克利夫兰总统宣称美国有权对于英属几内亚和委内瑞拉之间的分界线做出裁决。这些年来，德国费尽心机想要将自己的势力渗透到小亚细亚，有传言称柏林和巴格达之间将修建铁路。索尔兹伯里对此并无反对意见。他更乐意看到德国人而不是俄国人在土耳其忙活儿。在远东地区，俄国修筑了一条横跨西伯利亚的铁路，对中国构成威胁，使得英国外交部一直惴惴不安。中国的满洲地区[①]和旅顺港海军基地也将落入到俄国的掌控之中。当时，没人预见到日本军队将会给俄国沙皇带来惊人的打击。张伯伦在外交事务上有着很大的发言权，受到此事的刺激，还没考虑周全就提出了与德国联盟。索尔兹伯里对此非常冷漠，弹压了激情高涨的张伯伦。索尔兹伯里感觉到了欧洲结盟比孤立政策更危险。他对于英国有能力自力更生的信心即将受到考验。对于英国而言，现在的关注焦点在于南非战争，而世界舞台上的大事和相关的外交斡旋，相对而言就不值一提了。

① 中国的东北地区。

第 21 章
南非战争

英国在战争的旋涡中进入了 20 世纪。投入战场近 50 万人的部队，是有史以来向海外派出的最大军力。南非的冲突以小规模的殖民战肇始，不久便需要投入举国之力了。英国上下对战事十分关注，群情激奋。《选举权法案》赋予每个成年男子对国事有发言权以来，还不到一代人的时间。通过免费教育，大家近来都有能力跟踪形势，判断形势了。通俗期刊开始在大众当中流传，把消息迅速传遍千家万户。消息有好有坏，有的甚至误导群众。然而，知识和责任的迅速扩散并不像某些人预言的那样会引起社会动乱和革命活动。相反，布尔战争期间，大多数英国人涌现出爱国主义热情和支持大英帝国事业的激情。

当然，也有激烈的批评者和持异议者，他们被人讥为亲布尔派。其中包括一些颇有势力的自由党领袖，后面跟着一个崭露头角的年轻威尔士律师，名叫劳埃德·乔治，由于猛烈攻击战争和政府而初次扬名全国。然而，国内公众普遍抱着坚决支持帝国政策的态度，为世界地图上标出的大片猩红色大英帝国领土而自豪，并对皇家海军控制世界七大洋确信无疑。欧洲人嫉妒了，大多数列强明确表示同情布尔人，并暗示要结盟对付英伦岛国。本来不会允许英国以轻而易举的胜利从这场殖民战争全身而退，但英国的制海权令人三思而行。战争爆发时，皇家海军把一支飞快的机动舰队调度到了朴次茅斯。从许多方面看，这支力量都有效震慑了全欧。德国皇帝也不会忘记这个教训，英国制海权耀武扬威的绝对威力，促使他加倍努力地创建德国强大的远洋舰队。他的争强好胜势将产生严重的后果。

*　*　*

南非战争有着深刻的历史根源。两个内陆的布尔共和国同英国只有模糊的宗藩关系，它们除了同葡属莫桑比克有一段较短的边界之外，四周都是英国的殖民地、保护国和领地。起初，冲突并非不可避免。开普殖民地的大批荷兰居民貌似顺从英国人的统治，支持塞西尔·罗得斯做他们的总理。奥兰治自由邦对英国友好，甚至在德兰士瓦那个倔强的边境农民的家乡，也有相当一批布尔人主张同英国合作。南非的英国人同布尔人建立联盟的希望并未破灭。可是在 19 世纪末最后的 5 年里，一切发生了突变。

约瑟夫·张伯伦 1895 年出任殖民大臣的时候，面临着十分复杂的局势。开发威特沃特斯兰极其富饶的金矿后，德兰士瓦发生了翻天覆地的变化。这归因于外国资本和劳动力，其中大部分来自英国。不出几年，约翰内斯堡便发展成了大城市。外国人同当地布尔人数量相等，外国人缴纳的税款差不多占全国税收的 1/20，但德兰士瓦政府拒绝给予政治权利。德兰士瓦共和国总统保罗·克留格尔参加过布尔人的大迁徙，如今年逾古稀，他决心保持自己国家的特色和独立。他带领桀骜不驯的荷兰人，不愿意同英国人联手，反对工业进步，却准备享受工业的好处。他清楚，国籍纷杂的金矿对闭关自守、信仰圣经的农民构成了威胁。更有甚者，罗得斯的不列颠南非公司采取包抄行动，早已控制了德兰士瓦北部地区（后成为罗得西亚），如今又企图兼并西边的贝专纳①，他就更担心了。罗得斯在兰德金矿区有很大的金融利益，他梦想着统一南非，还想从开普殖民地到开罗修筑一条贯穿英国领土的铁路。

外国人在政治经济方面的怨气势必爆发出来。1895年底，张伯伦做好了应变准备。可是，不为他所知的是，罗得斯制订了一个计划，发动约翰内斯堡的英国人举行起义，并用公司的一支军队入境作为外援，由罗得西亚行政官利安德·斯塔尔·詹姆森博士指挥。约翰内斯堡在最后一刻未举事，但詹姆森没有从罗得斯那里接到取消的指示，在12月29日带领500人入侵德兰士瓦。这次行动是“可耻的掠夺表现”（张伯伦语），理所当然以失败而告终。1月2日，詹姆森率部在多恩科普向布尔人投降。这次袭击是个转折点，南非的历史进程从此大大偏离了和平的轨道。国家的气氛被民族、种族偏见毒化了。开普殖民地的荷兰人自然同情德兰士瓦的布尔人，他们开始对英国人发出怒吼。罗得斯被迫辞去总理职务，但他在英国享有盛誉，反而加剧了布尔人的怀疑，认为有精心策划的阴谋，欲颠覆他们国家的政治生活。奥兰治自由邦愿意和克鲁格共命运。在德兰士瓦，他的目标得到强化。强硬派占了上风，他们买进大量军火，准备应付即将来临的冲突。

以后的3年里，忙于长期而艰苦的谈判。张伯伦态度坚定，但

---

① 现名博茨瓦纳。

克鲁格则更加顽强，且行事喜欢拐弯抹角。1897 年 3 月，出色的公务员阿尔弗雷德·米尔纳爵士成为南非高级专员。他是个才华横溢的行政专家，唯独缺乏外交天赋。他上任几个月，便已下定决心，在信中对张伯伦说："只有在德兰士瓦实行改革，或者发动战争，才能在南非摆脱政治祸患，此外别无良策。目前，在德兰士瓦实行改革的机会少之又少啊。"除非万不得已，张伯伦想尽力避免开战。即使在那时，他还希望把爆发战争的责任推卸给布尔人。他同罗得斯一样，以为克鲁格会在压力下屈服。他们低估了南非稀树草原的拓居者。

1899 年 4 月，2 万多名外国人签署的请愿书送达唐宁街，危机登峰造极。5 月，米尔纳也发去一份急件说："成千上万的英国百姓长期处于农奴的地位，这种情景在不断削弱大不列颠的影响和名声，破坏英国政府在女王领土内的威望。"随后又开始了一段时期的谈判。英国政府要求在德兰士瓦居住 5 年以上的每一位公民都有选举权，并重新提出"宗主权"的要求。克鲁格和米尔纳 6 月在布隆方丹举行会谈，没有解决问题。米尔纳确信，武装到牙齿的布尔人意图建立荷属南非合众国。克鲁格同样确信，英国人企图剥夺布尔人的自由和独立。他声泪俱下地说，"你们想要的是我们的国家"。张伯伦为达成协议又做了几次尝试，可此时双方都在加紧备战。10 月 9 日，布尔人发出了最后通牒，而当时在南非的英军仍然很弱。3 天以后，布尔人的军队开过了边界。

*　*　*

战争爆发时，布尔人投入了 3.5 万人马，两倍于英军，并且拥有优良的德国制大炮。几乎全是骑兵，在几个方向同时越过边界。士兵使用曼利夏枪和毛瑟枪，枪法准。不出几个星期，他们便包围了东边的莱迪史密斯以及西边的马弗京和金伯利。英军两个营在尼科尔森峡谷被围并缴械投降以后，乔治·怀特爵士率领的1万名英军在纳塔尔边界的莱迪史密斯受到围攻。在马弗京，巴登–鲍威尔上校指挥的小股部队受到佩特·克龙涅指挥的数倍敌军的包围。在金伯利，塞西尔·罗得斯本人和大批平民陷入重围。布尔人在夏末有意放火烧荒，所以雨季过后，南非草原上又长出鲜嫩的牧草，乡村的环境有利于布尔人的事业。世界舆论一致仇视英国。同时，由三个师组成的一个军从英国前往南非增援，指挥官是雷德弗斯·布勒爵士。自治领的志愿军也整装待发或即将赶到。官方通信中出现了"首选步兵"的字样，陆军部的无知可见一斑。军队是不错的，但是，对敌军的武器装备和敌情是误解的。

长期以来，克鲁格一直希望单独控制一个咸水港。纳塔尔山口之外便是德班港，只要他能到达，就能拿下。德班有铁路同德兰士瓦连接，比通往开普敦的铁路短一些，便于控制，且近在咫尺。如果拿下德班港，关于关税、运费和种种其他问题的纠纷也就结束了。于是，双方在战争初期都把力量集中在这个地区。

英国的一个军到达南非以后，布勒把它分为几路，四面出击。一个师去保卫纳塔尔，另一个师去解金伯利之围，第三个师前往开普殖民地的东北部地区。在12月的一个星期里，三个师冒着枪林弹雨，向布尔人发动进攻，结果均遭惨败，人员和大炮的损失在当时堪称严重。在布勒亲率部队进攻的纳塔尔的科伦索车站，在通往金伯利路上的莫德河畔，在开普殖民地东部的斯托姆堡，布尔人都守住了阵地，并且占领了前面的乡下。这3次战斗中的损失都不到1000人，这在今天看来是微不足道的数字，而在当时却使不列颠和大英帝国

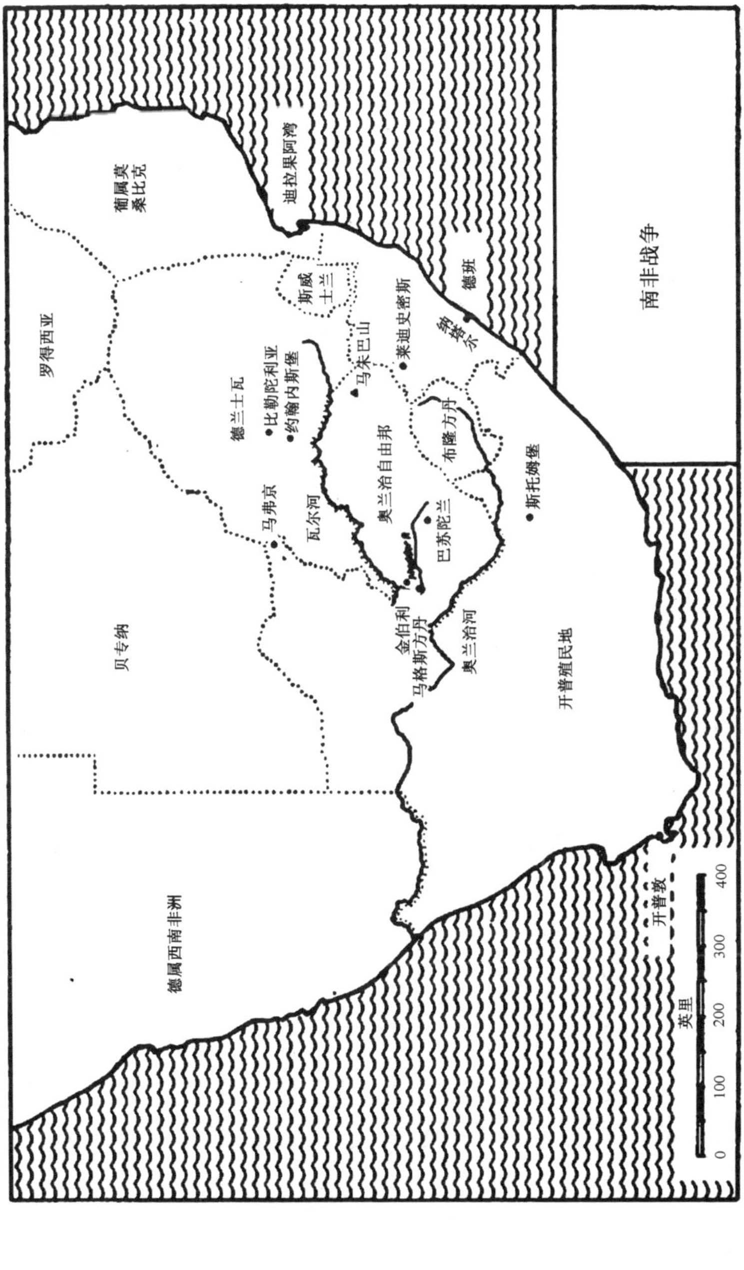

南非战争
葡属莫桑比克
迪拉果阿湾
斯威士兰
罗得西亚
德兰士瓦
比勒陀利亚
约翰内斯堡
马朱巴山
莱迪史密斯
德班
纳塔尔
奥兰治自由邦
布隆方丹
斯托姆堡
马弗京
瓦尔河
巴苏陀兰
金伯利
马格斯方丹
奥兰治河
开普殖民地
贝专纳
德属西南非洲
开普敦
英里
0 100 200 300 400

南非战争

各地大为震惊，当地参战的部队更是惶惶不安。但是，维多利亚女王的讲话鼓舞了全国，当然成为世代名言。她在贝尔福企图讨论所谓“黑色一周”时回答说：“你要知道，本议院无人灰心丧气，我们不考虑战败的可能性，因为这并不存在。”驻守坎大哈的罗伯茨勋爵曾在阿富汗战争中成名，此时被任命为新的总司令，喀土穆的基钦纳勋爵担任他的参谋长。两位名将的部队不断增员，几个月以后便扭转了战局。同时，布勒在纳塔尔坚守。

新的英军司令部清楚地认识到，必须使用大部队协同作战。布尔人先后两个首府——布隆方丹和比勒陀利亚，成为英军的明确目标。马弗京的克龙涅上当了，误以为英军的主要目标是金伯利，把部队大部调到这个钻石产地以南几英里的马格斯方丹，在那里构筑工事，等待英军进攻。金伯利确是罗伯茨的目标之一，但他是通过派弗伦奇将军远途包抄而夺取此地的。2 月 15 日，弗伦奇的骑兵解了金伯利之围。克龙涅迫于后方的威胁，被迫放弃工事，向东北方向撤退。12 天以后，在基钦纳的正面猛攻下，克龙涅带 4000 人投降。从此，战局急转直下。第二天，布勒解了莱迪史密斯的重围。3 月 13 日，罗伯茨到达布隆方丹，5 月 31 日进入约翰内斯堡，6 月 5 日攻克了比勒陀利亚。马弗京被围 217 天之后，终于解放了，并激起了伦敦不合礼义的庆祝。克鲁格潜逃，奥兰治自由邦和德兰士瓦被英国吞并。1900 年秋，罗伯茨回到英格兰。经过几乎整整一年的激战，叛乱者的两个首府均被占领，英国人觉得布尔战争已经结束，英国胜利了。索尔兹伯里勋爵根据张伯伦的建议，趁机举行大选，结果获得绝对多数的支持，赢得另一届任期。

*　*　*

1901 年 1 月 22 日，维多利亚女王驾崩。她被安葬在怀特岛上的奥斯本乡间别墅，那是她和阿尔伯特亲王 55 年前共同设计装饰的。在女王长期寡居的岁月中，房子陈设原封未动。她决心保持丈夫的生活方式，并且矢志不渝。然而，君主的地位逐渐发生了巨大变化，英国国王已经成为大英帝国的象征。1887 年和 1897 年，女王统治 50 周年和 60 周年，印度和诸殖民地均派代表参加隆重的纪念仪式。英王成为日益壮大的民族大家庭的纽带，前首相罗斯伯里勋爵颇有远见地命名这个大家庭为英联邦。迪斯累里的远见卓识和张伯伦的热情奔放都为这一不断扩大的帝国大厦添砖加瓦。女王本人也受其重要角色的熏染，派遣儿孙隆重巡视永远扩张的领土，所到之处万众欢腾。她在英格兰接受殖民地显贵络绎不绝的拜见。她还在宫里任用印度仆人，跟他们学习兴都斯坦语。她就这样尽其所能使不同的民族子民凭对英国王室的忠诚联结在一起，而这些努力与时代的帝国精神很合拍。她最后的公开活动之一，是以 80 多岁的高龄巡视爱尔兰。她从不赞成爱尔兰自治，认为它是对帝国统一的威胁。为了表示赞赏爱尔兰士兵在南非战争中表现出的英勇精神，她 1900 年 4 月前往都柏林，帽子衣服上插着爱尔兰国花三叶草。爱尔兰臣民欢迎她，掌声雷动，其中甚至有民族主义者。爱尔兰仍为英国王座源源不断地输送一笔亲善基金，遗憾的是，英国政府未曾动用它。

维多利亚女王不公开露面以后，英格兰一度出现针对王室的不忠情绪，公开的共和主义者也提高了嗓门。到了 19 世纪末，这一切都消失了。维多利亚女王忠于职守，相夫教子，秉性真诚，直言不讳，有时也使对方为难。这些品质早已给臣民心里留下了深刻的印象。大体而论，老百姓不可能知道她在政治事务上是何等精明，也不知道她在同许多大臣打交道和应付无数次危机的过程中积累了多少智慧，但他们正确地感到，她是一位匡世之才。甚至那些私下里常常说她有冲动的门户之见的大臣，也敬佩她一贯表现出的高度责任感。她代表着英国传统的坚定性和连续性，她的威望与日俱增。到逝世为止，她统治英国近 64 年，臣民中很少有人记得前朝了。所有善于思考的人们，都赞赏维多利亚时代国力的强大和不列颠民族的进步。维多利亚时代结束于 1901 年，但唤起该时代的使命感和信心持续下来，去面对后来的严峻考验。

*　*　*

与此同时，南非战争继续着。过去，布尔人从未在政治权威面前顺从过，即使对自己的领袖也不例外。因此，英国人占领他们的主要城市，接管铁路，似乎不足以成为他们放弃斗争的理由。大草原一望无际，从散布的农舍里，战士可以得到讯息、食物、住处和草料，能够更换马匹，甚至补充弹药。罗伯茨和布勒一离开南非海岸，游击战便死灰复燃，游击队员神出鬼没，手段残忍。博塔、克里钦格、赫佐格、戴韦特和戴拉雷伊——这里只列举 5 名有声望的义勇队队长——不久便同基钦纳进行了无数次局部战斗，互有胜负，他们又坚持了 17 个月。英国人经过非凡的努力，才制服了布尔人。1901 年 2 月，博塔袭击纳塔尔，在大片地区化为焦土后，弗伦奇将军才把他打退。其他义勇队长进犯开普殖民地，企图唤起荷兰居民。起来响应的人很少，但足以打破迅速实现和平的希望。基钦纳打退袭击者以后，在月底同博塔和谈。两位领导人都要求赦免开普殖民地的叛乱者，但高级专员米尔纳不同意，英国内阁也支持他。基钦纳的意见被否，他违背自己的看法和癖好，被迫采取了现代人们所说的“焦土”政策。在铁路沿线筑起了碉堡，乡下也拉起围栏，然后沿着围栏构筑更多的碉堡。在这样围起的地区内，即使最勇敢的义勇队也难以活动。然后，逐个地区的男女老幼被赶进集中营。采取这种方法的唯一理由是，大部分游击队员穿着便衣战斗，只有实行全盘监禁，把支持他们的那些家庭成员都关起来，才能制服他们。然而，没有任何理由可以为集中营里的恶劣条件辩解。军事当局担负监禁大批平民这一令人憎恨的新使命时，管理能力有限，但这也不能成为理由。到 1902 年 2 月为止，集中营里已经有 2 万多人死亡，约占总人数的 1/6，多半死于疾病。起初，当局否认出了岔子，或者诡称没有缓解的办法。但后来，英国的埃米莉·霍布豪斯小姐揭露了骇人听闻的真相。当时在野、不久将成为首相的坎贝尔 – 班纳曼把集中营指责为“野蛮人的手段”。张伯伦让集中营脱离军管，境况随之迅速得到改善。1902 年 3 月 23 日，布尔人终于求和。

3 天以后，塞西尔·罗得斯死于心脏病。他在毕生差不多最后一次讲演中对开普敦的保王党说：“你们自以为战胜了荷兰人，其实不然，荷兰人没有被打败。战败的是克鲁格政权，它是个腐败邪恶的政府，本质上并不代表荷兰人。不！荷兰人同以往一样元气旺盛，英勇不屈。这里仍然是你们的国家，也是他们的国家，你们今后必须同过去那样同他们一起生活工作。”5 月 31 日在弗里尼欣签订的和约，确实尽力体现这种精神，和平条款可以说是极其宽容的。32 支尚未战败的义勇队各派两名代表会见英国使节，他们经过反复协商，同意放下武器。除了违反战争惯例的某些特定行动之外，保证不惩罚任何人，争取尽早实现自治，英国将付出 300 万英镑的补偿金。简单说来，上述几点就是和约的主要条款，最后一条可以说是宽宏大量的，反正在现代战争史上是没有先例的。和约签订后，索尔兹伯里勋爵辞职。他是参加上院的最后一位首相，带领大英帝国展开了无与伦比的扩张。他翌年去世，把英国政治中被认为过时的超脱态度也带入了坟墓。和约的所有条款得到执行，米尔纳为重建南非厥功至伟。英国和南非自治领共投入了近 50 万军队，伤亡人数占 1/10。据估计，大不列颠联合王国总共耗资 2.2 亿多英镑。

*　　*　　*

本书已经叙述到 19 世纪末。当时人们完全有理由期待长期的和平与繁荣，前途似乎是光明的。没有人想到，我们来到了一国独霸世界为最大激励的冲突期。分别持续 5 年的两次残酷的世界大战，例证了维多利亚时代极盛时期的工业发展达到了何等程度。德国崛起为世界强国的过程中，一直伴随着民族独断，且不断扩充军备。即将到来之战争的特点和后果是不堪设想的。战斗到胜利成为唯一的目标，为此，交战国家将显出至为惊人的力量。19 世纪末，各国几乎普遍以工业进步带来的无穷资源为供养，通过全民征兵制建立了国家军队。人们似乎很容易把这些情况视为理所当然。近代社会的突出特点是组织严密，所以当德国全力扩军备战时，其步伐十分明显，甚至不可阻挡。也许可以说，甚至可以证明，近代欧洲大陆各国为了进步而通常采取的各种各样明智方法，无非是极大规模地改良军备。人类的活力如此旺盛，竟能甚嚣尘上而不可制止。

欧洲各大国规定，每个成年男子均应接受军训，要服两年甚至三年的兵役。唯独英国不采取这种普遍的做法，因为它地处海岛并拥有制海权。然而，这种超脱态度并不是为了减缓危险趋势的发展。

相反，无疑是不知不觉地，英国在南非带头引发了危机。它在万国面前显出自己无与伦比的力量。征服布尔人的战争持续了整整 3 年，其他欧洲国家和美国也就考虑着开创霸业和其他许多问题。各国都以不同的心态开始考虑海军问题。德国看出，如果没有最强大的、最优质的军舰，就无法实现统治世界的目标。法国等国家相继亦步亦趋。这确是发挥民族自尊心和释放能量的新出路，地球另一边的日本也争先恐后，不甘落伍。于是，庞大的军事人员又增添了海军队列，并要为自己的所作所为自圆其说。征服空中的活动也已开始。倘若能温和地独霸世界，英国也会心满意足的。

近百年的和平发展时期使英国上升到世界的领先地位。它有为维护和平而斗争，至少都是为了自身利益起见。各个阶级的进步和富足都是连续性的。选举权几乎扩大到保险精算的极限，但国内秩序较稳定。保守势力表现出安然渡过风暴的能力，其实在国内政党之间并未出现狂风暴雨。全国民众可以继续他们的日常工作，把政治斗争留给热衷于政治而又无所畏惧的党徒。英国这匹马的行动使人感到，即使让它纵辔而行，也不会顺着某个方向狂奔。没有人感到自己被摒于宪法之外。过于自作主张是有害的。对于那些生活在举世无双的大英帝国疆界内或者想来这里寻求庇护的人来说，20 世纪的曙光当然是光明而安谧的。要做的事情数不胜数。至于哪个党执政，那无关紧要，因为它们有充分的权力互相掣肘。古代的禁止令并不能阻碍爱冒险的人。如果说有人犯了错误，那已经过去，英国人可以补救起来，无伤大雅。应该保持积极活跃、生机勃勃的政治气氛。大胆稳健地前进似乎是完全可取的。

除了海军问题之外，美国对外界的各种现象基本上无动于衷。

其思路是向内的，集中在取之不竭的国内自然资源上，资源基本上尚未勘探，开发出来的则更少。其人口以惊人的速度增长，大部分仍然是因为欧洲移民源源不断涌入。这些移民对他们出生的欧洲大陆，曾在此遭受不幸的欧洲大陆深怀怨恨，不希望自己的新家园卷入故乡的斗争。美国的巨大潜力成为地球上的不祥之兆，可是除了富有想象力的人之外，迄未清楚认识这一点。在通信条件改善而正在缩小的世界上，对别国面临的当务之急漠然置之，很快就不可能了。世界强国的地位同它承担的责任是分不开的，第一次世界大战令人惊厥的危机，终于把美国同欧洲大陆和英国的命运紧紧地连在一起。

*　*　*

英语民族各国的悠久历史就此呈现给读者。如今，它们在可怕而必胜的战争中结成盟友。但是，这还没有结束，我们面前还有一个阶段。在这段路程里，同盟将再次受到考验，它的伟大美德可能是维护和平与自由。未来尚不可知，但过去应使我们充满希望。至于最终实现大同的具体条件如何，我们现在不该寻求明确的定义吧。

推荐阅读书目

ALDRITT, KEITH. Churchill the Writer: *His Life as a Man of Letters*. London: Hutchinson, 1992.

ASHLEY, MAURICE. *Churchill as Historian*. New York: Scribner, 1968.

BRIGGS, ASA. *The Age of Improvement, 1783—1867. 2nd ed.* Harlow: Longman, 2000.

CHURCHILL, WINSTON. *Lord Randolph Churchill*. London: Library of Imperial History, 1974.

CHURCHILL, WINSTON. *Marlborough: His Life and Times, 2 vols*. Chicago: University of Chicago Press, 2002.

CHURCHILL, WINSTON. *The Second World War, 6 vols*. Boston: Houghton Mifflin, 1985—1986.

CHURCHILL, WINSTON. *The World Crisis and the Aftermath, 5 vols*. London: Odhams Press, 1923—1931.

ENSOR, ROBERT C. *England: 1870—1914*. New York: Oxford University Press, 1936.

FONER, ERIC. *A Short History of Reconstruction, 1863—1877*. New York: Harper & Row, 1990.

GILBERT, MARTIN. *Churchill: A Life*. New York: Holt, 1991.

GILBERT, MARTIN. *In Search of Churchill: A Historian's Journey*. Hoboken, NJ: John Wiley, 1997.

HITCHENS, CHRISTOPHER. *Blood, Class, and Nostalgia: AngloAmerican Ironies*. New York: Farrar, Straus & Giroux, 1990.

JENKINS, ROY. *Churchill: A Biography*. New York: Farrar, Straus & Giroux, 2001.

KEEGAN, JOHN. *Winston Churchill*. New York: Viking Books, 2002.

LUKACS, JOHN. *Churchill, Visionary, Statesman, Historian*. New Haven: Yale University Press, 2002.

MACAULAY, THOMAS BABINGTON. *The History of England*. Harmondsworth: Penguin Books, 1979.

MACINTYRE, STUART. *A Concise History of Australia*. Cambridge: Cambridge University Press, 1999.

MANCHESTER, WILLIAM. *The Last Lion: Winston Spencer Churchill, 2 vols*. Boston: Little Brown, 1983—1988.

M.C. PHERSON, JAMES M. *Battle Cry of Freedom: The Civil War Era*. New York: Oxford University Press, 1988.

MORTON, DESMOND. *A Short History of Canada. 2nd rev. ed.* Harlow: Longman, 2000.

MULLER, JAMES W. *Churchill as Peacemaker.* Cambridge:

Cambridge University Press, 2002.

PAKENHAM, THOMAS. *The Scramble for Africa, 1876—1912*. London: Weidenfeld and Nicolson, 1991.

ROSKILL, STEPHEN. *Churchill and the Admirals*. London: Pen and Sword, 1977.

SCHAMA, SIMON. *A History of Britain: The Fate of Empire, 1776—2000, Vol. 3*. New York: Hyperion: 2002.

SOAMES, MARY. *Winston Churchill: His Life as a Painter: A Memoir by His Daughter*. Boston: Houghton Mifflin, 1990.

STAMPP, KENNETH M. *The Era of Reconstruction, 1865—1877*. New York: Knopf, 1965.

TAYLOR, A. J. P. *Struggle for Mastery in Europe, 1848—1918*. Oxford: Clarendon Press, 1954.

TREVELYAN, GEORGE MACAULEY. *A Shortened History of England*. Harmondsworth: Penguin Books, 1987.

WATSON, JOHN STEVEN. *Reign of George III, 1760—1815*. New York: Oxford University Press, 1960.

WILSON, A. N. *The Victorians*. London: Hutchinson, 2002.

WOODWARD, LLEWELLYN. *Age of Reform, 1815—1870*. New York: Oxford University Press, 1962.

译后记

丘吉尔的《英语民族史》，诚如作者在序言中说明的，“并不想与历史学家的专著一较高低”。他面面俱到地介绍了大英帝国版图中的所有英语民族，包括美利坚合众国。他对重大的历史事件和较大影响的帝王将相进行不厌其烦的陈述，做了鞭辟入里的分析和评论。译者认为这是本书的看点所在，也是翻译工作中需要着重斟酌的内容。译者一贯主张忠实原文，所译按照作者的思路表达出来。丘吉尔表述其深邃的思想时，往往采用超乎常人的庞大词汇量，以及比较复杂的句式，本译著在深刻理解原文的基础上进行翻译，希望能保留原汁原味。少量句子乍一看似乎费解，但思维脉络还是清晰的，相信读者反复多读几遍，定能理解个中深意。而且作者对史实的评价散布于各种句子结构之中，翻译时需小心提示，以免漏译而辜负了他的本意。例如，“他始终辅佐，或者说控制着威廉一世及其后两任皇帝，直到 1890 年他与年轻的威廉二世最终发生冲突而悻悻然下台”。此处“悻悻然”，原文中的“acrimoniously”赫然在目，反映了丘吉尔对前辈俾斯麦的揶揄。但我核对目前已经出版的本书其他中文版，均未发现此词。

本书四卷共计1000多页，翻译费时。有幸得到翻译教学班上一批学生的初译帮助。其中，仲丽洁完成第二卷前半本。参加初译的同学还有汪燕妮、戴海娇、肖颖、潘殊瑶，以及冯译天、谢宏桥、颜天罡、沈晓云、苏敏、温世程、汪梦瑶、胡韵娇、张秀、王恒叶、周燕、茅雨晨、熊莎、康素香、管海佳等。全部内容都是我仔细核对原文定稿的，故全权负责本书的翻译质量。

王之光

于浙大宁波理工学院外国语学院

2022年12月10日